跨学科修辞视域下的隐喻型术语翻译研究

江娜 著

江苏省社科青年基金项目：
"隐喻型术语跨语再命名的认知语境制约研究"（项目编号14YC006）

南京大学出版社

图书在版编目(CIP)数据

跨学科修辞视域下的隐喻型术语翻译研究 / 江娜著
. — 南京：南京大学出版社，2021.12
ISBN 978-7-305-24340-0

Ⅰ. ①跨… Ⅱ. ①江… Ⅲ. ①经济学－名词术语－英语－翻译－研究 Ⅳ. ①F0-61

中国版本图书馆 CIP 数据核字(2021)第 057424 号

出版发行	南京大学出版社
社　　址	南京市汉口路 22 号　　邮　编　210093
出 版 人	金鑫荣
书　　名	**跨学科修辞视域下的隐喻型术语翻译研究**
著　　者	江　娜
责任编辑	张淑文　　　　　　　编辑热线　(025)83592401
照　　排	南京南琳图文制作有限公司
印　　刷	江苏凤凰数码印务有限公司
开　　本	718×960　1/16　印张 15.25　字数 220 千
版　　次	2021 年 12 月第 1 版　2021 年 12 月第 1 次印刷
ISBN	978-7-305-24340-0
定　　价	85.00 元

网址：http://www.njupco.com
官方微博：http://weibo.com/njupco
官方微信号：njupress
销售咨询热线：(025) 83594756

* 版权所有，侵权必究
* 凡购买南大版图书，如有印装质量问题，请与所购
　图书销售部门联系调换

目 录

第一章 绪 论 ·· 1

  1.1 研究背景 ··· 3
  1.2 研究对象 ··· 10
  1.3 研究目标 ··· 18
  1.4 本书结构 ··· 19

第二章 文献综述 ·· 21

  2.1 关键词界定 ·· 21
     2.1.1 隐喻型术语 ·· 21
     2.1.2 修辞 ·· 23
     2.1.3 术语翻译 ··· 27
  2.2 隐喻型术语及其翻译研究述评 ·· 29
     2.2.1 隐喻型术语研究 ·· 29
     2.2.2 隐喻型术语翻译研究 ··· 36
  2.3 术语翻译研究述评 ·· 38
     2.3.1 国外术语翻译研究 ··· 39
     2.3.2 国内术语翻译研究 ··· 41
  2.4 翻译相关的修辞学研究述评 ··· 46
     2.4.1 国外翻译相关的修辞(学)研究 ······································· 46
     2.4.2 国内翻译相关的修辞(学)研究 ······································· 47

2.5 本章小结……51

第三章 跨学科修辞理论框架构建……53

3.1 术语命名作为修辞行为的特殊性……53
3.2 隐喻型术语命名的科学修辞本质……55
  3.2.1 科学修辞学相关理论概述……56
  3.2.2 隐喻型术语的科学隐喻本质……60
  3.2.3 隐喻型术语的科学隐喻功能……65
3.3 隐喻型术语应用的言语修辞功能……74
  3.3.1 言语修辞学相关理论概述……74
  3.3.2 隐喻型术语的表意功能……76
  3.3.3 隐喻型术语的表情功能……80
  3.3.4 隐喻型术语的表美功能……87
3.4 隐喻型术语翻译的广义修辞机制……88
  3.4.1 广义修辞学相关理论概述……88
  3.4.2 隐喻型术语修辞活动两主体……91
  3.4.3 隐喻型术语修辞功能三层面……93
3.5 隐喻型术语及其翻译研究的跨学科修辞框架……94
3.6 本章小结……96

第四章 隐喻型术语的双重修辞功能……97

4.1 隐喻型术语的类型及其修辞功能差异……97
4.2 概念表征类隐喻型术语的浅层认知主导功能……102
  4.2.1 概念命名与阐释的辅助……102
  4.2.2 概念理解与记忆的促进……104
4.3 理论建构类隐喻型术语的深层认知主导功能……108
  4.3.1 理论建构与发展的影响——以"人力资本"为例……109
  4.3.2 思维拓展与延伸的推动——以"博弈论"为例……114

4.4 交际劝说类隐喻型术语的言语交际主导功能 ········ 119
  4.4.1 专家群体交际的理论劝说功能 ············· 120
  4.4.2 非专家群体交际的应用劝说功能 ··········· 122
4.5 本章小结 ····································· 126

第五章 隐喻型术语的复合修辞特征 ················ 127
5.1 隐喻型术语修辞特征的类型复杂性 ················ 127
5.2 概念表征类隐喻型术语的双重复合修辞特征 ········ 128
  5.2.1 概念表征类隐喻型术语的认知修辞特征 ······· 129
  5.2.2 概念表征类隐喻型术语的交际修辞特征 ······· 137
5.3 理论建构类隐喻型术语的认知主导修辞特征 ········ 140
  5.3.1 理论建构类隐喻型术语的隐喻性特征 ········· 140
  5.3.2 理论建构类隐喻型术语的系统能产性特征 ····· 142
5.4 交际劝说类隐喻型术语的交际主导修辞特征 ········ 146
  5.4.1 交际劝说类隐喻型术语的表情色彩 ··········· 147
  5.4.2 交际劝说类隐喻型术语的文本建构特征 ······· 152
5.5 本章小结 ····································· 156

第六章 隐喻型术语翻译评价的跨学科修辞策略 ········ 157
6.1 隐喻型术语翻译评价的跨学科修辞取向 ············ 157
6.2 隐喻型术语翻译的跨学科修辞效果评价 ············ 162
  6.2.1 科学修辞认知功能的跨语实现 ··············· 162
  6.2.2 言语修辞交际功能的跨语实现 ··············· 170
6.3 隐喻型术语跨学科修辞功能的跨语实现层面 ········ 179
  6.3.1 概念表征类隐喻型术语——"修辞技巧"层面的再现
     ··· 179
  6.3.2 理论建构类隐喻型术语——"修辞哲学"层面的重建
     ··· 185

6.3.3 交际劝说类隐喻型术语——"修辞诗学"层面的构拟 …………………………………………………… 191

6.4 本章小结 …………………………………… 197

第七章 结 论 …………………………………… 199

7.1 本书的主要发现 …………………………… 199
7.2 本书的主要启示 …………………………… 204
7.3 本书的主要不足 …………………………… 205
7.4 对后续研究的建议和展望 ………………… 206

参考文献 ……………………………………… 208

索 引 ………………………………………… 231

第一章 绪 论

人类的思维具有隐喻性特点,隐喻现象在自然语言中广泛存在。除修辞功能外,隐喻的认知本质已经成为中外语言学界的普遍共识之一。目前,得益于认知语言学的蓬勃兴起与不断发展,隐喻认知研究的相关理论构建与实践渐趋成熟。然而,相较而言,专业领域语言中的隐喻现象及其认知与交际的双重机制并未引起足够重视,比如学科术语命名及其应用中的隐喻问题等。事实上,有关术语命名的隐喻机制及其相关研究尚处于初步发展阶段。

众所周知,术语作为人类科学知识在自然语言中的结晶(冯志伟 2011:63),其命名过程中同样也不乏隐喻机制。所谓术语命名的隐喻机制,即术语命名的"隐喻法",是一种带有普遍性的术语构成方法。采用这种方法构成的术语主要有两类:一是通过普通语词的转义形成隐喻型术语;二是通过不同学科之间术语的概念借用、移植构成隐喻型术语。(孟令霞 2007:18)其中,第一类隐喻型术语的生成过程是普通语词进入专业领域,获得精准专业定义的术语化过程。这类隐喻型术语与普通语词之间的语义关联紧密,故而通常命名理据性较强,认知较为容易。第二类隐喻型术语的生成主要得益于学术研究领域的跨学科发展趋势,属于术语转移性质。当前,学科与学科之间的融通与合作成为常态,学科之间的相关概念借用与研究方法借鉴成为潮流。这种跨学科或交叉研究拓展的合理性在很大程度上正是得益于人类的隐喻思维特点,尤其是新兴学科和交叉学科,其隐喻型学术话语呈现出增多的趋势,例如,美国加州大学伯克利分校的诺贝尔奖获得者麦克法登(Daniel McFadden)最近就提出，经济学要想更全面地解释人们的消费行为，就必须借鉴心理学、神经科学和人类学的研究成果。(转引自董宏乐、程寅 2013:287)此类基于隐喻思维的借鉴一般都会产生大量的隐喻型学术话语，隐喻型术语则是其微观层面的重要表征，即学科核心概念的隐喻性指称。

1980年，莱可夫(George Lakoff)和约翰逊(Mark Johnson)出版了《我们赖以生存的隐喻》一书，掀起了世界范围内隐喻认知研究的热潮并延续至今。隐喻认知相关的研究成果频出，引起了学界的广泛兴趣，包括社会学、人类学、心理学、生态学、计算机科学在内的人文和自然学科都开始在本学科范围内研究隐喻①，术语学界也不例外。在术语学研究中，隐喻原先只是被作为一种普通命名方式看待，如今其认知功能已开始得到越来越多学者的关注。术语是特定文化语境中专业概念与称名符号的统一体。术语不只是概念的指称物，而且应当能够有助于促进术语使用者对其所指称概念的有效认知。唯有可认知的术语才能够被广泛传播，其存在价值也才能够真正实现。因此，隐喻型术语及其认知特殊性的相关研究不可忽视。正如孙淑芳、孙敏庆(2014:49)所指出的："由于信息社会和现代语言学自身的发展需要，对术语称名的认知机制进行科学阐释成为学界关注的热点。"但是因传统术语学理论研究的局限，隐喻命名机制在术语学研究中一直未受到足够的重视，相关研究也才刚刚起步，其研究成果无论是从广度还是深度来看都还不能适应各学科中隐喻型术语日益增加和广泛应用的现状。学界至今对隐喻型术语的认知与交际双重修辞功能与机制以及在跨语应用过程中如何实现其有效转换等问题尚未能提供较为充分的阐释。本书将基于隐喻型术语的认知与交际双重修辞功能与机制，重点就隐喻型术语跨语转换相关问题展开理论和实践两个层面的初步探索。

---

① 李福印在《研究隐喻的主要学科》(2000)一文中有具体的探讨。

第一章 绪 论

1.1 研究背景

本研究缘起于对隐喻型术语的命名机制、认知与交际双重修辞功能与特征以及其跨语传播的实践特征与相关策略问题的系统性思考,所涉及的理论与实践研究背景主要包括:(1)现代术语学理论研究的"认知转向";(2)术语应用研究的交际语境观;(3)专业语言领域隐喻型术语的相关研究现状;(4)科学修辞学理论的应用拓展。

其一,现代术语学理论研究的认知转向(cognitive shift)。现代术语学理论的发展可以粗略地分为两个阶段。第一阶段始于 20 世纪 30 年代,现代术语学创始人维斯特(Eugen Wüster)于 1931 年发表了第一篇关于术语学的论文《在工程技术中(特别是在电工学中)的国际语言规范》,提出了现代术语学的基本原则和方法,阐述了术语系统化的指导思想,为现代术语学奠定了理论基础。(冯志伟 2011:7)直至 20 世纪 90 年代,国际术语学研究基本上还是维氏所创建的理论范式一统天下的局面。术语学家们在术语规范化思想的指导下对理想化的术语进行描述,例如,概念是术语学研究的出发点,是可以清晰界定的,在概念系统中占据一个特定的位置,概念与名称应当一一对应等。这种较为传统的术语学研究方法基本上是规定性的。这个阶段的术语学理论通称为普通术语学理论(General Terminology Theory,英文简称 GTT)。普通术语学理论关注术语的共时性研究,认为术语是独立自足的个体,可以脱离语境单独存在,因此忽视对术语的句法及语用方面的研究。这一理论聚焦于描述理想术语,对术语命名提出各种规定性的原则,忽视术语在真实语境中的应用情况,有理论脱离实践之虞,且对很多术语实际应用的复杂性缺乏足够的解释力。

第二个阶段始于 20 世纪 90 年代。为解决面向术语应用的诸多实际问题,一些术语学家开始探寻新的理论研究维度。认知语言学的蓬勃发展给术语学理论研究提供了新的视角,一批新的术语学研究方法和原则应运而生。这些新的研究方法和原则代表了现代术语学理论发展的"认知转向"(Faber 2009：111)。认知转向是术语学研究由规定性转向描写性的必然结果,术语学的描写性研究更加关注术语在真实语境中的使用情况。其中较为瞩目的有社会术语学(Socioterminology)、术语学交际理论(Communicative Theory of Terminology)以及包括社会认知术语学(Sociocognitive Terminology)和框架术语学(Frame-based Terminology)在内的基于认知的术语学理论等。(Faber 2012：18-33)其中,社会术语学的主要贡献在于首次将不同使用情境下的术语变体列入了术语学研究范围。术语学交际理论则从社会、语言与认知层面解释专业知识单位的复杂性。框架术语学代表人物菲伯尔(Faber 2012：16)认为,术语学交际理论是现有理论中替代普通术语学理论的最好选择,基于该理论可以对术语的不同方面进行研究,比如概念关系、术语变体、术语提取以及将不同的语言学模型应用于术语学研究等。社会认知术语学的主要代表性学者伽布莱(Cabré 2003)则提出了"门的理论"(Theory of Doors),设想以多维度的术语学理论来涵盖术语学的现有研究思路。与普通术语学理论不同,在该理论中术语学的中心研究对象不再是术语,而是术语单位。术语单位具有多面性,它同时是知识单位、语言单位和交际单位。研究者可以选择从概念、语言和社会交际这三扇门中的任意一扇进入,对术语单位进行研究。选择哪扇门作为路径进入对术语单位进行描述并不改变它的多面性,只是对其某一方面的重视或凸显,比如,选择从语言层面描述术语,并不否认术语单位的认知和社会交际要素的存在。因此,要对某个术语单位进行充分描述,必须同时考虑到它的认知要素、语言要素和社会交际要素。这样,描述性研究方能体现术语单位自身的特殊性,即多重复杂性。

现代术语学研究的认知转向为术语学及相关研究提供了以下两点启示:(1)传统术语学研究脱离实际的纯粹规定性在实践层面很难真正实现,术语学研究的规定性应当是在描述基础上的相对规定性,只有基于充分考察术语应用实际情况的规定性原则才真正有效;(2)术语是语言形式和概念内涵的统一,术语的语言形式不仅是术语概念内涵的载体,更重

第一章　绪　论

要的是,它应当能够作为一种认知工具促进术语概念内涵的有效认知,因此,术语命名的认知功能值得进一步关注并有待深入研究。

其二,术语应用研究的交际语境观。传统术语学的术语独立于语境的观点受到现代术语学研究的挑战,术语的交际维度被纳入现代术语学的研究范畴。传统术语学派(包括维也纳学派、俄罗斯学派、布拉格学派和加拿大学派)受索绪尔结构主义语义学影响很深,因为传统术语学研究的全盛时期正是索绪尔结构主义占据语言学研究主导地位之时。结构主义语义学认为描述意义最佳的方式在于关注词语的指示意义和字面意义①,传统术语学则认为概念系统独立于术语语义系统,因此与普通词语不同,术语可以独立于语境单独存在,术语的意义即概念。这方面,在萨捷尔(Sager 1990:13)提出将交际维度(communicative dimension)纳入术语本体研究之后,现代术语学理论与应用研究方面有了全新的拓展,比如,伽布莱(Cabré 1995)提出术语学研究呈现出两个基本的、虽然不同但相互联系的维度——语言学维度和交际维度。她认为,与语言学研究将语言的多样性作为一种参数变体一样,术语学的理论框架必须对术语变体(包括方言、语域以及表达方式变体)做出解释。

术语研究交际维度的提出挑战了传统术语学认为术语可以脱离语境自立自足的观点,一些学者转而开始具体探讨术语在不同语境下的表现形式和特征。这其中皮尔逊(Pearson 1998)的观点颇受关注。她将术语的文本交际语境分为:(1)专家与专家之间的交际(expert-expert communication);(2)专家与初学者之间的交际(expert to initiates);(3)相对专家与外行之间的交际(relative expert to uninitiated)以及(4)老师与学生之间的交际(teacher-pupil communication)四类,这一分类将术语使用者和术语受众的知识水平纳入了术语应用与研究的考量范畴。如此,传统术语学所坚持的术语与概念的严格一一对应不再普遍适用,术语变体的存在不仅合理,而且是一种必然。受文本交际语境观念影

---

① "指示意义"即 denotational meaning,与 connotational meaning 相对;"字面意义"即 literal meaning,与 figurative meaning 相对。

响,菲伯尔(Faber 2012:9)也提出,在撰写专业文本时,译者和技术作者必须对概念域的语言、必须传递的内容以及受众或文本接受者的知识水平有深度了解。专业语言文本译者必须脱离单个术语层面的一一对应,能够建立整个知识结构的跨语际指称关系。

如上,术语应用研究的交际语境观对现代术语学理论研究拓展不无启迪,主要体现在:(1)术语变体的存在是为了适应术语有效传播的需求,而术语的存在价值只有通过有效的传播才能真正实现。因此,对术语的全面描述除了涵盖语言(概念表征)和认知(概念内涵)维度以外,还需要包括交际维度,考虑术语的合理变体。(2)术语翻译的标准不再与语境无关,不同交际语境下的同一概念可以有不同的适用指称,具体使用何种指称与术语传播者的知识和威望、文本功能、文本内容、术语传播受众等因素均息息相关。在对术语进行译介时,同样需要考虑译语术语所处文本的功能、术语传播受众的知识背景等认知因素并做出相应的调整。同样,术语翻译的评判标准也应该考虑到上述因素而有适应性拓展的空间。

其三,专业语言领域隐喻型术语的相关研究现状。与普通语言一样,专业语言中也存在着大量隐喻用法(包括隐喻型命名)。然而,长期以来,隐喻研究在专业语言领域获得的关注还远远不足,科学隐喻,尤其是隐喻型术语的研究基本缺失。实际上,从亚里士多德时代开始,隐喻研究就一直被排除在专业交流语言领域之外。(郭贵春 2007)卜玉坤(2011:19)指出,科技隐喻在人类思想史上被遮蔽主要是西方哲学传统与科学传统双重作用的产物。20世纪70年代后期,欧美,特别是美国学术界掀起了隐喻研究的狂潮,被称为"隐喻狂热"(metaphormania)。从历年来学界隐喻研究论著的发表来看,隐喻研究还有向更广的学科范围渗透的趋势,渗透到了社会科学和自然科学的许多部门[①]。但相比而言,专业语言中隐喻用法研究获得的关注度远少于普通语言,研究起步晚,体量小,以分析各学科中零散隐喻例证的个案研究为主,也有一些隐喻思维的分析,但基

---

① 具体可参见李福印在《研究隐喻的主要学科》(2000)一文中的探讨。

本上是一般隐喻学中日常隐喻研究的简单延伸,大部分并没有考虑到科学文本语言中隐喻的特殊性。

不过,值得关注的是,近二三十年来,以经济学隐喻研究为代表的专业语言领域的隐喻研究开始受到一定程度的重视。这与经济学领域专业语言的特殊性密不可分。一方面,经济文本由于其丰富的隐喻性语言一直是语言学家青睐的研究对象,与其他学科相比研究相对丰富和深入,类似《经济学人》这样的期刊为相关研究也提供了很好的语料来源。另一方面,20世纪80年代初开始,经济学文本中的修辞,特别是隐喻的大量使用引起了一部分经济学家和语言学家的兴趣。他们开始探究修辞,特别是类比和隐喻对实现经济学家的劝说,甚至经济学理论发展的作用。20世纪80年代和90年代由麦克洛斯基(Donald McCloskey)发起的"经济学修辞运动"使此类研究达到高峰。然而,"经济修辞学派"并没有获得主流经济学界的太多关注,至21世纪初期又渐渐沉寂。究其根源,主要与经济学家对经济学的学科定位有着密切的关联。韦森(2007:957-958)指出:"早在《国富论》中亚当·斯密就在很多地方把经济学称作为一种'science'了。之后,从李嘉图到马克思,从边沁、穆勒到马歇尔,经济学家们都似乎致力于把自己的经济学理论作为一种科学来建构,以至于像米塞斯那样自认为传承了康德先验哲学传统的奥地利学派的思想家,也在自己的后半生中致力于把他的人类行动学变成为一种高度公理化的科学。"因此,不难理解主流经济学家对类似隐喻这样有悖"科学性"的修辞手段讳莫如深的态度。他们一方面不可避免地使用隐喻、类比等手段来建构理论、命名概念、实现劝说功能,另一方面却又耻于认可它们作为研究工具的合法身份。虽然来自语言学家和经济学家群体的双重关注与视角使得经济学隐喻(型术语)研究的成果无论是深度还是广度都超出了许多其他学科,但也由于双方的各自为政使得他们的研究都带有一定的片面性。例如,经济学家仅仅研究专家文本,语言学家则大都局限于普及性文本①,这使得双方对经济学隐喻(型术语)的特点、功能等的描述和分析都不够全面。上述大部分研究的着眼点是专业语言层面的隐喻表达以及背后的隐喻思维机制,较少涉及隐喻型术语及其应用对经济学这门学科发展的特殊作用。总体而言,隐喻型术语作为学科专业文本中概念命名的重要机制之一,其相关探讨不仅有利于专业领域语言研究的深化,同时也是对人类语言认知普遍性研究的拓展。鉴于隐喻型术语在经济学文本交际语境中的丰富性和重要性,经济学隐喻型术语的认知与交际双重功能及机制以及其跨语传播的特殊性可以成为隐喻型术语翻译研究一个合适的切入点。

其四,科学修辞学理论的应用拓展。20 世纪以来,人类哲学理智运动经历了三次转向:语言学转向、解释学转向和修辞学转向。在最新的转向运动中,科学修辞学的研究、重建和阐释已经产生了极其广泛的反响和积极的效应,它对 20 世纪末西方科学哲学的发展和重新定向产生了重大的影响(李小博 2010:1)。严格说来,西方科学修辞学的研究自 20 世纪80 年代才开始,但很快就成为西方现代修辞学理论阵营中的一支重要力量。它相对收缩了现代修辞学的关注视角和主题,其研究对象和内容被选择并限制在科学领域中。这种选择和限制与科学研究的本质有关:科学研究的过程、方法和语言在本质上都是修辞的;科学家只有通过修辞性地选择语言符号才能成功表达经验并使其有意义;科学中也需要运用修辞学方法来调节科学思想以适应受众或者改变受众以适应科学思想。科学研究中普遍存在的修辞和劝导现象使得科学语言成为现代修辞学研究

---

① 亨德森(Henderson 2000)分析了语言学家使用《经济学人》分析经济学隐喻的倾向,他认为尽管此类文本中的语言与规范的经济学语言之间具有家族相似性,但这种相似性有多密切却不清楚。规范的经济学文本更多地侧重于理论的讨论,《经济学人》的新闻性语言则会最大限度地利用隐喻来吸引专家与非专家读者,钟(Chung 2012:129)指出,要增强写作的说服力,经济专栏作家必须善于操控隐喻。语言学家研究的代表性文献另有如 J. Charteris-Black, Metaphor and vocabulary teaching in ESP economics (2000), J. Charteris-Black & Ennis T., A comparative study of metaphor in Spanish and English financial reporting(2001), J. Charteris-Black. & A. Musoff, "Battered hero" or "innocent victim"? A comparative study of metaphors for euro trading in British and German financial reporting (2003), P. A. Fuertes-Olivera, Metaphor and translation: A case study in the field of economics(1998)等。

的素材基地，也产出了极其丰硕的果实。与此同时，科学修辞学的多维度考察丰富了现代修辞学的内涵，科学修辞学自身的理论体系也得以初步建立。(李小博 2010)

术语学的研究对象是术语，是科学概念的语言表征，也是科学话语的核心所在。如前所述，科学家只有通过修辞性地选择语言符号才能成功地表达经验并使其有意义，才能成功地劝服科学共同体成员以及普通受众，因此，作为科学概念表征的术语不可避免地会体现科学话语的认知和交际双重功能。传统术语学认为，为了能够更有效地交流，科学表述应当语义清楚、界限明晰，因而应当避免使用使语义含混的修辞手段。然而，科学修辞学的研究表明，科学概念并非总是严谨的，尤其是在某些科学概念形成的初期，隐喻不但是有效的表达手段，更是必要的思维手段，因为隐喻表达蕴含更多的内涵可能性。适当地使用修辞，尤其是类比和隐喻还有助于拓展科学思维、构建科学理论，有助于科学概念的交流、接受和传播。隐喻、类比等科学思维方法在语言中的直接体现就包括隐喻型术语表达。这些表达是概念跨域映射的结果，具有开放的系统性特征。跨域映射的概念源域通常比目标域更为直观易懂，能够促进术语受众理解、掌握和构建术语概念体系，进而有助于术语语言表征体系的规范统一，从而在实践上与传统术语学所倡导的术语规范化殊途同归。

科学修辞学的相关研究表明，任何学科，即便是物理、生物这样的"硬科学"学科中也都一直存在隐喻思维。隐喻思维对于学科的发展和进步有着重要贡献，隐喻型术语是隐喻思维在语言层面的显现，是科学智慧的凝结。当代术语学研究应该正视科学语言的使用现状，考察术语应用的真实生态，将隐喻等传统术语学极力回避的话题纳入研究视域，全面考察作为科学隐喻的隐喻型术语的认知与交际特性，才有利于术语学研究的不断深化与全面发展。因此，传统修辞学与认知修辞学的理论成果均有助于促进我们对隐喻型术语认知与交际的双重修辞机制的理解。但更为重要的是，科学修辞学研究，尤其是科学隐喻学的研究则为全面认识隐喻型术语作为科学隐喻的各种功能提供了很好的理论借鉴。

以上对现代术语学的"认知转向"、交际语境观的认识，专业语言领域隐喻型术语研究相对匮乏现状的反思以及对科学修辞学，特别是科学隐喻相关理论研究的思考，体现了本书选题的综合考量。涉及上述四个方面的具体理论研究与实践探索现状，本书第二章将有进一步的文献评述。

1.2　研究对象

近三四十年来，认知语言学的蓬勃发展深化了人们对隐喻的认识，原本在专业文本中只是作为一种常规命名手段的隐喻在认知方面的潜力逐渐得到了术语研究者的重视，相关的研究也逐渐增多。经济学学科体系庞杂，分支众多，学派丰富，因此术语体量很大。如前文所述，以隐喻方式命名的术语在经济学中占据着很重要的分量，甚至某些分支学科，其赖以生存的理论基底就是隐喻思维演绎的结果。因此，本书拟以经济学为例，整体系统地考察隐喻型术语的认知与交际双重修辞功能与复合修辞特征，进而思考隐喻型术语跨语修辞效果实现的翻译策略和相关评价方法，旨在丰富术语学界对隐喻型术语这一特定术语类型的认识，提供可资借鉴的跨语应用策略与方法，进一步丰富术语学及术语翻译研究的内涵并拓展相应的研究成果。

本书的研究对象为隐喻型术语。隐喻型术语广泛存在于各个学科术语系统中（Temmerman 2000，2002；Faber & Márquez 2004，2005；Sánchez et al 2012），为了获得更系统和深入的理解，本书将选择经济学领域中的隐喻型术语作为研究实例。这主要有两方面的考量。首先，经济学术语具有非常典型的隐喻型术语的学科代表性。众所周知，经济学研究的是一个社会如何利用稀缺的资源生产有价值的商品，并将商品在不同的人中间分配。（萨缪尔森、诺德豪斯 2007：4）从定义中不难看出，这门学科与人们的日常生活密切相关。因此，经济学也是普通人关注得最多的人文社会学科之一。换言之，经济学学科兼具科学与人文的双重属性特点。一方面，来自普通大众的关注使得经济学家需要用通俗的语言解释清楚复杂的经济现象，这就给了普通词汇进入专业术语领域的机会;另一方面,经济学家群体自身又一直致力于将经济学打造成像物理、化学那样的"硬科学",这使得经济学术语系统中不可避免地存在着许多来自数学、物理学、化学等领域,通过隐喻手段移植、借鉴的术语。因此,无论是经济文本(economic text)还是经济学文本(economics text)中都富含大量的隐喻话语,以隐喻方式命名的经济学术语也较其他学科为多[①]。卡里杰斯(Callejas 2007)就曾指出,隐喻表达在经济学文本中的应用可以追溯至亚里士多德时代,从亚当·斯密到大卫·李嘉图再到卡尔·马克思都曾使用生物学隐喻来解释或建构经济学理论。显然,经济学的学科特殊性决定了其术语系统中隐喻型术语的数量较多,类型丰富,覆盖面较广。上文提到的通过"隐喻法"构成新术语的两类途径在经济学中都相当常见,尤其是第二类途径,随着经济学分支的发展和壮大,新兴交叉学科的不断产生,经济学术语库中此类隐喻型术语也随之增多,例如经济学分支学科"演化经济学"就是生物学"演化"概念在经济学中的隐喻性演绎。可以说,隐喻型术语是经济学术语库中极为重要的一类,并且一直在不断地增加、丰富。

事实上,经济学家群体本身也早已关注到了经济学话语中大量使用隐喻的现象(Henderson 1982;McCloskey 1983),一部分经济学家从经济学修辞的角度进行了探讨。以麦克洛斯基为代表的"修辞经济学派"(Rhetoric School)主要研究经济学中的隐喻、类比等修辞手段对经济学理论、思维方式以及学科本身的作用和影响,这些研究往往涵盖以隐喻方式命名的经济学术语。修辞经济学派的奠基之作《经济学的修辞(*The Rhetoric of Economics*)》(McCloskey 1985)一书已经成为经济学的经典著作之一。克拉默与麦克洛斯基(Klamer & McCloskey 1988:7)提出:"经济学是一本论文集而非专著[②]"。这一论断充分说明了经济学这门学

[①] 格里尼奥夫(2011)认为英语中用隐喻方式构成的术语占到借助语义构词法产生的术语的 31%,而借助语义方式构成的术语数量不多,占整个术语系统的 3% 左右,也就是说,根据格氏统计,借助隐喻方式构成的术语约占 0.9%。据本书作者对《牛津经济学词典》(2000)中所收录的 2 777 个术语单位的统计,发现其中隐喻型术语单位有 644 个,约占 23% 左右。

[②] 引文原文如下:Economics is a field of articles rather than one of books.

科的特点:各个经济学派有各自的研究方法和切入点,很难系统化,因此,分析经济学理论所采用的底层隐喻可以识别经济学家所持观点及其分歧原因。米劳斯基(Mirowski 1989)就从历史的角度对当代经济学进行了系统的梳理,指出新古典经济学的发展在很大程度上得益于从物理学借用的隐喻型术语,如"价值"(value)、"运动"(motion)等。经济学家阿尔伯恩(Alborn)认为,维多利亚货币经济学中关于货币流通是像血液还是像蒸汽的分歧实际上是因为经济学家分别从生物学和工程学两个不同学科借用了隐喻。(转引自 Lagueux 1999:9)新古典经济学家将人比作"计算机器"(calculating machines)和"理性选择者"(rational choosers),由此产生了一系列的隐喻型术语,如"理性预期"(rational expectations)等。亨德森(Henderson 2004:354)也曾指出绝大部分经济学派系中存在与机器相关的机械论(mechanism)、与有机过程相关的有机论(organicism)以及与历史事件相关的语境论(contextualism)这三类基本概念隐喻。

  以隐喻型术语为表征形式的经济学隐喻思维对于经济学的教学、理论以及学科发展具有重要的促进作用。例如,亨德森(Henderson 1986)指出,帮助经济系学生识别经济模型背后的隐喻并鼓励他们采用不同的隐喻视角也许可以培养他们的质疑态度。(转引自 Boers 2000:140)索罗(Solow 1988)认为好的科学隐喻应当是能产的(productive),能够提示经济学家发现问题并引导其解决问题。麦克洛斯基(McCloskey 1983)总结指出,经济学话语中的隐喻具有阐释性、有助于教学,某些基本隐喻甚至能够设定经济学的思维方式,对于经济学的理论发展具有很大影响。米劳斯基(Mirowski 1989)关于新古典经济学的整个理论框架都来自19世纪热力学理论结构的结论进一步证明了隐喻的理论建构功能。克拉默和伦纳德(Klamer & Leonard 1994)基于经济学隐喻的三大功能,即辅助教学、启发新思维以及构建经济学理论将经济学隐喻分为三类:教学型隐喻、启发式隐喻和理论建构型隐喻。库斯捷尔(Cosgel 1996)认为理论建构型隐喻是最基础的,它们会以不同的方式生成启发式隐喻和教学隐喻,比如新古典经济学派的建构型隐喻"机械隐喻"产生了"人脑是计算器"(mind as calculator)、"人是快乐机器"(man as pleasure machine)等启发式隐喻。米哈埃拉与利维乌(Mihaela & Liviu 2008)提出,隐喻使经济学语言更具象,经济学概念更容易具体化、客观化甚至人文化,同时隐喻可以用作教学工具,简化让学生难以理解的复杂概念。哥达索瓦(Gerdasova 2013)指出,隐喻创造经济学新术语的能产性很强,一些源自19世纪的隐喻在引导经济学理论和政策方面依然有效,因此,隐喻不仅是语言的装饰,更是理解经济学的组成部分。哈特(Hardt 2014)展示了隐喻在经济学中的重要性,他认为经济学隐喻不仅起到修辞作用,更是解释经济现象不可或缺的研究工具,同时隐喻对于经济学模型至关重要。

经济学隐喻还能够充当意识形态的外衣,潜移默化地影响受众,帮助其使用者实现各自的交际目的。怀亚特(Wyatt 2004)认为,不同的社会群体使用不同的隐喻来代表自己的利益和追求,不同经济学隐喻的使用则代表了不同意识形态主张,比如马克思在谈及社会经济转型,特别是技术转变的时候使用了生物隐喻,但他又反对达尔文的进化理论,因为进化论与他阶级斗争的视角不一致。阿夫沙尔(Avsar 2011)指出,经济学家所选用的隐喻语言受制于意识形态,服务于特定的经济和政治目的,例如术语"自然失业率"(natural rate of unemployment)中的"自然"一词就强调了失业率存在的必然性,一定程度上掩盖了失业率的负面性,从而起到为统治阶级辩护的作用。在分析经济学术语的意识形态用法时,阿夫沙尔(Avsar 2015)认为,经济学家虽然声称经济学是价值中性的,然而一些经济学术语(大部分是隐喻型术语)背后却隐藏着价值判断,他称之为"意识形态工具"(ideograph),经济学家会有意或者无意地利用这些意识形态构件(building blocks of ideology)进行劝说。

当然,也有一些经济学家不承认隐喻具有上述功能,例如反修辞学派的经济学家拉盖克斯(Lagueux 1999)就认为经济学中的隐喻都是死隐喻,对经济学家而言与普通词汇无异,他只承认隐喻具有填补词汇空缺的功能。然而,语言学家怀特(White 2003)对商业和经济学中的重要隐喻术语 growth 一词文本搭配的系统研究却证明了在不同的文本语境下,死隐喻 growth 的隐喻性会被激活并且能够产生创造性的用法,此类用法尽管数量较少,但其潜在的影响及交际力却不可低估。

国内经济学界对经济学话语中的隐喻也给予了关注。相关研究大部分从隐喻与经济学理论之间的关系切入,探讨隐喻在经济学理论构建和指导经济实践方面的作用。演化经济学和组织管理两个分支的研究相对丰富,这是因为借用生物学隐喻是演化经济学的重要特征之一(杨虎涛2006:89),组织管理领域则大量借用生态学隐喻。例如,杨虎涛(2006)分析了演化经济学中的生物学隐喻,探讨了其应用的合理性并展望了生物学隐喻在演化经济学中的前景。罗珉(2009)认为,组织及其管理理论和实践从本质上是由隐喻所支配、控制的,隐喻深刻地影响着对组织及其管理的看法和组织理论研究的方式、方法和路径选择。潘剑英、王重鸣(2014)归纳了生态系统隐喻在组织研究领域的三种主要应用和贡献,并在分析生态系统隐喻的价值和局限性的基础上提出相关研究该如何拓展和深化组织生态系统理论。其他代表性研究如武亚军等人(2010)对隐喻在战略管理学的理论构建和实证研究中的作用以及张国清、张翼飞(2012)对斯密关于文明社会的四个隐喻的梳理等。

由于经济学隐喻素材丰富,语言学界在探讨专业语言中的隐喻时也常常以经济学术语为例。例如,全晓云(2011)分析了经济术语中的六种色彩隐喻及其命名和认知理据,指出经济术语中的色彩隐喻都是以人的感官体验作为认知基础的,因此结合自身在生活中的视觉体验能够更好地理解这些术语,同时,色彩隐喻在认知思维中的分布是不均衡的,并非所有的感官体验都会在人的隐喻思维中得到表现。吴恩锋(2011)利用自建的经济报道标题语料库详细分析了股票及期货术语中的"仓"隐喻出现的频次、意义等后指出,人们日常生活中各种各样的仓库使用经验作为始源域的概念映射到经济认知域,从而形成了丰富多样的"仓"隐喻术语。王伟(2014)基于证券投资术语分析了隐喻金融术语背后的隐喻性思维,他认为对金融术语的隐喻含义分析可以将词汇的学习从简单的词汇记忆范畴升华到语用和思维方式的层面。

国内外经济学界和语言学界对经济学隐喻的研究兴趣都表明隐喻对于经济学话语的特殊性,而经济学术语是经济学话语的核心,从这个意义上说,经济学隐喻型术语具有明确的隐喻研究的学科代表性,以经济学隐喻型术语为例进行探究,能够较为全面系统地反映隐喻型术语科学修辞的本质、认知功能与特征,并进一步对其跨语修辞效果的判定以及相应的翻译策略选择进行深入探讨。

其次,经济学术语具有科学隐喻研究的学科必要性和重要性。一方面,主流经济学家群体所表现出的明显的"反修辞"(anti-rhetoric)倾向与经济学这门学科中大量使用隐喻的事实之间的强烈对比形成了一种研究张力,更能说明以隐喻型术语为显化表现形式的隐喻思维对于学科发展的不可或缺性,这种张力使得对隐喻型术语的深入探讨显得尤为必要。如上文所述,大部分经济学家的"反修辞"意识与其自身对学科的定位有关,他们既对以隐喻为代表的修辞手段有着自觉的反思[①],同时又对高度形式化、精密化的数学语言十分推崇。正如韦森(2007:958)所观察到的:"在唯科学主义盛行的当代社会中,经济学莫名其妙地且自发地走向了一个高度形式化和技术化的演化发展路径,以至于不仅几乎所有经济学家都致力于把自己的研究和著述用数学语言来表述,用数学模型来构建,而且还衍生出了一套固定的文章写作格式。"数学语言的可重复性和可证伪性让经济学这门人文学科从形式上向自然科学靠拢。然而,毋庸置疑的是,经济学领域中,新的分支学科、交叉学科的产生、新理论的提出却往往又是隐喻性思维发展的结果,这进一步说明隐喻这种在科学研究中常常被忽视甚至被排斥的思维工具的重要性。隐喻型术语不仅仅是术语命名者简单利用隐喻机制命名的结果,更是科学思维在语言表达形式上的凝练和浓缩,因而有必要对此类术语进行深入挖掘和探究。经济学家对隐喻的排斥与经济学文本中存在大量隐喻性表达的事实之间的强烈反差更证明了这种探讨的必要性。

此外,经济学传播需求的特殊性决定了经济学话语体系中会使用更多的修辞性表达,尤其是隐喻性表达。经济学隐喻型术语的相关研究对于科学隐喻自身理论构建具有重要意义和价值。具体而言,知识需要用语言来表达,更需要用语言来传播。术语不仅是知识的载体,更是传播知

---

① 详见第二章文献综述。

识的中介。与其他学科相比,经济学具有更为迫切的科学家群体以外的传播需求。经济学理论唯有转化为实实在在的经济政策才能实现其宏观层面的应用价值,"理论—政策"的必由路径迫使经济学家需要具备劝说往往并非行业专家的政策制定者的能力。与此同时,经济学与普通大众的日常生活关系密切,要想实现其微观层面的应用价值,必须要能够影响到个人的经济决策,实现"理论—决策"的跨越。这种研究者群体以外的传播需求使得经济学的语言需要尽可能浅显易懂,也更多地依赖以隐喻为主的修辞性表达,但这一需求及倾向与经济学家群体自身的诉求却是相悖的,这使得经济学术语库中存在着一些值得关注的、有趣的现象,比如一些术语概念既具有"科学化"的价值中立的客观表达,又具有"通俗化"的带有价值判定色彩的修辞性表达,研究者可以根据不同语境的需求选用不同的表达形式以便更好地实现劝说目的。这种现象与前述的术语交际语境观所持立场相符,也说明了术语学研究不能简单去语境化,将术语视为语境自足的概念个体。从这一意义上来说,选用经济学隐喻型术语为研究对象与本书的研究预设相一致,体现了科学隐喻相关研究的重要性。

本书中的个案主要选自《牛津经济学词典》(2000)、《新帕尔格雷夫经济学大辞典》(1992);《新帕尔格雷夫货币金融大辞典》(2000)以及《现代西方经济学辞典》(1996)这四部权威经济学词典,同时参照了以往文献中探讨较多的一些经济学隐喻实例,还包括少量在大众媒体上比较活跃、但暂未收编进词典的经济学隐喻型术语,例如"天使投资"。本书在选取隐喻型术语个案时主要以某个术语表达是否包含隐喻成分为依据。隐喻的判定一直是隐喻研究的难题之一。目前广泛采用的人工隐喻识别方法是 Pragglejaz Group(2007)提出的隐喻识别步骤(Metaphor Identification Procedure,缩写为 MIP),具体包括:(1) 阅读完整的篇章/文本,理解意义;(2) 确定篇章/文本中的语义单位;(3) a. 确定每一语义单位的语境含义;b. 确定语义单位的本义(本义更具体,或与身体行为相关,或更清晰,或出现时间更早);c. 对比语义单位的本义和语境含义,确定语境含义是否能够通过本义来理解;(4) 若是,则该语义单位被标记为隐喻性的。此隐喻识别步骤只针对隐喻表达，不包括概念隐喻。斯奎拉等人（Siqueira et al. 2009）在 MIP 的基础上另增了两条标准用以识别术语词典中的隐喻，即概念隐喻的能产性以及能否对隐喻进行字面意义解释，他们认为这样能让隐喻识别变得更清楚、客观。斯汀等人（Steen et al. 2010）认为隐喻是一种跨域映射，他们在 MIP 的基础提出了 MIPVU 的识别步骤，主要基于两点：非直接性（indirectness）和相似性，即隐喻用法是一种非直接用法，隐喻表达的语境含义与本义之间必须足够疏远，并且这两者能够通过某种相似性得以联系。鉴于研究对象的特殊性，本书将综合借鉴上述研究的识别步骤，并加以调整以适应隐喻型术语的识别。首先，Pragglejaz Group 和斯汀等人的隐喻识别是基于语义单位进行的。若采用这种识别方式，研究者会对术语 natural selection 中的 natural 和 selection 两个语义单位分别进行隐喻判定，其中 natural 是本义用法，selection 是隐喻用法，因为 selection 的本义要求人做主语。本书中隐喻虽然也基于语义单位识别，但只要某一术语中有任一语义单位被识别为隐喻，该术语就会被判定为隐喻型术语。其次，采用斯汀等人"对通用语言使用者为隐喻"（metaphor to the general language user）的策略，在判定某一表达的本义时，假定术语受众是普通大众，具有大众知识储备。举例而言，物理学术语 charge 的本义对于物理学家和普通大众可能是不同的，前者可能会认为该词的本义是"电荷"，而后者则会认为其本义是"收费"，在本书中物理学术语 charge 将会被识别为隐喻型术语。再次，相似性是隐喻表达的基础，能够在某一术语的隐喻部分的本义和概念含义之间建立某种相似性联系是前提。最后，斯奎拉等人提出的能否对隐喻进行字面意义解释亦作为最终隐喻类型识别的参照标准之一。亨德森（Henderson 2000）认为 the impact of a tax 中的 impact 一词并非术语，而是半术语，因为这一表达可以用 the consequences of a tax 或者 the result of a tax 来替代，因此该隐喻概念并非完全必要。可以看出，亨德森认为真正的隐喻型术语填补词汇空缺，是不能被替代的，但填补词汇空缺只是隐喻命名术语所具备的基本功能之一，并非全部功能。本书作者认为，某一隐喻表达能否被替代或能否进行字面解释只能作为参照标准之一,在经济学中,一部分隐喻型术语具有同义表达方式,能够被替代,它们的存在和应用是为了实现其他的修辞功能。

1.3 研究目标

本书将顺应现代术语学研究的认知转向趋势,针对以隐喻方式命名的术语研究成果匮乏、研究向度单一的现状以及对术语的隐喻认知机制进行科学阐释的研究需求,以经济学术语为例,在跨学科修辞视域下探讨隐喻型术语英汉互译问题。具体来说,本书拟回答如下研究问题:(1)隐喻型术语具有哪些修辞功能?(2)隐喻型术语的修辞特征如何?(3)基于隐喻型术语的修辞功能和特征,在跨语应用过程中,隐喻型术语翻译应遵循怎样的修辞策略?在此基础上,本书的具体目标如下:

在理论方面,本书采用跨学科修辞视角,结合科学哲学中的科学修辞研究、传统的言语修辞学研究以及当代的广义修辞学研究,将隐喻型术语的翻译界定为一种跨语修辞行为,在描述分析隐喻型术语包括认知和交际在内的双重修辞功能和复合修辞特征的基础上探讨隐喻型术语跨语修辞效果的判定原则、相应的修辞策略以及跨语修辞效果实现的具体方法,打破术语学框架下隐喻研究过分依赖日常隐喻研究成果的局限,建立隐喻型术语翻译独有的跨学科修辞理论,弥补术语学研究在这一方面的不足。同时,对作为科学隐喻的隐喻型术语的探讨是对当前隐喻学研究所关注的文学隐喻和日常隐喻研究的必要补充,因而,本书在一定程度上能够充实隐喻学的本体研究,完善包括日常隐喻、文学隐喻以及科学隐喻在内的隐喻家族谱系化的拓展研究。

在应用方面,本书旨在提出隐喻型术语的分类及相应的功能、特征参照,隐喻型术语在跨语应用后修辞效果实现的判定原则,不同类型隐喻型术语的跨语修辞策略以及具体的翻译方法,为各学科隐喻型术语的翻译实践提供有益参考。在各学科之间互相借鉴融合的大趋势下,隐喻型术语的数量也在不断增长,得益于网络媒体的发达,大众与专业领域之间的互动越来越频繁,术语的传播速度也越来越快,某个术语一旦译法定名欠妥,很难进行正名纠偏,所以在翻译之初能够确定相对合适的译名非常重要。本书采用经济学隐喻型术语进行示例,但研究方法和思路对于其他各个学科隐喻型术语的翻译实践具有借鉴意义,因而具有较为广泛的应用性。

1.4 本书结构

本书结合科学哲学中的科学修辞研究、传统的言语修辞学研究以及当代的广义修辞学研究,构建跨学科修辞理论框架,在跨学科修辞视域下探讨隐喻型术语的认知本质、交际功能以及具体的复合修辞特征及其跨语翻译实践策略,旨在解决隐喻型术语翻译的理论框架构建问题并指导相应的隐喻型术语翻译实践。本书共由七章组成。除了第一章绪论,第二章文献综述和第七章结论以外,主体部分共分为四章,分别为隐喻型术语翻译研究的跨学科修辞理论框架构建(第三章)、隐喻型术语的双重修辞功能(第四章)、隐喻型术语的复合修辞特征(第五章)以及隐喻型术语翻译的跨学科修辞取向(第六章)。本章为绪论部分,主要介绍本书的研究背景、研究对象、研究目的、研究方法与结构。第二章为文献综述,主要内容包括对"隐喻型术语""修辞""术语翻译"在内的关键词界定、隐喻型术语及其翻译研究述评、术语翻译研究述评以及翻译相关的修辞学研究述评。第三章在阐释隐喻型术语翻译的特殊性和复杂性的基础上,从隐喻型术语命名的科学修辞本质、隐喻型术语应用的言语修辞功能以及隐喻型术语翻译的广义修辞机制三部分出发构建隐喻型术语及其翻译研究的跨学科修辞理论框架,其中第一部分以科学隐喻为理论基础,说明隐喻型术语的科学修辞本质,第二部分以言语修辞学为理论基础,说明隐喻型术语的言语修辞功能,第三部分以广义修辞学为理论基础,说明隐喻型术语翻译的广义修辞属性。第四章和第五章将遵循"先功能后形式"的顺序从跨学科修辞,主要是从科学修辞以及言语修辞的双重视角出发,对经济学隐喻型术语进行分类,并考察各类隐喻型术语的认知和交际双重修辞功能以及复合修辞特征,为后续隐喻型术语的翻译效果评价体系的构建和翻译策略的选择分别提供功能理据和形式理据。由功能到形式的理据探讨是由隐喻型术语的性质决定的,对于术语翻译来说,概念功能是第一性的,语言形式是第二性的。第六章将提出隐喻型术语翻译评价的跨学科修辞策略,从系统修辞效果的跨语传递角度构建隐喻型术语翻译的系统性评价原则,提出不同类型的隐喻型术语相应的跨语修辞策略并归纳具体实践的翻译方法。第七章将就本书的主要发现和启示、研究不足以及今后的研究展望做简要阐述。

第二章 文献综述

本章旨在界定本书的关键词,并对以往的相关研究文献进行回顾,以期梳理出现有相关研究所取得的重要成果,为本书提供有益的参照和借鉴。与此同时,本章也将对现有研究中所存在的不足或局限进行思考,从而进一步拓展研究空间。

2.1 关键词界定

2.1.1 隐喻型术语

对"隐喻"一词的定义学界至今未达成完全的共识,学者们一般均从自己的研究目的出发对其加以界定。虽然现有的诸多定义出发点不一,但大体可以分为广义和狭义两类。"隐喻"的狭义界定继承了传统的隐喻观,认为隐喻是一种言语修辞手段,往往与明喻、拟人等修辞手段并举等列。"隐喻"的广义界定则以莱可夫和约翰逊的体验观为基础,认为隐喻是通过一事物理解和经历/体验另一事物。后一类定义的共通点在于都将隐喻理解为一种认知机制而非言语修辞手段,因此研究对象不再仅限于独立的隐喻表达,而且包括概念隐喻。本书拟采用莱可夫和约翰逊的定义,研究对象包括隐喻型术语所涉及的浅层隐喻表达和深层隐喻概念。

具体到科学文本而言,隐喻的表现形态则是多样的,包括(1)科学概念中的"死隐喻"表达;(2)科学解释中的隐喻描述;(3)科学活动中的隐喻思维;以及(4)科学模型与科学类比。(郭贵春 2007b:53-55)首先,与日常隐喻或文学隐喻不同,科学文本中的隐喻并非是科学家主要出于审美目的的选择,而是由于在科学概念形成的最初,科学家群体对某一事物本质的了解并不透彻,使用模糊的隐喻性语言实际上是为了适应不确定的现实世界和不确定的事物本质。此后,随着人类认识的推进,对事物和现象的认识会逐步明确,最初的隐喻性指称最终会得到更为确定的概念描述。此时隐喻性指称和非隐喻性指称一样,在科学家的眼中都只是指代概念的语言符号。从这个意义上来说,它们可以被认为是科学概念中的"死隐喻"表达,例如物理学中的隐喻型术语"电流"和"电场"。其次,科学思维中量化和质化推理并存。量化推理主要用于科学描述,质化推理对于科学解释必不可少。在已知群体(the well-known)向未知群体(the unknown)传递科学发现的过程中,质化推理尤为重要,而在质化推理中,隐喻性语言由于其特有的认知功能而被广泛采用[①]。再次,隐喻性思维的应用是抽象科学思维的必然选择。隐喻以相似性为基础,帮助科学家群体在熟悉的事物与陌生的事物之间建立起沟通的桥梁,这充分体现了隐喻的启发性功能。例如,天文学家创造了"光年"的概念作为计算星球之间距离的单位,创造了"蟹状云"的概念来指称银河系中的某一强大射电源[②]。最后,科学模型和科学类比是科学隐喻的直观形态。从本质上说,模型和类比是映射的选择结构,它映射了知识的一种背景域到另一种目标域的转换。模型和类比的过程是将背景域的特征描绘为目标域的特征的典型隐喻思想应用。(郭贵春 2007b:55)在科学文本中,模型和类比很多时候会表现为一系列的隐喻性表达。比如,认知语言学中人脑与计算装置的类比就产生了诸如"信息处理""记忆储存""反馈"等隐喻性表达。

---

① 参见 A. Ortony, Metaphor, language and thought(1993)以及 R. E. Mayer, The instructive metaphor(1993)。

② 此两例来自李小博:《科学修辞学研究》(2010),第 29 页。

第二章 文献综述

对术语的定义同样也缺少定论。传统术语学研究中的术语仅关照术语的语言和概念层面,概念先于并独立于术语存在,是抽象的认知实体,术语表达仅仅是其语言标签。如冯志伟(2011:29)将术语定义为通过语音或文字来表达或限定专业概念的约定性符号;格里尼奥夫(2011:31-32)将术语定义为用于准确命名专业概念的专门语言的专业词汇称名单位(词或词组)。相比而言,现代术语学对术语的认识则更进一步,更加重视术语应用的社会交际维度,承认术语变体存在的合理性。不同术语变体的使用能够反映用户群体的知识程度、社会和专业地位以及交际互动中参与者的权力关系。因此,现代术语学研究对术语的理解和界定有所拓展和丰富。具体而言,萨捷尔(Sager 1990)早就提出不同的文本类型需要术语变体的存在,并且指出事实上在专门语言中存在大量的术语变体。伽布莱(Cabré 2003)认为术语(专业知识单位)是多维度的,包括认知要素、语言要素和社会交际要素。菲伯尔(Faber 2012)则将术语定义为专业知识文本框架中传递概念意义的语言单位。这一定义也涵盖了语言、概念和语境三个维度。术语的定义中涵盖交际维度与现今术语学研究的描写性倾向是分不开的。正如泰莫曼(Temmerman 2000)所言,任何现实的术语分析都必须将多义术语和同义术语包括在内。本书顺应现代术语学研究的描写与认知转向,对不同语境中隐喻型术语的真实使用状况进行深层次描述,因此交际语境必然是重要参数。

结合上述对隐喻和术语两个概念的讨论,本书将隐喻型术语界定为以隐喻方式命名的具有固定专业内涵的词汇表达,它既是语言单位、知识单位,同时也是专业概念的交际单位。

2.1.2 修辞

"修辞"一词源于希腊文 rhetorike,原意为 art of an orator[①]。方仪力(2013:78)将其定义为"运用语言来说服或影响别人的艺术"。西方修辞

[①] T. F. Hoad, *The Concise Oxford Dictionary of English Etymology*(1993).

学源于古希腊,从古希腊、古罗马时代起就是显学,可以说修辞观念是西方人文思想的主要构成成分之一。20世纪西方修辞学发生了很大的变化。一般认为,19世纪以前的西方传统修辞学为古典修辞学。当代修辞学,尤其是20世纪50—60年代以后的修辞学称为新修辞学。(温科学2006:1)受科学主义的影响,20世纪初的修辞学研究被严重边缘化,它的复兴,即"新修辞学运动"在很大程度上受到了瑞恰慈(I. A. Richards)和伯克(Kenneth Burke)等人的推动。西方传统修辞学的体系以劝说为核心,瑞恰慈的贡献在于提出劝说只是修辞学的众多目的之一,他认为把修辞学研究限制在某个功能之中无法鼓励研究者去探索语言如何发生作用的更大问题。瑞恰慈拓宽了修辞学的视野,使人们认识到修辞不仅蕴藏在人类的一切交往活动中,而且组织和规范了人类的思想和行为的各个方面[①]。伯克(Burke 1969:41)则将修辞定义为"人使用词语形成态度或导致他人采取行动[②]"。这一定义以语言本身的基本功能为基础,暗含了对"动机"的强调,他认为动机使人类生活与互动具有策略性和意图,即修辞。伯克的定义进一步扩展了修辞学的研究,修辞学家开始试图对一切社会交往中的修辞因素进行解释。新修辞学在理论上强调修辞与人类知识建构之间的重大关系,认为本质上修辞即认识。对修辞本质的再认识使得修辞学关注的焦点从劝说转到交往,当代修辞学因而得以脱离狭义的劝说桎梏,转向广义的对一切话语修辞的研究。

与西方一样,国内的修辞学研究也正经历狭义到广义的转型,然而两者转型的基础却并不相同。如前所述,西方传统修辞学重修辞的劝说功能,主要围绕口头交际进行,而中国传统修辞研究则是重语言技巧的锤炼,主要围绕书面交际进行。西方修辞学在历史上大多时候都是显学,有自成的体系,修辞观念正是西方人文思想的精髓之一,而国内直至20世

---

① 参见 I. A. Richards: *The Philosophy of Rhetoric* (1965)以及温科学:《20世纪西方修辞学理论研究》(2006),第 45-46 页。

② 引文原文如下:Now, the basic function of rhetoric, the use of words by human agents to form attitudes or to induce actions in other human agents, is certainly not "magical".

纪 30 年代现代修辞学才得以在真正意义上建立①。两者的发展脉络是不同的。国内修辞学的"广义"和"狭义"之分主要是从修辞观和方法论的层面来谈的。狭义修辞学主要是指"建立在语言学本位基础上的以辞格为中心、以技巧为核心的修辞学研究类型,是一种语言学本位观的修辞学研究类型"。(罗渊、毛丽 2007:75)广义修辞学概念的萌生应当始于 1992 年《接受修辞学》②一书的出版。王希杰的《修辞学通论》被视为从狭义修辞学过渡到广义修辞学的集大成之作,虽然他依然局限于狭义修辞学的语言本位观,强调语言的表达效果,但他也指出修辞既是一种文化现象也是一种心理行为,他的"四个世界说"——语言世界、文化世界、心理世界和物理世界对语言的表达效果的考察在一定程度上挣脱了狭义修辞学的束缚。修辞学真正意义上的广义转型则始于谭学纯、朱玲于 2001 年出版的专著《广义修辞学》一书。谭学纯(2005)认为虽然修辞格或修辞技巧是修辞学研究的重要话语场,但是如果研究者仅仅把目光锁定在修辞技巧层面的话,那么修辞学作为"学"的价值就会被贬低,从而沦为修辞"术"。基于这样的考量,修辞学拓宽自身的研究域面就成了必然的趋势。就这一点而言,西方和中国修辞学的转型都是为了拯救因为视域狭隘而日益被边缘化的修辞学研究。

目前国内学界对广义修辞学的概念并无统一的界定与认识。郝荣斋(2000:3)认为:"广义修辞学是以广义修辞现象为研究对象的语言学科。从广义修辞学的观点来看修辞的性质,那么修辞是结合题旨情境,积极运用语文形式表达思想内容的活动。所谓广义修辞现象,正是指这种积极的言语表达活动中的一切言语现象。广义修辞学的任务就在于揭示其中的规律,并用以指导人们的言语实践。"他指出:"广义修辞学强调修辞动

---

① 陈望道的《修辞学发凡》(2008)是中国现代修辞学的第一座里程碑,它设定了现代修辞学的基本研究模式,修辞被看作纯粹的语言表达现象,修辞学家的任务就是在语言的范围内对修辞现象进行描写、归纳、分析。修辞现象被分为积极修辞和消极修辞,其中只有积极修辞才是修辞学家的研究对象。
② 谭学纯、唐跃、朱玲三人合著的《接受修辞学》(1992)把修辞研究单纯注重表达者扩展到注重表达者和接受者双方,认为修辞效果的实现在修辞信息输出环节只具有可能性,在修辞信息接受环节才具有现实性。

机和行为,狭义修辞学强调修辞效果。"(郝荣斋 2000:4)谭学纯和朱玲(2001:97)将修辞定义为"言语交际的双方共同创造最佳交际效果的审美活动",这一定义强调了修辞接受者在修辞效果实现中的作用,对狭义修辞学中只重表达者的倾向进行了纠正。正如谭学纯等人(2000:4)所言:"表达者提供获取言语最佳效果的可能性,接受者完成由可能性向现实性的转化。"但林界军(2003:40)批评了谭、朱二人的定义,他指出并非每个具体的修辞都是追求审美的结果,并提出,"或许可以说,只有把人类的一切言语行为都看成是修辞行为,这才是一种真正的'广义修辞学'"。谭、朱的定义之所以强调修辞是一种"审美活动",是因为他们研究的基点是文学修辞。柴改英、张翠梅(2007:21)将修辞学定义为"一门有效使用符号的综合性的语言理论",这一定义通过"符号"一词试图走出纯语言层面的修辞,然而却失之过泛。罗渊、毛丽(2007:75)认为:"广义修辞学自觉地以突破语言学本位观、走出技巧论为出发点,并从更为广泛的社会人文、心理思维乃至自然存在等探索修辞学发展新路径的研究类型。"冯全功(2012a:100)提出:"狭义修辞学在言,以语言为本位;广义修辞学在人,基于语言但又超越语言。"综合上述定义可以发现,与狭义修辞学相比,广义修辞学具有重修辞动机、修辞互动、修辞接受、修辞建构的特点。

虽然国内修辞学研究的总体取向是由狭义转向广义,但这并不意味着对狭义修辞学的全盘否定,而是一种批判的继承。此处有必要提及现当代中国修辞学中颇具影响的修辞选择观,特别是"同义手段选择说"。持这种观点的学者包括张弓、王希杰、聂焱等。张弓(1963:16)认为活用语言(修辞)就是根据内容需要选用词或句的同义手段。王希杰一直坚持同义手段选择说,他提出,"修辞学研究的对象是为了提高语言表达效果而对语言进行的加工,其核心又是同义语言手段的选择,而同义语言手段的选择又大都是在语言的各种变体之间进行的。所以我们可以说,修辞学的研究对象主要是各种同义手段的选择,也就是语言变体的选择"。(1983:11)聂焱(2009:4)认为修辞活动是指在说写中积极调整语言的一种行为,也就是表达内容、语境确定的前提下,积极调动语言因素、配合非语言因素,以最恰切完美的语言加工形式去获得最佳的语言表达效果的语言实践活动,这种活动其实是对意义相同或相似但表达形式不同的语言材料的选择活动,即对同义手段的选择活动。他将修辞学定义为"研究在交际活动中为提高语言表达效果选择同义手段的规律规则的动态语言学"。(聂焱 2009:5)张弓、王希杰和聂焱等人并未突破语言本位观和对修辞效果的坚持,但本书作者认同修辞活动是一种同义手段选择的话语实践。正如刘亚猛(2014:5)所指出的:"表达方法以多样性作为其有效性的先决条件,不断按照修辞意图从表达的各种可能性中做出选择是交流的题中应有之义。"

鉴于本书的立足点是一种广义的修辞研究,在综合国内外对修辞及修辞学的看法基础上,考虑到本书的研究对象——隐喻型术语的特殊性,本书将修辞定义为表达者基于修辞动机在特定修辞情境下的一种同义手段选择,修辞效果的过程性实现有赖于表达者和接受者的共同创造。

2.1.3 术语翻译

"翻译"这一术语本身既可以理解为翻译过程,也可以理解为该过程的结果。相较而言,如果将翻译视作译者的跨文化交际实践过程,那么自然也应该包括其相应的实践结果。因此,本书所定义的术语翻译,既是指术语翻译的过程,也包括对术语翻译结果的考察。术语翻译的过程一般被理解为在译语中寻找对等术语的过程。与普通翻译一样,术语翻译的主要目标也在于寻求相关概念的不同语言形式间的"对等",这种对等主要指术语概念(系统)的"对等"。富埃尔特斯-欧利维拉与阿里瓦斯-巴诺(Fuertes-Olivera & Arribas-Baño 2008:72)指出:"只有确定了不同的语言系统中使用的术语概念之间的对等才可以谈术语对等。"菲伯尔和乌雷尼亚(Faber & Ureña 2012:104)提出专门语言的翻译包括理解、组织以及不同语言的专门知识单位之间的对应关系的具体化。魏向清(2014:20)也指出术语译者的任务是为原语术语提供概念对等的术语。由于术语概念所特有的系统属性,其对等所涉及的不单只是某个术语概念的对等,而是上升到术语系统层面的对等。正如埃德尔曼(Edelmann 2012:

2)指出的:"在专门语言翻译中,译者在组织给定文本中的术语时必须考虑概念系统的问题。"他所指的概念系统是独立于源语和译语的概念系统,是知识领域的概念系统,因此术语翻译不仅仅是一个语言任务,而是要进入相关的知识领域,把握相应的概念体系。

术语除了是专业概念的载体以外,还是语言交际单位,其自身所携带的文化交际特征决定了译者必须要考虑术语翻译的跨文化属性。魏向清(2014:20)认为:"术语翻译的过程是术语跨语应用的过程,也是术语及其所表征的概念,即相关知识单位跨语传播的过程。"从这个意义上来说,术语翻译实际上是"术语所承载的知识由原语知识系统向译语知识系统传输的过程"(同上:24)。在这个过程中,译者需要调用译语专业知识领域话语系统中最适切的语言符号来表征原语概念知识的传输结果。这其中必然涉及译者对译语专业领域中同义表达手段的优选过程,从这个角度来说,术语翻译可以被视为一种广义的修辞行为,正如李宇明(2004:3)所言,修辞活动,就是根据表达的不同需要,依照一定的原则对同义现象进行选择的活动。聂焱(2009:12-13)也指出:"修辞是同义手段选择过程","修辞学的研究对象是同义手段的选择"。

基于上述讨论,本书作者认为,翻译的过程就是依据一定的原则对译语中可资利用的同义表达手段进行选择的过程,翻译活动本质上是一种广义的修辞活动,术语翻译也不例外。术语表征专业概念,术语翻译的目标是跨语寻找认知效果对等的表达,需要进行基于概念的语符层面的形式选择,其过程也是同一概念不同语义表征的优选,本质上是一种修辞实践。鉴于术语是基于专业概念的语言单位、知识单位以及交际单位,三者密不可分,本书将术语翻译的过程视作译者为实现术语相关语言、知识和交际三层面的对等效果而对译语中相应概念的同义表达手段进行选择的过程,是一种广义的修辞实践行为。

2.2 隐喻型术语及其翻译研究述评

本部分将回顾国内外有关隐喻型术语①及其翻译的主要研究文献,旨在厘清隐喻型术语研究的现状,总结以往的研究成果及分析现有研究不足,并阐明后续研究的必要性。述评将分为隐喻型术语及其翻译两部分进行,这主要是因为这两者在研究主体和研究关注点上各有侧重,需分别阐述。关注隐喻型术语的学者包括一部分对术语学认知转向比较敏感的术语学家以及对科学文本感兴趣的认知语言学学者等,而关注隐喻型术语翻译的则主要有研究术语和研究翻译的学者,他们研究出发点不一,研究重心也有所区别。下面将具体考察这两方面的研究。

2.2.1 隐喻型术语研究

(1) 国外术语学界的隐喻型术语研究

从亚里士多德开始,隐喻研究就一直被排除在专业交流语言领域之外。作为一种修辞方式,隐喻一直被认为是语言的装饰,其意义具有不确定性。同时,科学家群体本身也存在两种对立的倾向。一些科学家强调语言的严谨性,使用不带任何感情色彩的语言,采用极简化的文体、句子,排斥任何语言上的修饰,甚至认为使用隐喻是对理性的公开挑衅;另外一些科学家则意识到语言不仅表达思想,甚至会影响到思想的发展,对于他们而言,有效的交流意味着简洁的讯息和有力的表达,因此他们倾向于动用一切利于表达的手段来为科学文本服务。包括达尔文和爱因斯坦在内的许多科学家,都认识到隐喻是一种可用于"逼近"和交流复杂科学概念的方便语言工具,其使用对于科学理论的构造和发展具有相当的重要性。

---

① 以往的研究者以"隐喻术语""隐喻性术语""术语隐喻""科学隐喻"等不同方式称名以隐喻方式命名的术语,称名方式虽然不同,但与本书中隐喻型术语指称的研究对象基本一致。

(郭贵春 2007b:41)科学文本的现实也证明了隐喻无所不在。(Bies 1996; Meyer et al. 1997; Temmerman 2000, 2002; Alexiev 2004; Faber & Márquez 2004, 2005; Finatto 2010; Ureña 2011, 2012; Sánchez et al. 2012; Cuadrado & Durán 2013; Escribano & Álvarez 2016; Rossi 2017)

传统术语学理论本质上是规定性的,其对概念与语言表达形式严格一一对应的理想化、无歧义的术语的追求本能地排斥意义模糊、"不科学"的隐喻。因此绝大部分情况下隐喻只是被当作一种普通的语义命名方式。费尔伯(Felber 1984)就曾间接提过隐喻的"命名能力"。在他的分析中,术语概念的思维和理解在命名之前就已经完成,采用隐喻方式命名只是因为它可能比其他方式更简洁。更多的传统术语学家选择对隐喻型术语视而不见,更遑论去深究隐喻在科学文本中大量存在的深层原因。泰莫曼(Temmerman 2002)曾借用莱可夫和约翰逊之言对传统术语学理论对待隐喻的下述方式进行了批评:隐喻通常被认为是语言的问题,是词语的选择,与思维或行动无关。

自 20 世纪 90 年代开始,受术语学研究的认知转向影响,术语的认知属性得到了更多关注。术语学中的隐喻命名也是一种重要的认知机制,其研究也引起了更多重视。具体来说,术语的命名过程是专业知识的编码过程,而专业知识的传播依赖于受众的解码。隐喻化抽象为具象的能力能够促进受众的认知,因而以隐喻方式命名的术语更利于解码。同时,隐喻借助于一事物理解和经历另一事物的本质使它不仅具有语言上的创造力,更具有思维上的创造力,从而有助于形成科学思想和理论。菲伯尔与马尔克斯(Faber & Márquez 2004,2005)就曾发现隐喻渗透于科学文本的各个层面,即(1) 专业知识领域;(2) 专业知识单位;(3) 命题层次;(4) 文本层次。因此,他们认为包含隐喻命名在内的专业语言应用在很多方面是通用语言的延伸。

率先给予隐喻足够重视的术语学家泰莫曼(Temmerman 2000)认为,术语学研究一直被置于客观主义范式中,在遭遇体验主义认知范式之后,术语学家被迫要考虑隐喻推理对术语类别化和命名的影响,术语编纂原则和方法应当随之细化,并适应这种影响。她通过生命科学术语实例挑战了传统术语学认为理想化的专业语言交流应当无歧义,因此最好用本义术语取代隐喻型术语的观点。泰莫曼认为,类比思维和隐喻在生命科学新术语的发展中起着重要作用,因此不仅不应该限制,甚至应该鼓励在科学文本中使用方便理解的隐喻性语言。她还指出,隐喻表达是隐喻性思维在语言中留下的痕迹,因此术语学可以从隐喻表达出发找出隐喻模型描述的原则。泰莫曼(Temmerman 2002)虽然没有直接谈及该如何翻译这些隐喻型术语,但她强调译者应当能够区分创造性隐喻和教学性隐喻。译者只有对这两种类型的隐喻进行正确区分,才能在目标语中找到最佳对等词,因为科普作家偶然引入的教学性隐喻只用于特定教学情境,而研究者在创造性科学思维过程中引入的隐喻性新词则很有可能逐渐被接受,进而进入术语库。

菲纳托(Finatto 2010)认为隐喻是科技交流的组成部分,鉴于其复杂性,必须在术语学范围内对其进行研究。乌雷尼亚(Ureña 2011)使用英语和西班牙语双语文本语料对海洋生物学中的隐喻型术语进行了对比研究,涉及隐喻型术语的提取和分析。识别出的隐喻被分为两类:相似性隐喻(resemblance metaphor,类似于意象隐喻[①])和非相似性隐喻(non-resemblance metaphor,类似于概念隐喻)。其中相似性隐喻的隐喻动机包括与无生命实体相似、与有生命的实体相似等,以形状相似最为常见。而语料证实非相似性隐喻不仅可以通过名词实现,还可以通过动词和形容词来实现。该作者认为,语言使用者只有在隐喻型术语对应的概念刚被创造的时候或者第一次习得和使用该术语的时候才会在脑中进行隐喻处理。只有当(1)专家基于两个实体的类比创造新概念时;(2)专家提出替代原有术语单位的隐喻型术语时;(3)外行第一次接触隐喻型术语这三种情况下才能确信概念系统的概念结构与认知处理之间有直接关

---

① 意象隐喻和概念隐喻均涉及概念的跨域映射,区别在于意象隐喻较为简单,主要基于两个实体之间感觉上的相似性产生,是意象对意象映射的产物,一般只会产生单个的隐喻表达,但概念隐喻本身不是直接的语言表达式,而是相关隐喻表达的内在运行机制,因此它的识别相对复杂。概念隐喻具有系统性,可以进行"繁殖"。

联。因此,乌雷尼亚的研究实际上认为隐喻型术语中隐喻的认知功能的触发是有条件的。

桑切斯等人(Sánchez et al. 2012)证实,无论是意象隐喻还是概念隐喻都大量存在于科技文本中,隐喻对科学思维和科学理论的形成具有至关重要的作用,而语言的经济性和创造力是术语中形成隐喻和转喻表达的驱动力。他们同时探讨了"不变原则"(invariance principle),认为其在专业语言中亦有体现。"混合"(blending)也是术语学中常用的认知过程,这在很多专业知识领域的复合新词中得以体现。他们认为,为了获得科学交流中存在丰富隐喻的实证,应当借鉴认知语言学研究,通过语料库分析研究隐喻模式。夸德拉多与杜兰(Cuadrado & Durán 2013)通过语料库进一步证实隐喻对科学语言与思维不可或缺,他们基于源域与目标域之间的距离探讨了科技文本中隐喻型术语的隐喻性程度并发现了目标域概念比源域概念抽象的映射情况,这与以往研究一直认为目标域比源域更为具体的认知相悖。

与莱可夫纯粹的体验主义观点不同,以吉布斯(Gibbs 1999)、克韦切什(Kövecses 2005)、於宁(Yu 2003,2008)为代表的学者认为,概念隐喻不仅与身体体验相关,更与文化体验相关,因此概念隐喻既具有普遍性也具有文化特殊性。吉布斯(Gibbs 1999:153)指出,认知语言学关于隐喻的研究应当明确承认文化在塑造体验以及相应的隐喻思维中的重要的,甚至可能是决定性的作用①。克韦切什(Kövecses 2005)提出,概念隐喻在更广泛的层面(generic level)上是(近似于)普遍的,而在具体层面(specific level)上则会出现跨语、跨文化变体,这些变体产生的原因是不同的体验和不同的认知偏好或风格。於宁(Yu 2003)认为,共有的身体体验和相异的文化经验决定了概念隐喻是普遍的还是文化独有的。他提出了身体、文化、隐喻的循环三角关系,认为概念隐喻通常基于身体体验,

---

① 引文原文如下:What is missing from the psycholinguistic work, and from aspects of the work on metaphor in cognitive linguistics, is an explicit acknowledgement of culture and its important, perhaps defining, role in shaping embodiment and, consequently, metaphorical thought.

然而文化模式为特定的概念隐喻目标域过滤身体体验(filter bodily experience),并且文化模式本身经常为概念隐喻所架构(Yu 2008:389)。这种概念隐喻的身体—文化的融合观点亦被吸收到了对隐喻型术语的描述中。比如,泰莫曼(Temmerman 2008)就以生命科学术语 splicing 的意义变迁为对象,探讨了社会文化情境性(sociocultural situatedness)在隐喻型术语意义认知中的作用。她提出,承认语言系统的创造力,将语言的社会文化情境性纳入考虑范畴可能影响能对意义变迁做出解释的动态术语资源的管理(Temmerman 2008:354)。科学术语的规范化能够让科学交流更为高效,但也扼杀了作为发生分布文化认知系统(emergent distributed cultural cognitive system)的语言的创造潜力(同上:351)。乌雷尼亚和菲伯尔(Ureña & Faber 2013)对英语和西班牙语两种语言中的海洋生物隐喻型术语进行了对比,并根据社会认知情境性(sociocognitive situatedness)的层面分类提出了术语隐喻的拓扑,这一拓扑可以从下述四个层面进行区分:文化特殊性(culture-specificity)、文化代表性(culture-typicality)、指称物认识的无约束视角(unconstrained angles of referent perception)以及特殊性程度(degree of specificity)。

除了隐喻术语的命名、功能及其工作机制相关的研究以外,还有一些关于如何在语料库中进行隐喻术语提取的零散研究。例如,乌雷尼亚与菲伯尔(Ureña & Faber 2011)就尝试通过两种传统的语料库提取隐喻的方法——搜索目标域词汇(target domain vocabulary)以及语义标记(lexical markers)从英语和西班牙语的海洋生物学语料库中对相似性隐喻术语(resemblance metaphor terms)进行半自动提取,结果显示这样的提取方式有效可靠,研究者还证实了科学文本中同义词和术语变体的存在,揭示了五类相似性术语的命名理据,包括形状、色彩、尺寸、行为以及行为和形状的组合。另外,除了术语学界以外,也有少数认知语言学家关注到了隐喻在科学文本中的功能,如格特力(Goatly 1997)就分析了隐喻的填补词汇空缺功能、解释和模型功能、理论建构隐喻的再概念化功能以及潜在的意识形态功能等。

(2) 国内术语学界的隐喻型术语研究

相较而言,国内术语学界对术语学研究的认知转向并不敏感,相关研究也是凤毛麟角,点到即止。虽然董宏乐早在 1999 年谈及科技语言的隐喻性时就指出,过早给出貌似准确的术语会妨碍科学工作所具有的思辨多重性,还会使科学家不得不频繁地放弃或更换术语,因而应当为科技隐喻正名,但他的观点当时并未引起国内术语学界的重视。以我国术语学研究权威期刊《中国科技术语》为例,自 1998 年公开发行到 2016 年期间,仅有 5 篇文献关注隐喻型术语的相关研究,分别为 2006 年两篇、2009、2010、2014 年各一篇。刘金龙(2011)在回顾我国的应用翻译研究时也曾指出科技英语中隐喻、术语的特征及其翻译方法的研究不足。陈雪(2014a:126)总结认为,传统术语学的隐喻研究主要从词汇层面进行,将隐喻术语作为语言现象来研究,而对隐喻术语的成因、认知模式、功能及其与篇章的联系等方面少有涉及。

樊才云、钟含春(2003)提到科技术语命名注重"挖潜",其中之一就是非科技术语转化为科技术语,这种转化只能通过隐喻的方式进行。冯志伟(2006)以计算机术语为例说明了隐喻在术语命名中的作用,指出在术语的命名中不能拒绝使用隐喻这种重要的方式,术语命名也不可能避开这种人类重要的思维方式。他指出,用隐喻方式命名术语与传统术语学提倡的准确性、稳定性、能产性等命名原则并不矛盾,而且能更好地实现这些原则。孟令霞(2007:17)认为,隐喻术语不是与科学语言格格不入的特殊语言现象,而是语言构成中的一个普遍现象。她分析了隐喻术语的两种称名途径,即源于一般语言与从其他专业语言中借用术语,指出隐喻术语的称名特点在于相似性,包括外部相似性和功能相似性。吴国良等(2009:4)在总结英语术语的构成特点时,第一条就提到了通过改变普通词语含义而形成术语的转义法。无论是非科技术语转化为科技术语还是普通语词形成术语,基本上都是通过隐喻方式实现的。孙淑芳和孙敏庆(2014:53)探讨了俄语计算机术语的隐喻认知模式,将其分为基于物理特征相似、功能相似和创造相似性三大认知模式,指出"隐喻思维方式无论在建构计算机概念,还是在传播计算机知识方面都发挥着积极的推动作用"。王红(2014)解析了医学俄语隐喻术语,根据映射源域将其分为七种类型,即人物隐喻、动物隐喻、植物隐喻、颜色隐喻、地理隐喻、神话隐喻以及社会形态隐喻,她认为语义联想是这些名称命名的基础,而隐喻的相似性是它们的共同特征。

上述学者主要还是将隐喻视为一种术语命名手段,其关注焦点基本在语言层面,有一些简单涉及了隐喻在思维和认知方面的作用。值得一提的是,下述几位学者已经自觉意识到了隐喻术语作为科学隐喻的功能。例如,黄明明(2006)指出术语命名的隐喻方式表现出摹状事物抽象性、复杂性的强大功能,扩展了发现问题的视野,提高了表述事实的能力,增加了传播思想的便利。谭晓平(2007:20)探究了隐喻在乔姆斯基语言王国——生成语言学的打造与运作中的作用,指出它是借鉴科学成果、构建新思维的重要途径;是提供认知框架、构建概念基底的有力手段;是指称概念、表达术语的有效工具;还是构造与理解抽象概念的得力助手。他断言:"如果没有隐喻性思维,也许高度抽象化的生成语言学不会像现在这样发展迅速,在各种语法理论中影响始终居于首位。"孟令霞(2008)探讨了科学隐喻的原型与主体关系,指出科学隐喻的原型受制于语言符号的象似性或相似性,而指称关系的复杂性则导致原型与主体关系的复杂性,同时这种复杂性还与人的思维特点密切相关。她认为对原型与主体关系的认识可以帮助解决科学语言发展中出现的对新知识的理解、新知识的语言产生机制(包括科学隐喻机制)等问题。吴哲(2009:54)从认知语言学视角解析了术语的隐喻性,但他并未局限于探讨作为术语命名方式的隐喻如何促进术语概念的认知,还谈及科学隐喻的概念,认为"隐喻不是对科学创造规范的偏离,而恰恰是它的基本规律;隐喻术语也不是语言中的特例,不是与科学语言格格不入的现象,而是语言无所不在的原则"。陈雪(2014b)指出,作为科学隐喻的隐喻术语能够更巧妙、更形象地发挥术语作为知识、认知和思维的单元的职能和作用,她将隐喻术语的功能分为基本功能和认知功能,前者包括命名功能、解释功能以及教学和交际功能,后者则包括生成概念,开启新知,构建理论框架以及内含文化意义。

综上所述,术语学研究开始关注隐喻,探究隐喻型术语的分水岭与术语本体理论研究的分水岭基本一致,都始于20世纪90年代。20世纪30年代至90年代,囿于传统术语学研究的规定主义范式,隐喻因其语义不确定性而被认为不适合表达科学概念,因此大部分传统术语学家虽然认同隐喻是一种术语命名方式,但认为应当对其加以限制。20世纪90年代以后,术语学本体研究发生描写主义转向,一部分术语学家开始吸收认知语言学的最新成果开展研究,典型的有泰莫曼对原型理论和体验主义隐喻观以及菲伯尔等人对框架语义学的借鉴。在这一阶段,语料库方法被大量用于隐喻型术语的识别、提取、描述和分析。科学语言与日常语言一样也存在着大量隐喻的认知已成为共识。近年来此类研究向纵深拓展,比如涉及隐喻性程度的考察等。正如泰莫曼与冯·坎彭（Temmerman & Van Campenhoudt 2011:2）所言,概念往不同领域延展并随之在通用语言中获得新意的广泛现象已经成为目前术语学研究中的常见议题。显然,在这一过程中隐喻是最重要的媒介。然而,因为起步较晚,与日常隐喻研究相比,术语学中的隐喻研究相对不足。与国外相比,国内术语学界对术语学中隐喻的研究则更为匮乏,且研究视野较窄,大部分研究都止步于隐喻型术语语言层面功能的分析。目前国内外术语学界研究隐喻型术语的主要趋势有:(1)结合认知语言学相关研究成果与术语学研究,发展术语学本体理论;(2)利用语料库方法,对各专业学科领域中的隐喻型术语表达进行记录和描写,分析其各种功能,纠正传统术语学排斥隐喻的倾向,分析各学科理论体系背后的隐喻性思维,加强对各学科术语命名理据、术语系统本身的理解;(3)对同一学科的隐喻型术语在不同语言中的表达形式及其异同原因进行描写与分析;以及(4)对某些隐喻型术语的意义变迁历史进行追溯,分析其与文化语境、学科发展的关系。

2.2.2　隐喻型术语翻译研究

由于术语学中的隐喻研究起步较晚,不管是国内还是国外的术语学界,结合术语和隐喻并探讨其翻译策略的文献都很少。纳西斯柯尼（Naciscione 2003）批评了拉脱维亚的术语翻译实践中的去隐喻化倾向,认为会导致语义和文体上的缺憾,原来的隐喻型术语经去隐喻化翻译后,概念化的方式也发生了变化,作者建议在翻译时对术语中的隐喻进行保留。富埃尔特斯-欧利维亚与尼尔森(Fuertes-Olivera & Nielsen 2011)强调了在双语术语词典编纂中翻译隐喻型术语时使用概念相似术语(conceptually similar terms)的重要性。富埃尔特斯-欧利维亚与贝拉斯科-萨克利斯坦(Fuertes-Olivera & Velasco-Sacristán 2012)用《英语-西班牙语会计词典》的个案从理论和实践两方面探讨了商业/经济词典中隐喻型术语的翻译,并提出以下看法:(1)术语代表概念而非意义,因此在目的语中再现原来的概念情景(conceptual scenario)非常重要;(2)在某术语被确定之前,业内专家可能已经创造了翻译的对等术语,因此在确定词典术语词条时要依赖包括互联网在内的不同语料库;(3)双语术语中概念和审美功能非常重要,因此应优先考虑逐词翻译,尽管有人批评这种在目的语中引入新奇隐喻的做法是术语殖民主义的表现,但是该文作者认为这种方法能最大限度地保存原隐喻术语的概念和审美功能。

阿列克谢耶夫(Ureña 2011)[①]结合体验主义和术语学的概念理论研究了采矿学、地质学、土木工程以及建筑学中的术语隐喻(terminological metaphor)并提出了术语隐喻产生的模型、术语隐喻与其目标语对等术语的对比分析模型,确立了识别术语隐喻文化特殊性的对比分析程序以及评估术语隐喻的译语对等术语的功能恰当性的标准等。阿列克谢耶夫认为评估术语隐喻的译语对等术语的功能恰当性有信息性、表达的简洁性以及国际性三个标准。对术语隐喻的翻译,阿列克谢耶夫认为译者翻译的是概念、思维单位而不是术语或其语言表达,因此确立术语在某一知识领域整体概念网络中的位置非常重要,这样可以简化寻找译语术语的过程。同时他提出,在翻译术语隐喻时目标语概念化策略以及翻译技巧的选择不仅由认知因素决定,并且语言与文化的特殊因素也息息相关,比

---

① 该篇文献为未出版的博士论文,未能找到原文,内容主要来自乌雷尼亚(Ureña 2011)博士论文 Metaphor in Specialised Language: An English-Spanish Comparative Study 中的文献综述部分,第85-93页。

如表达的简洁性是较为常见的语言因素。米泽耶娃(Mirzoyeva 2014)识别了三种常用的翻译隐喻型经济学术语的方法,包括直译、调适翻译(modulation)以及解释性翻译(explicatory translation),指出翻译策略的选择受到译者对民族陈见(ethnic stereotypes)、历史和文化背景以及源语世界的概念图景等认知的影响。

国内的相关研究更少。毛荣贵、范武邱(2003)讨论了科技术语命名的形象化倾向,认为翻译具形象化的术语时译者需从民族文化氛围的高度去考虑,或保留源语意象,或替代源语意象等。吴恩峰、魏汝尧(2006)对起重装卸机械术语中的隐喻性词汇的认知特征进行了描述,并归纳了三种翻译方法:完全保留隐喻特征;部分保留隐喻特征;完全舍弃隐喻特征。具体选择哪种方法则取决于英汉两种文化认知差异的大小。隐喻特征的保留是因为相应的喻体在汉语中比较常见,在文化和认知语境上有基本一致的意象特征,而在翻译时更改或舍弃某些隐喻特征主要是为了更符合汉文化和汉民族的思维习惯。

综上所述,目前国内外有关隐喻型术语翻译的相关研究较为缺乏,国内的研究相对更少。这些有限的研究大部分都注意到了隐喻命名对于术语概念的认知以及传播的积极作用,并据此提出相应的翻译策略。在术语跨语命名的过程中,文化差异作为影响译语术语受众认知的一个重要因素也得到了应有的关注,然而大部分研究均从术语词条出发,鲜有涉及类似术语文本语境、术语受众类型等影响隐喻型术语跨语修辞接受的因素。对于认知语言学新成果的借鉴和应用使得现有文献对隐喻型术语翻译的探讨过分关注作为命名方式的隐喻,反而忽略了其作为术语的根本属性,因此是不全面的。

2.3 术语翻译研究述评

从现有相关文献来看,无论国内外,术语翻译研究绝大部分从术语翻译实践出发,以应用型问题探讨为主,理论层面的研究相对较少。这种研究现状在很大程度上与术语学的学科性质密切相关,正如贝克(Baker 2003:288)所指出的:"事实上,术语学得以存在主要是由于其应用,并且应用工作很可能是译者最为熟悉的。"与此同时,术语翻译实践领域之广,存在问题之复杂,也是术语译者和研究者更关注应用问题的另一重要原因。鉴于术语翻译的跨语应用特征,世界范围内,凡涉及多语交际的地区,其术语翻译实践与研究就更为活跃。以下从国外和国内两方面来回顾术语翻译相关研究的现状。

2.3.1 国外术语翻译研究

在国外,欧洲和加拿大的术语跨语应用实践较为丰富,其相关的术语翻译研究也比较发达。具体而言,欧盟国家内部存在术语统一的需求,加拿大则因为英法两种官方语言的共存也有迫切的术语翻译需求。国外术语翻译的相关研究主要涉及两个不同的视角,分别为术语学研究视角和翻译学研究视角,这两个视角各自关注和探讨的内容也各有侧重。一般来说,从术语学角度出发的探讨相对更偏重理论建构,而从翻译学角度出发的术语翻译研究多为"实践出真知"的个案分析。

基于术语学的术语翻译研究具有历时性特点。早期的术语翻译研究囿于传统术语学的观念,偏重对术语概念系统的考察。萨捷尔(Sager 1990)区分了术语的初级和二级构成方式。初级术语构成是单语行为,是指称新概念的过程,而二级术语构成方式可以是单语的,也可以是多语的。单语的二级术语构成方式是指对现有术语的修订,多语的二级术语构成方式则是指术语的跨语翻译活动。菲舍尔(Fischer 2010)认为在二级术语构成,即术语翻译时应考虑是否存在多个概念系统。通常存在多个概念系统的情况在人文科学中更为常见,如不同的法律、经济体系等,此时应当首先对比不同的术语系统,再去寻找或创造对等的目标术语。

随着现代术语学研究的跨学科发展,术语应用的诸多实际问题进入术语翻译的研究视野,研究者开始关注包括文化、语用、语境以及认知等在内的诸多影响因素。其中,对术语文化因素的关注主要源自对文本交际语境中相关术语文化属性的重视。格茨米施-阿伯加斯特(Gerzymisch-Arbogast 2008)认为,科技译者应当具有这样的意识:"科学家群体"共享某种价值和信念,这种价值和信念可能会随着文化的不同而不同并因此能够反映特定的"文化"。他提出,科技文本及其翻译中的文化因素体现在微观结构术语层面、中观结构文本层面及宏观结构连贯性和知识体系层面三个层面。从语用和语境等视角切入的研究则是从语用学研究中获取的灵感。马丁内斯与菲伯尔(Martínez & Faber 2009)在探讨培训译者术语能力的课程设置时提出,译者培训应当以真实语境中的术语使用以及情景化动态交际过程语境中的专业知识单位为目标。他们认为文本中术语的充足性以及是否适合文本的专业程度在很大程度上决定了翻译文本的质量。菲伯尔(Faber 2009:111)曾断言,由于普通术语学理论根本不考虑专门语言的句法和语用,因此不能有效解决术语翻译的问题。菲伯尔(Faber 2012)进一步提出因为翻译本身是一个认知过程,因此最适合翻译研究的语言学理论应当强调语言的认知层面,比如认知语义学理论的相关内容,其中兰盖克(Langacker)作为意象的语法(grammar as image)、作为概念化的意义(meaning as conceptualization)和替代性情景识解(alternate scene construals)、莱可夫的隐喻理论以及菲尔墨(Fillmore)的结构语法与专门语言文本及其翻译最为相关。在翻译文本的评估中,与译者能力相关的认知因素以及与语境相关的语用因素最具影响力,因此不仅应该研究人脑活动(认知),而且应该研究整个人类及其历史与环境。菲伯尔与乌雷尼亚(Faber & Ureña 2012:121)还指出,认知语言学为专业文本翻译提供新视角的方法之一就是分析科技文本中的隐喻。可见认知语言学、框架语义学等学科也为术语翻译研究提供了新的视角。

　　从翻译研究视角来看,学者最为关注的是术语对等/对等术语问题,研究主体包括关注科技翻译的译者和学者以及双语科技词典的编纂者和研究者。阿恩茨(Arntz 1993)提到术语翻译的难点之一是不同语言对现实的分类体系不一,典型的如不同的法律体系会产生不同的法律术语,这种情况下可以通过构建不同的概念系统图来对比两种语言中的术语是否概念对等,因为术语翻译不仅要考虑语言层面的差异,还需要考虑概念层面的差异。他还提出以下几种术语翻译策略:(1) 从源语借词;(2) 新造术语;(3) 创造对等短语。罗格斯(Rogers 2007)使用个案探讨了技术文本中术语对等的可能性和一致性的问题,研究发现翻译实践中完全对等的情况比较鲜见,同一文本中多次出现的术语前后不一致的情况也很多。富埃尔特斯-欧利维亚与阿里瓦斯-巴诺(Fuertes-Olivera & Arribas-Baño 2008)基于双语术语词典的编纂实践提出对等是建立在术语的概念内容之间的对等,只有确立了不同语言系统中使用的术语概念之间的对等才能谈术语对等,因此对等的条件是概念身份(conceptual identity)的对等。埃德尔曼(Edelmann 2012)认为,在专门语言翻译中有必要应用功能对等的概念,相应地应当在相关领域术语结构的语境下去研究概念域(conceptual fields),比如同样的西班牙会计术语在会计和金融这两个不同的语境中需要不一样的对等术语。皮门特尔(Pimentel 2013)基于葡英双语的法律术语词典编纂实践提出了以框架语义学和框架网络(FrameNet)方法为基础确立对等术语的方法。她认为完全对等的术语应当以相同的方式唤起相同的语义框架,并且倾向于与同为对等术语的术语一起出现,因此完全对等术语应当能够在所有语境中进行直接替换,而部分对等的术语则不能在所有语境中互换,因为它们的行动元结构(act antial structure)不完全一致。

2.3.2 国内术语翻译研究

国内的术语翻译研究以个案分析探讨为主,研究方法主要是"挑错式"的实践批评或者"经学注释法"(陆丙甫 2009),理论层面的建构研究较少。具体来说,国内术语翻译研究的关注点大致可以分为以下几个方面:术语翻译原则和标准、翻译策略和方法、影响术语翻译的因素以及对术语翻译研究现状的反思。

首先,关于术语翻译原则与翻译标准的探讨。探讨翻译原则的相关研究数量不少,但研究模式较为单一,大部分研究者都是基于自身的翻译实践经验,从某一特定学科,如语言学、计算机等的若干术语出发,探讨翻译得失,再提出相应的翻译原则。简言之,术语翻译的原则主要有以下几点,不同学者各有侧重:单义性(马清海 1997;曾剑平 2007;曾剑平、司显柱 2008;胡芳毅 2012)、准确性(辜正坤 1998;姜望琪 2005、2010;张彦 2008;吴志杰、柯平 2011)、系统性(侯国金 2009、2011;吴国良等 2009;魏向清 2010)、理据性(透明性)(侯国金 2009、2011;吴志杰、柯平 2011)、简明性(马清海 1997;张彦 2008)和规范化(马清海 1997;张彦 2008;吴国良等 2009;魏向清 2010)等。

曾剑平(2007:52)在讨论人文社会科学术语译名的规范化问题时提出同名异译术语的统一就是指一名一译,即一个术语指称一个概念,一个概念用一种语言形式表示,虽然他也意识到在自然语言中很难达到这样的理想状态。胡芳毅(2012)在单义性的路上走得更远,他认为在翻译原文的同义术语时,应摒弃其表面形式,主要考虑其含义的共同性,译出对应术语,从而实现翻译术语的单义性。辜正坤(1998)、姜望琪(2005,2010)都认为准确性应当是术语翻译首要遵循的原则。辜文指出,为了学术研究本身的精密性和准确性,必须对所有的学术术语(尤其是经过翻译而来的术语)进行甄别、校正,否则根本就谈不到在学术和理论建设上有什么贡献。曾经与姜望琪论争的侯国金(2009,2011)则提出"系统—可辨性原则",他指出准确性不可丢,但是在难求绝对准确性的情况下,不妨到准确性的圈外,即"系统性、可辨性(以及可读性、透明性)",去"求准"。同时他还从约定俗成性和主体先用性的基本思想出发提出了术语翻译的"三从",即"从他、从众、从己",其中"从众"优于"从他","从他"又优于"从己"。

张旭(2004)整理了《翻译研究辞典》汉译过程中参与的专家对译学术语进行定名的经过及考量。他提及在定名讨论过程中拟定了三条通用的翻译原则,即透明性原则、一致性原则、简洁性原则,其他一些考虑包括如已有通用译法的,一般情况下采取约定俗成的原则,采用通用译法;在术语用词上打破港台与大陆之间的区域限制,力求从各地现有通行的用法中选取最恰当、最准确的表达法等。该辞典的译者均为国内翻译界知名学者,如谭载喜、李建夫等,他们既是行业专家又是语言专家还是翻译专家,并且许多译界学者参与了定名的讨论,应该说这些考量代表了翻译界对术语翻译认知的最高水平。

另有一些研究试图构建术语翻译的标准。马清海(1997)提出了"准确""简洁"和"规范"三条翻译标准。张彦(2008)则另辟蹊径,借用冯志伟科学术语标准化分类的四个级别,即次国家级、国际级、跨国级、国际级,提出术语翻译最保险的办法是都按照"国际级"标准化术语翻译,这样翻译出来的术语就不可能出现问题。信娜(2011a)尝试构建了术语翻译标准的"极似"体系。所谓"极似"是指译语术语极其接近或与原语术语非常想像。这一体系包括内容极似、形式极似、风格极似,其中以"求得信息量极似"为本质特征。这在本质上是对翻译术语概念内涵、兼顾外在形式的传统术语翻译标准的再阐释。胡叶、魏向清(2014)将术语翻译标准的"系统性"要素与术语翻译"系统评价"相结合提出了术语翻译"系统标准"的三大定律,即"系统关联律""系统经济律"以及"系统生态律"。她们认为"'系统关联律'最为重要,是术语翻译专业性的内在基础,术语翻译'系统经济律'是术语翻译有效性的形式制约,而术语翻译的'系统生态律'则主要涉及术语翻译'国际化'和'民族化'策略对译入语系统文化生态的影响"(胡叶、魏向清2014:18)。这一系统标准在传统术语翻译的概念和语言标准之外增加了对术语文化生态的考量,拓宽了术语翻译的视野,更为宏观也更为全面。

其次,有关术语翻译策略和方法的探讨。这方面的研究主要涉及直译、意译和直译兼意译等术语翻译的实践方法,但在何种情况下选择何种翻译策略,不同的学者有不同的考量。比如石春让、赵巍(2010)基于汉语构词法的要求、中国文化的包容性、中国发展的需要以及中国人的认知习惯四点理据指出科技术语的翻译归化是正途。他们提出意译本属归化译法,音译有必要采用归化法,形译法、意音兼顾的译法和创造新词均需充分地采用归化法。张沉香、王小宁(2007)提出应当适当调整定名方式,增大音译和直接借用英语原词的比重,以加快我国科技术语的国际化进程。魏向清(2010:119)指出,归化和异化策略的选择并非二元对立,术语的"国际化"与"民族化"是相互依存的。术语"国际化"实质上包含对"民族化"术语的国际化推广内涵,而术语的"民族化"也只有在国际化的学术语境中交流和推广才能真正得以实现,一言以蔽之,策略的选择都服务于最终的目的——交流。信娜(2011b)认为,基于术语的符号性特征——术语语形的符号性和术语称名的符号性,可以选择直译或直译兼意译策略对原语术语的形式进行转移,搁置内容以再现原语术语的符号性。这样的译语术语进入目的语后可进行人为调节,可以继续保留符号性或者也可改用科学语言称名。郑述谱(2012)提出在术语翻译时区分"已规范术语"与"未规范术语"对实际操作更有意义,翻译规范术语,关键要有规范意识,而翻译未规范术语时应尽力实现术语定名的一些要求,如单义性、理据性、系统性等,翻译方法则可以采用"不译法""试译法""定义法""连缀法",其中连缀法是指在书后以附录形式把本书中的术语及其定义收集在一起,一并列出,这样可以展示术语间的系统性。

第三,有关术语翻译影响因素的探究。此类研究主要关涉术语跨文化跨语际传播的过程中,译者对术语二次定名理据的思考。综观以往文献,可以将这些因素分为三个方面:语言文化差异、可接受性、读者群体(语体差异)。张沉香(2006)认为英汉语言差异、社会环境以及术语本身的翻译规律都会影响术语翻译。魏向清、张柏然(2008)将术语翻译分为科技翻译和文化翻译两类,前者主要包括语际通用共享的术语概念,后者则涉及属于某种语言文化特有的术语,此类术语的翻译要考虑文化内涵翻译的特点。魏向清、赵连振(2012)进一步提出在把握术语所表征的专业内涵的基础上,目的语的语言文化特殊性是最为重要的参数。魏向清(2010:120)还指出术语的可接受性是影响翻译策略选择的重要因素。她提出要注意术语接受的不同阶段特点,审时度势地进行术语翻译策略的历时调整。也有一部分研究重点探讨了术语翻译的交际功能因素及相关影响。如石春让、赵巍(2010)提到了不同使用者群体的区分,认为除了少数专业人士,普通读者仅需理解一般内涵与外延,因此译名应当简洁、精确、统一。李健民(2011)在探讨术语翻译与术语标准化时也考虑到了语篇的交际功能。他认为不同的交际功能必须通过不同的翻译才能实现,面向普通大众的语篇对语义区分度要求不高,可选用普通用词进行翻译,面向专业人士时则需要采用语义区分度较高的专业术语进行翻译。为了方便译者对术语的正确使用,应当要研究术语的文体特色、语义区分度以及适用语境等语用特点。刘金龙(2011)援引方梦之对科技英语文体的分类提出,科学论文、科普文章、技术文本三者的文体特征不同,因此术语翻译方法也应当各异。刘群艺(2015)从思想史研究的视角出发,通过对梁启超选定"经济学"对译 economics 动态思想过程的解析展示了学术术语汉译过程中的微观反应,从而有助于深化对新术语的形成与采纳过程的理解。

值得一提的是王亚平和孙淑芬(2004)对经济术语翻译影响因素的探讨。她们从操控学派的理论出发,指出了影响经济术语翻译的三个因素:政治因素、文化因素以及经济因素。她们认为,对于涉及政治的经济术语,翻译不忠的现象不是误译,而是既定的政治意识对翻译干扰的结果(同上:115),例如,计划经济年代将 incentive system 译为具有贬义的"经济刺激",随着市场经济的深入才改译为"激励体制"。对于文化因素和经济因素,该文虽有探讨,但所举译例并非严格意义上的经济学术语,而是一些专有名词,例如将 Coca-cola 译为"可口可乐"被归结为文化因素的影响,将 Nippon paint 译为"立邦漆"而非"日产漆"则被归结为经济因素考量,通过掩盖日货的真面目以达到经济目的。

此外,亦有一些学者对术语翻译现状提出了思考。比如,陆丙甫(2009:6)提到目前的"术语名词之争"展现了一种"经学注释法"的传统,即对经典著作中某些术语的"本意"进行无休止的讨论。他对此并不赞同,认为语言本身具有模糊性,同时术语的概念内涵也在不断发展,因此对某些术语原意的讨论应当让位于对其在学术研究中所发挥作用的讨论。陈智淦、王育烽(2013)指出,由于实用翻译导向的错误引导,医学术语、金融术语、计算机术语、中医药术语等是术语翻译研究的首选研究对象,这导致了如文学等人文社会科学术语的研究严重不足。

最后,还有一些从跨学科的角度对术语翻译问题进行阐释,从而多方位揭示术语翻译本质的研究。例如术语的生态语言学视角认为术语翻译涉及文化生态的问题,术语的跨语际、跨文化传播本质上是学术和文化影响力的输出,是文化软实力的一种体现。(魏向清、赵连振 2012)魏向清(2014)对术语的翻译过程进行了传播学视角的阐释,提出术语翻译是知识跨语传播的信息传递、认知控制、主观游戏、权力博弈和多元解读。这类研究虽然不多,但是拓宽了术语翻译的研究视野,是对术语本质的多向度研究,为更客观地看待术语翻译标准及策略问题提供了新思路。

从上述术语翻译研究现状来看,研究者对于术语翻译的理论、原则、方法、策略等探讨都较为笼统,鲜有分类探讨术语类型及其对翻译的影响,即未能考虑到一些特殊类型的术语,例如隐喻型术语的命名特殊性给术语本身以及术语翻译带来的影响,对于翻译策略、方法等的探讨大部分局限于概念对等、系统对等相对微观的层面,较少考虑术语在科学文本以及学科发展等中观和宏观层面的功能及这些功能如何对术语翻译产生影响。同时,术语翻译通常都被看作术语的二次命名,是一种跨语表征结果,而非一种基于同义手段选择的跨语修辞过程。

2.4 翻译相关的修辞学研究述评

翻译与修辞这两个研究领域具有深厚的渊源,但两者的关系并未得到学界的足够关注。翻译界探讨各式修辞能否和如何在语言层面进行转化的研究很多,但将翻译看作一种修辞行为的研究却是近十年的事。可以说,修辞的翻译研究一直是热点且成果丰硕,但翻译相关的修辞研究则处于萌芽阶段,且暂未得到足够的重视,这一点中西方皆然。本节将主要回顾中西方翻译相关的修辞(学)[①]研究。

2.4.1 国外翻译相关的修辞(学)研究

国外翻译相关的修辞研究现有文献很少,本书作者查找到的有限的

[①] 将"学"放入括号中是因为现有文献仅有部分旨在建立翻译修辞学的理论体系,而另外一些研究文献仅仅是将翻译看作一种修辞活动。

两篇文献均认为,若要将翻译看作一种修辞行为,首先必须厘清翻译与修辞这两者之间的关系。弗兰斯(France 2005)指出了翻译活动与一般修辞活动之间的共性:首先,翻译与修辞一样均具有中介属性,即译者和修辞者都需要寻找一种新的形式把所要表达的内容传递(翻译)给界定相对清楚的受众;其次,与其他修辞技巧一样,翻译也是一种表达选择活动,通常译者都会受到一系列的限制并进行所有的"非自然"操作以将原文内容有效地传达给相应的受众;最后,翻译与修辞在各自发展史上曾受到相似的批评,比如修辞是对真理的歪曲,而所有的翻译都不可避免地解读原文,因而译者会有意无意地对原文进行扭曲操控等。弗兰斯认为译者处于修辞情境中。翻译,尤其是文学翻译,并非科学过程,而是"个性化营创"[①](personal initiative)。译者同样需要面对表达者在表达思想或情感时所面临的策略和语言的选择。凡是交流都不可避免地是修辞性的,公众演讲、文章写作均如是,翻译也不例外。卡洛斯(Carlos 2009:335)也指出,与修辞者必须在其言语的真实性和读者的信念之间平衡一样,译者也需要在调适译语文化读者的期待和原文意义之间进行权衡。他认为翻译必定会涉及向读者价值观的靠拢,因为作为文化信使的译者不仅受制于自身进行文化传递的能力,还受制于其劝服受众认可译作价值的能力。

2.4.2 国内翻译相关的修辞(学)研究

与国外相比,国内的相关研究更为丰富。部分学者通过审视翻译与修辞之间的密切关系,将翻译看作一种修辞活动,另外一些学者则进行了一些有益的理论尝试,试图构建翻译修辞学这一理论分支来解决译学的一些基本问题。

陈忠华早在1989年探讨翻译过程中的修辞意识与方法时已经论述了翻译与修辞的密切关系,虽未明确表示翻译就是一种修辞活动,但他指出:"同一内容,往往可以用不同的语言形式来表达,但是在具体的语言环

---

① "个性化营创"的译法取自刘亚猛:《修辞是翻译思想的观念母体》(2014),第6页。

境中,总是只有一个语言形式的表达效果是最好的,为求得最佳表达效果,必须对语言形式进行加工、修剪和调配,这就是修辞活动。写作是这样,翻译亦如此。"(陈忠华 1989:6)这句话暗含了翻译是一种修辞活动的初步认识。陈文还指出了科技翻译的三种修辞方法:择语、炼句和谋篇。

刘亚猛则通过中西方翻译史上的两个核心事件论证了翻译的修辞学研究基石。他指出,西方翻译思想发端于古罗马伟大的修辞实践者和思想家西塞罗对自己所从事的修辞翻译的反思,可以说修辞是翻译实践概念化的苗脉,而中国现代翻译思想史中里程碑式的翻译标准——严复所提出的"信、达、雅"则源自先秦典籍中关于修辞的三个最为精辟的权威表述,对严复而言,翻译是修辞的一种特殊模式,修辞规范理所当然地是翻译的"上位法"。刘提出翻译的"信"或"忠实"本质上是一种修辞构筑,修辞为翻译这一特殊的话语文类立"信"。他还把译者界定为"从异己语言文化发掘出说服手段的修辞者"(刘亚猛 2014:6),并指出,译者利用翻译这一独特说服手段促使读者接受异己观点并在目标文化的语境内开创出各种新局面。通过论证翻译的修辞属性,刘亚猛阐释了将翻译看作一种修辞活动的必要性。

杨莉藜于 2001 年正式提出"翻译修辞学"的概念,以翻译中的广义修辞问题为主要研究对象。杨把翻译修辞学看作翻译学的一个重要分支,她提出翻译修辞学的研究对象有:(1) 原作修辞形式与内容的分析方法,即如何把握作者的意图、如何分析作者在特定情境、对特定对象传达信息时采用的语言手段选择艺术;(2) 翻译修辞的标准,即翻译中的遣词造句拿什么作为依据和指导原则;(3) 翻译修辞资源的系统描述,即对于译入语中可资利用的同义表达方式做尽可能详尽的整理归纳;(4) 翻译修辞的矛盾,即翻译的语言手段选择中作者意图和译者意图、原作情境和译作情境、原作读者和译作读者、原文修辞资源和译文修辞资源等一系列矛盾的处理方法;(5) 修辞格的处理。杨所提出的翻译修辞学主要"以探讨翻译中的语言手段选择方法和原则为理论核心,而不再仅仅局限于翻译中的修辞格处理问题"(杨莉藜 2001:71)。冯全功(2012a)认为杨文中的翻译修辞学并没有脱离狭义修辞学的范围。他提出,凡是利用修辞学理论

第二章 文献综述

研究翻译或翻译中的修辞问题,都可以纳入翻译修辞学的论题。翻译修辞学不仅研究翻译中的修辞手段、文体风格等客观的语言资源,而且探索翻译主体(如译者)的心理运作、认知语境、修辞行为、精神建构等。(冯全功 2012a:101)张瑜(2010:72)认为,"翻译学与修辞学有许多共性,都是研究言语交际行为的综合性学科,目的都是服务于社会实践、促进人类互相交往和沟通。因此,如果借鉴广义修辞学的理论成果来研究翻译,便能开辟一个跨学科整合的新领域"。陈小慰(2012:90)则呼吁在翻译教学中"引入修辞意识,切实建立以现实受众为中心的翻译理念,重视语言的象征力量,加强汉英修辞传统的对比,带着修辞意识进行翻译,使译文真正起到有效影响译语受众的作用"。

国内目前真正从广义修辞学或者新修辞①角度把翻译看作一种修辞活动,从修辞的视角来认识、解释和指导翻译的相关研究并不多,具有代表性的是几篇博士论文。陈小慰的《翻译研究的"新修辞"视角》(2011)指出翻译和修辞之间的最大契合点在于两者都是以运用语言象征为主、面向受众的交际活动,两者最基本的共同特征都是交际,基于这样的认识,她提出翻译过程是把握原作修辞动机,语境重构的过程。陈文还论证了"带着修辞意识"进行翻译实践的必要性,其原则是以译语受众为中心,建立认同②,根据受众需求在内容和形式上进行必要的调试;用受众熟悉的方式有效说服、诱导,使受众至少在愿意倾听的基础上,接受、信奉译者欲加以影响的内容。冯全功的《广义修辞学视域下的〈红楼梦〉英译研究》(2012b)尝试系统地构建翻译修辞学理论,全方位地运用了谭氏广义修

---

① 新修辞(New Rhetoric)是西方提法,指 20 世纪 30 年代在欧洲大陆及美国产生并在 60 年代之后盛行的修辞理论。新修辞是一种综合性的语言理论,强调言辞以受众为中心,注重修辞表达者与接受者之间的关系,重视话语象征力量,关注如何有效运用象征资源影响受众。新修辞理论中修辞不仅被看作一种认知方法,也被看作一种社会实践。广义修辞学(General Approach of Rhetoric)则是国内的提法。新修辞的代表人物及其理论对广义修辞学有诸多影响,如瑞恰慈关于意义和理解的理论、佩雷尔曼(Chaim Perelman)的论辩修辞和受众修辞、伯克(Kenneth Burke)的动机修辞、象征手段、戏剧主义、同一学说以及比彻尔(Lloyd F. Bitzer)的修辞情境说等在广义修辞学的诸多论述中多有体现。

② 认同,即英文的 identification,亦译作"同一",来自 Burke 的同一学说,具体可参见其著作 *A Rhetoric of Motives*(1969)。

辞学的修辞技巧、修辞诗学和修辞哲学三层理论框架对《红楼梦》的英译进行细致的分析，提出了艺术性和思想性并重的修辞批评方法。张瑜的《翻译的修辞学研究》(2013)作为修辞学和翻译学的整合研究，系统地探讨了在翻译学回归语言学(return to linguistics)、回归文本的大趋势下如何借鉴广义修辞学的研究成果开辟翻译研究的新思路。她指出广义修辞学的理论成果之所以适用于翻译研究是因为：(1)翻译和修辞都是言语交际行为；(2)翻译学和修辞学都是研究言语交际行为的综合性学科；(3)从广义修辞学视域看，文学文本的本身交织着修辞技巧、修辞诗学、修辞哲学的三重话语，从这三个方面分析文学文本可以指导译文文本的修辞表达和翻译策略。袁卓喜的《修辞劝说视角下的外宣翻译研究》(2014)从修辞劝说的角度探讨了外宣翻译的基本问题。他将外宣翻译视为一种修辞行为，认为外宣译本是一种实现传播与劝说的修辞话语，译者既是信息传递者也是修辞者。基于该认识，他提出了"忠诚、求效、适切"的外宣翻译三原则，即译者在翻译中应忠诚于委托人的外宣目的，翻译活动要为实现外宣目的服务，外宣翻译要适切外宣目的，适切译文读者的阅读期待。

  总体而言，翻译的修辞学研究虽然数量不多，但部分学者从研究之初就明确了理论建构的目标，同时翻译实践的文本也不只局限于传统修辞学研究的重心——文学文本，因而研究整体呈现出良性发展的态势，具有一定的深度和广度。然而现有研究存在单向度思考的局限，要么依然从传统修辞学视角来看待和研究翻译，要么从翻译修辞学视角来探讨相关问题，较少融合修辞的认知、语言与翻译研究，未能重视并充分利用跨学科修辞的研究优势。若从跨学科修辞的视角来看待翻译，融合传统的语言修辞研究、当代的科学修辞研究以及翻译修辞学研究，将翻译修辞的实践从文学文本、日常文本进一步推进到科学文本，无疑能够丰富和完善翻译修辞学的理论基底。

2.5 本章小结

通过上述对隐喻型术语及其翻译研究、术语翻译研究以及翻译相关的修辞学研究的回溯，本书发现：

伴随着术语学研究的描写和认知转向，隐喻型术语经历了被术语学界排斥、忽视、接受再到关注的过程。由于起步较晚，与日常隐喻研究相比，相关研究成果无论是广度还是深度均有所欠缺。从广度上来说，研究主要集中于几门学科，如经济学、计算机科学、生命科学等；从深度上来说，现有研究主要是日常隐喻的研究方法、研究框架和研究结论向专业文本中隐喻的拓展延伸，这就使得研究重心主要着落在了作为命名方式的隐喻上，而易于忽视隐喻型术语的术语本质及其作为科学隐喻的特殊性，因此少有隐喻型术语独有的理论建树。隐喻型术语翻译的相关研究更少，现有研究主要结合认知语言学隐喻研究的最新成果展开，强调隐喻命名对于术语概念的认知和交际的促进作用，并提出相应的翻译策略，这种研究倾向往往使得研究者很容易忽视一点，即与普通术语翻译一样，隐喻型术语翻译也应当考虑术语的文本交际语境、术语受众类型等影响术语认知和交际的因素。

术语翻译研究覆盖面较广，其研究主体分别来自术语学界和翻译学界，具有双重研究视角，因此成果相对丰富，术语翻译的原则和标准、策略和方法、影响因素等均有涉及。然而，术语学界在探讨术语翻译时大部分将术语翻译视为术语的二级命名，具有将其与术语的初级命名简单等同，以术语命名原则代替术语翻译原则的倾向。同时，受传统术语学"术语独立于语境存在"观点的影响，相关研究往往忽略对术语使用的文本语境和术语受众类型的考量。翻译学界在探讨术语翻译时研究方法相对单一，以个案分析为主，通过对术语本义的溯源探讨进行"挑错式"实践批评，进而提出术语的翻译原则、构建术语翻译的标准，其结论往往缺乏规模数据的支撑。总体而言，术语翻译研究的研究视角相对集中，以个案研究为主的研究模式较为单一,同时缺乏对术语翻译的类型学探讨。

受修辞学研究广义转向的启发,一些翻译研究者将广义修辞学理论应用到翻译研究中,把翻译视为一种广义修辞行为,试图建立翻译修辞学的理论体系。此类尝试多从理论建构的目标出发,且实践文本并未局限于文学文本这一传统修辞学研究的重心,然而由于此类研究数量相对较少,仍处于探索阶段,相关研究结论存在单向度思考的局限,未能利用跨学科修辞的优势。同时,这类研究目前主要涉及文学修辞和日常修辞,未能进一步延展到科学修辞,依然存在进一步发掘拓展的空间。

综上,对隐喻型术语翻译进行探究符合当前术语学认知转向的总体研究趋势,同时对以往研究的回顾表明该研究存在较大的探索空间。在充分认识当前研究现状与隐喻型术语本质特征的基础上,本书将结合科学修辞学、言语修辞学以及翻译的广义修辞学研究进行跨学科修辞理据探索,建构隐喻型术语的跨语修辞实现评价体系,探索隐喻型术语的翻译策略和翻译方法,进一步丰富术语学及术语翻译研究。

第三章 跨学科修辞理论框架构建

对现有相关研究的系统性回顾表明,目前隐喻型术语翻译研究在诸多方面存在进一步深化与拓展的空间。现有研究往往局限于隐喻语言研究的单一视角,对隐喻型术语命名的跨学科修辞行为本质与属性认知不足。鉴于此,本书从术语命名作为修辞行为的特殊性出发,探讨隐喻型术语命名的跨学科修辞复杂性,即科学修辞本质与言语修辞功能的复合性特点,尝试探究其特殊的跨学科修辞机制,旨在为隐喻型术语翻译的修辞策略研究提供更为全面和充分的理据。与此同时,本书还将翻译视为一种广义跨语修辞行为,借鉴广义修辞学的相关理论成果,对隐喻型术语翻译的跨语修辞本质进行分析与阐述。以下将分别从科学修辞学、言语修辞学和广义修辞学这三个分支学科的研究视角来分析隐喻型术语作为科学修辞、言语修辞的特殊性以及隐喻型术语翻译作为广义修辞的复杂性,并据此建构隐喻型术语及其翻译研究的跨学科修辞理论框架。

3.1 术语命名作为修辞行为的特殊性

修辞是一种特殊的言语行为。"修辞现象产生于言语交际活动过程之中,它是言语交际外部制导因素与言语交际内部物质因素整合匹配的多元体,是交织着诸多异质因素的开放系统,复杂多变,景观气象万千。"(黎运汉 2012:1)正因如此,在中外修辞学研究领域,历经漫长的学术史演化,有关"修辞"的概念界定可谓纷繁多样,至今尚无完全同质性的描述或结论。据相关学者研究,目前,"具有代表性的'修辞'学术观主要可以概括为以下几种:'语辞调整说''美化文辞说''选择过程说''表达活动说''最佳组合说''语言行为说'等"。(许钟宁 2012:1)然而,可以看出,学界现有的修辞观大多局限于语言学研究范围,相关言语修辞行为的考察视角不同,所得出的观点自然有上述的诸多差异。事实上,这些修辞学术观都反映了言语修辞行为特征的不同维度或不同层面,具有互补性。"修辞现象从不同的视角研究,可以创建不同的修辞学分支。"(黎运汉 2012:1)由此不难理解当今修辞学研究分支众多的根本原因。

作为应用语言学的一个分支学科,术语学"研究全民语言词汇中的专业术语规律","既要研究专业术语的理论,又要研究专业术语工作的实践和方法"(冯志伟 2011:3)。术语的命名旨在专业领域的有效应用。传统术语学将术语命名视为指称行为,强调专业概念的语言表征结果。格里尼奥夫(2011)指出,术语的基本功能是称谓概念,术语的称名性是术语的规定属性。为了让术语能够更好地称谓概念,传统术语学家对术语定名提出了一系列要求,包括准确性、单义性、简明性、理据性、系统性等。为了满足这些要求,有效地指称概念,术语命名者在术语定名时会有多种考量,例如,如何更好地实现术语命名的理据,方便术语的认知和记忆等。从这个意义上来说,术语命名是一种言语选择行为,命名者从一系列可能的表达中选出最适切的语言符号来表征某个概念意义。这种命名过程符合广义修辞学对修辞的界定,实际上是一种修辞行为,其结果也是一种修辞结果。

正如许钟宁(2012:11)所指出的,"修辞行为是在语言行为意图指导下追求交际有效性的语言要素匹配行为和语言策略选择行为"。同样,术语命名也具有鲜明的认知和交际意图,其结果取决于命名者的策略选择。所不同的是,术语具有其自身的特殊性,即作为指称概念的语言符号的特殊要求。术语命名这种修辞行为所追求的基本修辞效果主要是准确简明,强调准确传递专业术语概念的科学内涵,便于交际语境中的有效指称和沟通。这种专业术语的认知与交际,不仅有学科差异,而且学科内部也存在类型差异,故具有实践的修辞复杂性,是一种特殊的修辞实践行为。这其中,在人文社会科学领域,学科专业概念的应用有着更为复杂多样的文本交际与社会文化语境,复杂性更为凸显。以经济学术语为例,经济学家在命名某些颠覆性或革命性理论时,面对业内的专家群体或广大的社会人群,往往煞费苦心选择最适切的概念指称形式,以使术语受众易于接受,顺利推行其经济学理论,进而促使相关政策实施。简言之,术语命名并不是简单地称谓概念,它是一种复杂的、带有修辞效果预设的特殊修辞行为。

将术语命名视为一种特殊的修辞行为是认识术语翻译复杂性的第一步,它说明以隐喻方式命名术语不是任意的、随时可替换的,而是术语命名者深思熟虑、主动追求的一种修辞结果。在这一基本认知下,对隐喻命名术语概念的修辞功能和修辞效果的探讨是充分认识隐喻型术语,也是正确、有效地翻译隐喻型术语的必要前提。鉴于其应用语境——科学语境的特殊性,从普通隐喻研究的相关理论出发的单一视角并不能充分解释隐喻型术语的复杂性,因此,有必要引入科学修辞学和言语修辞学的跨学科修辞视角,分别探讨隐喻型术语的科学修辞本质及其作为言语单位的应用修辞特征,以充分认识隐喻型术语的双重修辞功能与效果。

3.2 隐喻型术语命名的科学修辞本质

作为表征专业概念的语言符号,术语命名有其理据。在众多术语命名理据中,隐喻命名机制是较为常见的一种,其实质是人类隐喻认知思维机制在科学概念表征层面的体现。"语言就其本性和本质而言,是隐喻式的;它不能直接描述事物,而是求助于间接的描述方式,求助于含混而多歧义的语词。"(卡西尔 2013:186)缪勒(Max Muller)更是强调,"人类语言除非凭借隐喻就不可能表达抽象观念"(转引自卡西尔 2013:187)。就抽象性程度而言,各学科专业领域的科学概念,其抽象性无疑普遍大于一般性的通用概念,其命名过程中必然会借助隐喻机制。"从表面上看,隐喻与追求逻辑严密和可证实性的科学理论似乎背道而驰,但事实上并非如此。科学家们往往在科学理论的陈述中自觉或不自觉地应用着隐喻语言和隐喻性思维。"(郭贵春2007b:8)然而,实际上,自认知语言学兴起与蓬勃发展以来,有关隐喻的研究往往并不太重视专业研究领域使用的科学语言,对于表征科学概念的专业术语的隐喻命名机制更少有关注或专门探讨。因此,随着当代科学哲学中的科学修辞学理论研究的不断推进与深入,科学家群体以及语言学家群体开始越来越关注科学语言中的隐喻现象,有关科学隐喻的研究成为认知语言学研究拓展的新领域。隐喻型术语作为科学语言中非常关键和重要的理论话语符号,其研究自然也能够从科学隐喻的相关研究成果中汲取有益的理论养分。

3.2.1　科学修辞学相关理论概述

20世纪下半叶,人类哲学理智运动发生了修辞学转向。所谓科学哲学的"修辞学转向",就是指在现代理智思想中特别是在专门的、硬性的(hard)、实在的科学领域中,对修辞学日渐增强的认识和借鉴。(李小博 2010:25)库恩在《科学革命的结构》(Kuhn 1996)中关于科学范式通过劝说进行更替的观点则直接促进了科学哲学修辞学转向的发生。真正有修辞学家参与的西方科学修辞学的研究始于20世纪70年代中期,于80年代快速发展,并在80年代末期形成独立的研究领域。

作为西方现代修辞学理论阵营中的一支重要力量,科学修辞学将科学文本视为一种"劝说结构"(persuasive structure)的展示,而非透明的传递知识的手段。"科学修辞学是关于科学家如何劝服和劝阻彼此以及其他人对自然的看法的研究,即在知识生产过程中科学家如何进行论争的研究。[①]"(Harris 1996:xii)科学修辞学的核心论题在于:科学论争对

[①] 引文原文如下:Rhetoric of science is simply, then, the study of how scientists persuade and dissuade each other and the rest of us about nature, —the study of how scientists argue in the making of knowledge.

于科学家的成功起着重要作用,科学文本具有修辞特征。对于以逻辑理性为核心的方法不能解决的问题而言,科学修辞具有不可替代的作用。

科学修辞学是对现代修辞学关注视角和主题的收缩,其研究载体仅限于科学文本。科学学科门类众多,每个学科的修辞都具有自身的特征,但各个学科之间的发展并不均衡。科学修辞学成果较丰硕的学科,在自然科学领域是物理学和生物学[①],而在人文社会科学中则是政治学和经济学,因为这两个学科具有明显的劝说性质。科学修辞学的研究对象是科学文本中的修辞,其中科学隐喻、科学类比和科学模型三者均是科学修辞学者的关注重点。(李小博 2010:27 - 43)这三者之中,无论是科学类比还是科学模型都蕴含着隐喻思维,故科学隐喻具有更为基础性的地位。科学模型和科学类比是科学隐喻特定的具体表现形态。

郭贵春(2007a:1)指出,对于科学隐喻的敏锐关注无疑是 20 世纪科学哲学研究中出现的一种具有重要意义的新元素和新景观。虽然不少科学家和哲学家受逻辑实证主义思潮的影响对科学中的隐喻持否定态度,把隐喻看成是与确实真理对立的具有迷惑力的危险诱惑物,一些科学哲学家甚至宣称要杜绝使用科学隐喻[②]。但总体而言,绝大部分科学家对隐喻的使用持积极态度,这可能与科学中隐喻丰富的基本事实有关[③]。事实上,在已有的科学实践中寻找一种完全摆脱隐喻影响的纯粹观察性语言已经被证明是不可能完成的任务。布莱克(Max Black)(1962:242)表示:"可能所有的科学都必须始于隐喻并终于代数;没有隐喻可能将不会有任何代数。"

---

① 堪称科学修辞学开山之作的两篇论文分别是《查尔斯·达尔文:科学修辞学家》("Charles Darwin: Rhetorician of Science")、以及《站在巨人的肩膀上:论争领域的十七世纪光学》("On the Shoulders of Giants: Seventeenth-Century Optics as an Argument Field"),参见 R. A. Harris, *Landmark Essays on Rhetoric of Science: Case Studies*. 1996,其中前者是生物学修辞研究,后者是物理学修辞研究。

② 参见 M. Black, *Metaphor*(1954), "Thou shalt not commit metaphor!"

③ 参见 R. R. Hoffman, *Metaphor in Science*(1980),第 396 页,原文如下:On the main, however, most scientists seem to have a favorable attitude toward the use of metaphor. This may be related to the simple fact that metaphors abound in science.

科学隐喻应用于科学语境,具有科学性,但其实质还是隐喻,因此并不存在专门的科学隐喻理论,科学隐喻的理论研究与隐喻理论研究是从属关系。从文献来看,科学哲学家对莱可夫和约翰逊的体验主义隐喻观借鉴较多,而分析哲学家布莱克(Black 1977)的互动论则是很多学者分析科学隐喻的基础,这与互动论对隐喻创造性的有力解释息息相关。互动论是在瑞恰慈(Richards 1965)相关理论的基础上发展起来的,主要包含以下内容:隐喻陈述包含两个主词,分别是基本主词(primary subject)和次要主词(secondary subject);次要主词应当被看作一个系统而非单独的事物;隐喻话语中通过次要主词中可预测的、由一系列联想隐含(associated implications)所组成的隐含联合体(implicative complex)映射至基本主词上以达到隐喻效果;隐喻陈述者通过将次要主词的隐含联合体中相似的成分应用至基本主词来选择、强调、压制和组织基本主词的特征;在特定隐喻陈述的语境中,两个主词通过以下几种方式互动:(a)基本主词的存在诱发听话者选择次要主词的特征;(b)促使听话者建构与基本主词相符的平行的隐含联合体;以及(c)相应地诱发次要主词的相似改变。有时,隐喻会改变基本主词和次要主词之间的关系,并因此产生新的知识和见解。布莱克明确指出了隐喻的认知和创新功能,而这一点正是科学隐喻研究的价值基础。

科学隐喻研究的蓬勃发展得益于一批科学哲学家的努力,如布莱克(Black 1954,1962,1977)、博伊德(Boyd 1993)、金特纳(Gentner 1981,1983,1988)、霍夫曼(Hoffman 1980)、海西(Hesse 1966)和库恩(Kuhn 1993)等。剑桥大学科学哲学家海西于1966年出版了《科学中的模型与类比》一书,该书最后一章中关于科学隐喻的研究是这一领域最早的综合性探讨之一。海西认为"理性包含着我们的语言对不断扩张的世界的持续适应,而隐喻是达成该任务的主要手段之一[①]"。(转引自 Garfield

---

[①] 引文原文如下:Rationality consists of the continuous adaptation of our language to our continually expanding world, and metaphor is one of the chief means by which this is accomplished.

1986:322)。郭贵春(2007b)将海西的全部科学隐喻思想概括为"隐喻首要性"的主题,核心内容是:隐喻作为语言和思维的一种基本形式,无论在历史方面还是在逻辑方面都是先于字面语言而存在的。库恩则明确提出:"隐喻是新概念诞生的助产士,是指导科学探索的强有力的手段。"(转引自李醒民 2004:22)博伊德(Boyd 1993)基于布莱克的互动论提出了广为接受的科学隐喻分类图谱,即教学性隐喻/阐释性隐喻(pedagogical/exegetical metaphor)和理论建构性隐喻(theory-constitutive metaphor)。顾名思义,阐释性或教学性隐喻是阐释性的,可以用非隐喻性的语言来替代,例如广义相对论中的"虫洞"、用"电子云"来描述束缚电子的空间方位、将原子描述为"微型太阳系"等。所谓理论建构性隐喻,指的是那些在理论主张的表述中无法用更为直白的语言来替代的隐喻。博伊德指出,在相对年轻的学科中此类隐喻非常丰富,例如,认知心理学的理论主张中有很多借自计算机科学、信息理论和相关学科的术语,诸如思想是"信息处理"、某些信息被"编码"、意识是"反馈"现象等,认知心理学家无法用更直白的语言对这些理论主张进行释义。理论建构性隐喻的作用很大程度上在于它们能够引进一些术语来描述可能存在但特性不明的世界的特征。换言之,"理论建构性隐喻代表了一种让语言能够适应容纳未被发现的世界的因果特征的策略[①]。"(Boyd 1993:490)亦有学者持不同观点,如克努森(Knudsen 2003)就曾通过例证说明相同的隐喻可以同时用于理论建构和教学目的,因此隐喻的分类不应基于单个表达进行,而应当考虑特定隐喻的发展历史以及交际目的与文体等参数或标准。

科学类比与科学模型是科学隐喻的两种具体表现形态。金特纳与耶焦尔斯基(Gentner & Jeziorski 1993)将类比视为一种特殊的隐喻,认为它是基于纯粹的关系匹配(relational match),反映的是高度选择的隐喻思维。海西(Hessi 1966)提出科学类比思维对于科学假设的选择具有重要意义。需要指出的是,科学类比本身并不直接构成理论,不是科学研究

[①] 引文原文如下:Theory-constitutive metaphors represent one strategy for the accommodation of language to as yet undiscovered causal features of the world.

的最终目的,更多的是用于探索和阐释。成功的科学类比最终会形成科学模型、理论提纲或者某种科学定律。科学模型则是一种启示性、再描述的工具。安军(2009:23)指出,通过将所描述对象进行概念性简化,科学模型集中解释现象的某些方面而回避其他方面。库恩(Kuhn 1996:184)在其《科学革命的结构》一书的后记中指出,尽管科学模型的类型千差万别,但其所具有的功能是类似的,如为科学家研究团体提供偏爱的或可允许的类比和隐喻。从这个意义上来讲,科学模型在本质上是隐喻性的。与隐喻类似,科学模型提供一种视角,一种审视研究对象的方式,也涉及词汇的类比转移。布莱克(Black 1962)认为,科学模型是"推测性工具"(speculative instruments),能够帮助研究者注意到某些可能被忽视的东西,察觉到新的联系。因此,科学隐喻是科学修辞学研究的重心所在,是对传统隐喻内涵的丰富与拓展,对科学话语构建意义重大,值得深入研究与探索。

3.2.2 隐喻型术语的科学隐喻本质

隐喻型术语,顾名思义,是以隐喻方式表征科学概念的术语单位,其本质是科学隐喻。隐喻型术语的命名机制体现了概念思维的系统转换、科学语境的历时解读和理论模型的补充发展等本质特征[①]。其中,概念思维的系统转换体现了隐喻型术语认知创新的本质,科学语境的历时解读体现了隐喻型术语动态发展的本质,而理论模型的补充发展则说明了隐喻型术语描述解释的本质。

(1) 概念思维的系统转换

隐喻思维是一种由此及彼的横向思维,有别于传统科学所青睐的归纳和演绎两种纵向思维方式。科学隐喻则是科学概念之间由此及彼的横

---

① 科学隐喻的这三大本质特征是本书作者在对郭贵春《隐喻、修辞与科学解释》(2007b)以及安军、郭贵春《科学隐喻的本质》(2005)、《科学隐喻的基本特征》(2007)、《科学隐喻的认知结构与运作机制》(2008)等相关文献研究基础上的总结。

向系统转换。"在科学的认知活动中,科学隐喻作为一种基本的概念认知结构发挥着重要而不可替代的作用。"(安军、郭贵春 2008:43)通常来说,新科学隐喻的引入意味着概念思维的系统转换,这种转换会引起理论、框架以及文本建构层面的变化。概念思维的系统转换大致可以分为两种类型:物理性的转换过程,即对两个有生命或无生命的物理对象进行比较;精神性的转换过程,即将某种抽象的或者精神层面的东西与物理对象进行比较。(利科 2004:79-80)无论是哪种转换过程,科学隐喻的使用对科学概念的发现均具有重要意义。有时候研究者仅仅是模糊地感觉到研究对象与现有事物或现象之间的相似性,通过采用隐喻命名把对已知对象的认识系统地转移到未知对象上去,再通过观察或实验进一步证实或证伪来深化对研究对象的认识。经由概念思维的系统转换,隐喻给实证观察指明了方向。例如,达尔文将人工选择的认知思维系统地转换到了自然选择上,从而提出了 19 世纪三大自然科学发现之一的进化论学说;生命科学中科学家将对 CODE 的认知系统地转移到 DNA 上,利用"DNA IS A CODE"这样的概念隐喻,解决了不少难题,产生了诸如"编码""解码""重组"这样的隐喻型术语。库恩(Kuhn 1993:539)相信:"隐喻对连接科学语言与世界起着重要的作用。然而,这些连接不是一蹴而就的。理论的改变通常伴随着相关隐喻的改变以及将术语与自然联系起来的相似性网络相应部分的改变[①]。"达尔文在解释进化论时所采用的"家世之树"(tree of descent)隐喻就与他之前的理论家所采用的"生命之梯"(ladder of life)隐喻大不相同,"家世之树"展示的是分支模式,而"生命之梯"展示的则是一种有机体从低级到高级进化的单一的、无中断的链条,"树"和"梯"原本相异的概念系统经转换后对随后的思维方向产生了不同的引导,相应的话语模式也随之发生了改变。

概念思维的系统转换解释了科学隐喻的工作机制,也说明了为什么

[①] 引文原文如下:Metaphor plays an essential role in establishing links between scientific language and the world. Those links are not, however, given once and for all. Theory change, in particular, is accompanied by a change in some of the relevant metaphors and in the corresponding parts of the network of similarities through which terms attach to nature.

科学隐喻能够作为一种重要的科学研究和科学发现的方法存在。科学文本中隐喻的使用不仅仅是出于语言层面上的考虑，更为重要的是语言所代表的对事物整体认知的系统迁移，这种系统迁移提供了一种由此及彼的横向思维模式，是对以归纳和演绎的纵向思维模式的有力挑战和有益补充，从而使得科学研究的内容和范围得到大幅度拓展和延伸。

（2）科学语境的历时解读

科学隐喻的提出往往是研究者直觉意识的产物。在对研究对象认识相对模糊的研究初始阶段，研究者察觉到研究对象跟某个已知事物之间的相似性，随之以隐喻的方式对其进行指称或者说明，因此得以将研究内容具体化，从而证实或者证伪。正如理查·罗蒂（1987：438）曾指出的："在科学中……我们有时会觉得不能不说出一个初看起来是假的、却似乎是有阐明力的和有成效的语句。这类语句在其刚被使用时'仅只是隐喻'。但有些隐喻是'成功的'，其意义是，我们发现它们如此不可抗拒以至于企图使它们成为信念，成为'确实真理'的备选者。"在人类对原子结构的漫长认识过程中，汤姆森（J. J. Thomson）[①]曾经提出"葡萄干蛋糕模型"（plum pudding model）的原子结构隐喻模型，对电子在原子里的分布问题等给出了合理解释，这一模型曾受到广泛认可，虽然最终被推翻了，但不可否认其曾对原子结构研究起过重要的阶段性推动和促进作用。汤姆森的学生卢瑟福（Ernest Rutherford）[②]借助隐喻，提出"氢原子的行星模型"这一假想的隐喻模型，并设想将该模型类推到其他元素的原子运动规律上去，从而构建相关理论，然而，他的类推模型和相关理论最终被证伪，最后这一隐喻模型得到了准确的定位，即对氢原子而言它是正确的，但不能类推，因为其他有更多电子的原子的内部运动规律是不同的，于是氢原子的行星隐喻模型得到了完整的解释。这两个例子表明隐喻概念的提出虽然是直觉意识的产物，但在经历了漫长的解读过程之后，隐喻内涵最终得以确定，成为能够被证实的"确实真理"。

---

① 汤姆森，英国物理学家，诺贝尔奖获得者。
② 卢瑟福，英国物理学家，原子核物理学之父。

"隐喻意义的解读是一个开放性和多元化的过程。"(王铭玉 2013：461)科学隐喻也不例外。科学隐喻的解读通常都是漫长的发现—验证—再发现—再验证的过程。如霍夫曼(Hoffman 1980：403)所言,科学家共同体对隐喻的态度通常是"悬置"(put them on hold),即创造性地使用它们,但也把它们当作是可证伪的,一旦其被证伪,就全然丢弃。博伊德(Boyd 1993：482)认为,事实上科学隐喻的使用者一般并不能够精确地阐释概念的相似性,这种隐喻在理论发展中的作用关键就在于其开放性。科学隐喻的开放性决定了它一经使用会不断带给科学家共同体以新的灵感,作为一种语境暗示持续地将科学家共同体的注意力吸引至那些未曾注意或未曾发现的细节上去。在不同时空语境下对科学隐喻予以新的审视,有可能得出新的启发性的结论。

然而,值得注意的是,科学隐喻的开放性是一种归纳式的开放性(inductive open-endedness),与文学隐喻的概念开放性(conceptual open-endedness)不同。(董宏乐 1999：15)同时,科学隐喻中死隐喻与活隐喻的界分也比文学隐喻和日常隐喻模糊。多次使用的文学隐喻的意义会僵化,从而不能再给读者带来新鲜的体验;频繁使用的日常隐喻的隐喻义会逐渐固定,失去隐喻性而成为死隐喻。然而,一个科学隐喻经频繁使用意义也许会凝固,但其隐喻意义并不会完全消解,合适的语境会触发其原有的创造力和活力,并为新的科学隐喻的产生提供可能。正如董宏乐(1999：15)所言:"科学在一定意义上说仅仅是它的历史,不反映终极现实的隐喻为科学的发展提供了广阔的空间。"纯粹逻辑思辨的最大问题在于其不仅排除虚假命题,更排除了可能性。霍夫曼(Hoffman 1980：414)所说的"拥有隐喻就拥有了希望"就是对科学隐喻的历时解读的最好注解。例如,"宇宙大爆炸理论"(The Big Bang Theory)20 世纪 20 年代提出之初在科学界受到冷遇,而随着科学技术的发展,科学界的观测事实令人不得不信服这一理论的科学性,如今它几乎已经成为常识了。

(3) 理论模型的补充发展

科学模型总是建立于与原型的某些本质属性相似性的基础上,具有隐喻性特征。理论模型以其形象性和直观性为科学家所青睐,但理论模型本身的抽象性也决定了其必须用语言进行解释说明,此时科学隐喻的介入能够起到补充发展理论模型的作用。例如美国科学家辛格(J. S. Singer)和尼克尔森(G. L. Nicolson)提出的生物膜的"液态镶嵌模型":生物膜中的蛋白质分子仿佛漂浮在脂双层的海洋中,冰山沉入水中的部分象征着蛋白分子的疏水性部分,突出于水面的部分象征着亲水性部分。"液态镶嵌模型"生动地反映了生物膜的动态图景,但缺少语言说明的模型其解释力一定是不完全的,而隐喻的认知功能使得它能够很好地对模型做出解释。郭贵春、杨维恒(2011)认为,模型启发了科学隐喻的形成,或者说是隐喻通过科学模型渗入科学理论之中。隐喻一旦形成,又反过来促使科学家去思考更多的问题,从而构建新的模型。因此,隐喻不仅能够解释模型,还能进一步促发新思考,从而形成科学研究的良性循环。

海西指出,在对理论进行解释的过程中有必要使用隐喻,可以说隐喻是对于模型的一种科学描述。(转引自安军 2006:11)例如,分子生物学采用语言学模型来描述基因信息的传递。蛋白质生物合成的第二步是根据 RNA 模板的指示将 RNA 翻译[1]成蛋白质的过程,在描述基因密码的进化时,史密斯与绍特马里(Smith & Szathmáry[2])提到初始的翻译机制具有"模糊性"(ambiguity in translation),因此在顺利达成"翻译忠实"(translation fidelity)的过程中可能会产生"翻译错误"(translation error),而"翻译错误"可以导致功能异常的蛋白质的产生,假设这些功能异常的蛋白质在翻译中被使用,那么一个错误会导致许多错误,从而产生"错误灾难"(error catastrophe)。史密斯与绍特马里对基因信息传递的语言学隐喻模型的思考、阐释和生发为进化理论的进一步发展做出了贡献。经济学家为了更好地说明自己的理论,也经常借助于模型来简化阐释复杂的经济现象。哈特(Hardt 2014)指出,好的经济学模型能够对其理论化的现实中的关键因素进行解释,而经济学中模型的组成部分通常

---

[1] 翻译,生物学术语,是根据遗传密码的中心法则将成熟的信使 RNA 分子中的"碱基的排列顺序"解码并生成对应的特定氨基酸序列的过程。

[2] 例子参见 A. Štambuk, Metaphor in scientific communication(1998),第 376-377 页。

都是隐喻,比如货币经济学中描述货币市场的模型就充满了隐喻,如"货币流""价格病态""货币的需求弹性""货币储备"等。经济学的隐喻倾向于以网络形式呈现,当认知主体看到其中某个隐喻表达时,会自然联想到其他相关的隐喻表达,促发研究者进一步思考。

3.2.3 隐喻型术语的科学隐喻功能

科学隐喻的创造和应用是从对客观现实某种特征的猜测、探察和描述出发,能够满足科学家共同体认知、交流和建构相关理论的需要。隐喻型术语实质是科学隐喻命名机制的概念符号结果,它体现了四大科学隐喻功能,即科学概念的命名与阐释、科学理论的建构与发展、科学思维的延伸与拓展以及科学知识的交流与传播。

(1) 科学概念的命名与阐释

科学是抽象思维的产物,离不开隐喻的思维机制。博伊德(Boyd 1993:482)曾指出,存在一种重要的、在相对成熟的科学理论发展和表达过程中起作用的隐喻,它们的功能是介绍引进之前不存在的理论术语。当科学家发现某种未知的事物或现象在既有的理论框架中缺乏相应的概念表达式时,往往会借助隐喻发明或创造一种方式来进行表达,这就是科学隐喻的命名功能。博伊德所说的是命名者被动选择隐喻进行命名的情况,主要是指命名者受到人类思维能力或语言表达的限制而不得不借用另一种相似事物来谈论被考察的事物以填补词汇空缺。但事实上,即使是被动使用隐喻命名,命名者的主观意向也是显而易见的。而且,科学文本中也存在主动使用隐喻表征概念的情况,主要指命名者考虑到被考察事物的抽象性,主动选择将抽象的事物具体化以便更好地理解和描述所考察事物的性质和特征。正如董宏乐(1999:12 - 13)所言:"借助隐喻,科学家可以给可能存在的某一现象命名,使之成为一种认知框架(conceptual framework);科学家们则能在此基础上相互交流在此方面所作出的发现,并提出有关这一物体的理论,甚至能最终根据这些理论来验证、测量这原本只是假想存在的物体。"比如,当代物理学中的重要概念"夸克""似星体""黑洞",生物学中的蛋白折叠、DNA 的双螺旋结构等都是隐喻命名的结果,事实上由于这些概念过分抽象,日常思维常常难以企及,正是隐喻的命名方式延伸了人们的思维,使人们能够得以把握遥远、渺茫的事物。

  隐喻能够用来命名和阐释科学概念主要得益于其认知机制与功能。众所周知,隐喻基于相似性,提供了一个从已知到未知的便捷认知通道。这一点对于培养科学共同体新进成员的科学教育具有重大的意义。同时,用隐喻来命名科学概念符合人脑的某种智力经济学,隐喻命名不增加受众的语言负荷,使得术语的传播与记忆更便捷。尽管一些科学理论和概念完全能够通过非隐喻的方式得到表述,但隐喻也能够把抽象的科学语言转换为受众容易感知事物的语言,给受众提供观察事物的新颖视角,提高科学概念本身的解释力,增加其蕴含的信息量,从而加深受众对科学概念的理解和认识。仅提供精确的描述性信息的科学语言是不够的,如何理解这些信息更为重要。比如,德国化学家凯库勒(Friedrich A. Kekule)通过想象一条衔住自己尾巴的蛇,构造出相关隐喻,并最终确立了首尾相接的苯环结构,为有机化学的现代结构理论奠定了基础。毫无疑问,这一蛇的隐喻意象无论是对科学家共同体还是学习该理论的学生而言都极具阐释力和启发性。再如,德国气象学家魏格纳(Alfred Wegener)在解释"大陆漂移学说"时也使用了大量的隐喻语言,比如"南美洲高原与非洲高原在数百万年以前原是相互接合的一整块大陆,自白垩纪才最初分裂成两部分,以后它们就像漂浮的冰山一样逐步远离开来"。同时,他在《海陆起源》一书中还用类比对该学说进行阐释:"就像我们把一张撕碎的报纸按其参差不齐的断边拼凑拢来,如果看到其间印刷文字行列恰好齐合,就不能不承认这两片碎纸原来是连接在一起的[①]。"此处隐喻和类比的使用不仅减轻了受众对新理论的认知负担,而且也极具说服力。

  (2)科学理论的建构与发展

  作为科学隐喻最为重要的功能之一,理论建构功能主要是指科学隐

[①] 该例转引自范振强、徐慈华:《隐喻认知与科学传播》(2011),第 40 页。

喻作为一种"理论建构隐喻"直接参与科学理论的组织构造。(郭贵春 2007b:47)电动力学创始人麦克斯韦(James Maxwell)早在1890年就提出隐喻不仅是"科学的合法产物,相应地也能够产生科学"。(转引自 Hoffman 1980:396)为了提出科学问题或者为了解决科学问题,研究者必须要提出某种假设,彼时他们往往会求助于科学隐喻和科学类比以激发一种创造性思维。通过把通常不被放在一起使用的意义进行不同寻常的关联,科学隐喻和科学类比得以实现其组合功能,这种关联整合能帮助研究者实现对世界的某种新洞察,进行新的认识构建。安军(2010:21)认为,科学隐喻所包含的科学发现的逻辑既是科学家从事创造性思维活动的内在要求,也反映了科学理论突破原有概念边界向纵深发展的必然结果。科学发展的历史充斥着大量的使用隐喻和类比发展新理论的实例:开普勒(Johannes Kepler)通过与时钟的比较发展了关于行星运动的概念;英国生理学家哈维(William Harvey)在研究血液运动过程中于1628年提出的"圆周循环运动"隐喻是生理学创立的最关键基础,"圆周循环"也成了隐喻型术语,是生理学语言的重要组成部分,这一隐喻在1660年获得了证实;认知心理学从计算机科学及信息理论中借用"信息处理"和"信息反馈"等术语来隐喻地描述人脑,从而构建了学科的理论体系。下述引文恰当地说明了很多学科就其本质而言都是隐喻化思维建构的结果。

> 一位著名的人工智能理论家曾清楚地指出:每门科学与其他科学的区别不仅在于其所声称的作为研究对象的现象集,还在于它所采用的研究方法(这门学科对于这些现象的看法、它的范式)。如果我们把人看作内在思考过程无法被研究的行为者,那么我们就被称为'行为心理学家',我们研究人类行为。如果我们把人看作大脑,是由神经元组成的一个硬件,那我们就被称为'生物学家',我们研究神经元——生理反应。如果我们把人看作机器,小机器人,那我们就被称为'控制论学家',我们研究简单元件的反馈网络的数学特性。如果我们秉持人是'信号处理

器'的观点,那么我们就处在人工智能的研究领域。关于人的看法并没有'正确'或'错误'之分;采纳这些不同的观点,我们可以构建不同的模型,而这些模型会带来实践上的影响和应用。①

  不同的概念隐喻能够建构不同的学科基底,而在学科内部,不同的隐喻能够影响科学问题被概念化和解决的方式,从而建构相关理论。比如光的波隐喻和粒子隐喻就产生了不同的研究问题,相关的实验设计也向着不同的方向演进,波动说科学家和粒子说科学家通过各自的实验发现不断证实己方的隐喻设想,但最终谁也没能完全劝服对方。直至1905年爱因斯坦才全面解决了这一问题,提出光的波粒二象性(wave-particle duality of light)理论——对于时间的平均值,光表现为波动;对于时间的瞬间值,光表现为粒子性。最终这一理论得到了学术界的广泛接受。波粒二象性的隐喻对于光理论的建立必不可少,而光的波粒二象性的发现具有重大的意义,因为光一直被认为是最小的物质,探索光的本性实际上就等于探索物质的本性,历史上,整个物理学正是围绕着物质究竟是波还是粒子展开的。

  强大的科学隐喻有时可能会促发潜在的科学革命,推进学科的理论革新。沃森(James Watson)和克里克(Francis Crick)所提出的DNA双螺旋结构就是一个非常接近于库恩所描述的范式更替式的隐喻,它开启

---

① 转引自 S. Pavel, Neology and phraseology as terminology-in-the-making(1993),引文原文如下: As a noted AI theorist unequivocally stated, "Each science is differentiated from others not merely by the set of phenomena it claims as its object of study, but also by the approach it takes (the science's view of those phenomena, its paradigm). If we view Man as an actor whose internal thought processes can't be investigated, then we are called 'behavioral psychologists', and we study human behavior. If we view Man as a brain, as a piece of hardware built out of neurons, then we are called 'biologists', and we study neuro-physiological responses. If we view Man as a machine, as an automaton, then we are called 'cyberneticists', and we investigate mathematical properties of feedback networks of simple components. If we adopt the view of Man as 'processor of symbols', then we are working in the field of Artificial Intelligence. No one view of Man is 'right' or 'wrong'; each is adopted because from it we can build a model, which in turn has some practical consequences and uses."

了分子生物学的时代,使遗传的研究深入分子层次,解开了"生命之谜",阐明了遗传信息的构成和传递的途径。在这之后,分子遗传学、分子免疫学、细胞生物学等学科相继出现,从分子的角度更清晰地揭开了一个又一个生命的奥秘。有时,隐喻对于概念关系的图式描述能够为某个领域的进一步发展奠定基础,促进相关的研究进程并带来新的发现。例如,玻尔(Niels Bohr)关于"原子是太阳系"的隐喻对于量子物理学来说是革命性的观点,在玻尔的模型框架下物理学家开始谈论原子核中电子和质子的轨道,相对论则显示电子与行星系统类似,绕着它的轴转动。玻尔的模型对原子化学现象的研究也有新的启示,简言之,这一隐喻模型展示了崭新的微观世界。

不可否认,命名之初的隐喻不属于规范性的科学话语,然而隐喻的双重指称使得概念能够从字面意义的束缚中解放出来,它代表着发散性和创造性的思维,因此常常能够产生重要的科学发现甚至引起科学革命。在探索未知对象之初,隐喻具有强烈的建议性和引导性,当原本只是推测的认识能够观察或可以证实之后,隐喻具有明确的借鉴性,在对理论的具体说明中,隐喻又极具说服力。可以说,科学隐喻贯穿科学认识的整个过程,它是科学理论建构和发展必不可少的思维和认识工具。

(3) 科学思维的延伸与拓展

科学隐喻是非字面意义的、非逻辑的,因此不可能从逻辑实证主义的意义上得到确证。隐喻的使用正好弥补了由纯粹形式逻辑词汇构造的科学语言僵硬、封闭的缺陷,能够对科学思维进行延伸和拓展。"隐喻本质上就是扩展不同事物间的各种联系,给人们认识和解释世界提供不同的角度。"(王铭玉 2013:455)这种联系是横向的,与传统的以推理和演绎为主的纵向科学思维方式不同,它是对传统科学思维的有益补充。科学隐喻对科学思维的延伸并不限于某一特定学科内部,而是会溢出学科,拓展至其他学科。它能够联结不同的学科话语体系,为各个学科之间的互动和交流创造可能。隐喻联结的基础是不同研究领域研究对象的相似性,通过相似性纽带,一个对象域的知识得以推移到另一对象域,原初领域科学概念的外延和内涵同时得以拓展和延伸。这种概念推移不是一个量的变化,而是认识上质的飞跃。科学隐喻不仅在亲缘学科之间拓展,也会从自然科学延伸至人文社会科学,其中新兴学科向成熟学科的求借和靠近,或成熟学科向新兴学科的渗透与扩张是常见态势。离开了隐喻的沟通,横断学科、系统学科的创立是难以想象的。值得注意的是,科学隐喻的延伸和拓展也受特定学科科学共同体意向的制约。例如经济学家群体致力于把经济学打造为严谨的科学,因此多从数学、物理、生物学等公认的科学性强的自然科学中获取灵感,经济学隐喻大都来自这些领域,经济学模型也多以抽象的数学模型辅以图示的方式呈现。然而,"即使是数学模型也具有隐喻基础,因为等式是以所描述系统的某些头脑里的图像为基础的[①]"(Kovac 2003:880)。

达尔文关于"选择—适应"的生态隐喻思维被斯宾塞(Herbert Spencer)[②]延伸至社会学领域,提出了"社会达尔文主义"思想,依据自然界的"物竞天择,适者生存"的观点来解释社会现象;而胡庚申又将这一隐喻思维延伸至翻译研究领域,从生态视角对翻译生态进行了阐释和描述,提出了"翻译即生态选择"的观点,从而在自然科学和社会科学之间架起了桥梁,为翻译理论研究提供了新的视角,推动了翻译学的发展。类似地,转换生成语法中的"生成"和"集"的概念来自数学,语篇分析中的"语场"(field of discourse)的概念则是受到物理学中"场"的启发。胡壮麟(2004)提到清华大学建筑系的一名著名教授认为乔姆斯基(Noam Chomsky)的深层结构和表层结构的概念在建筑学中可以借用,电气、煤气、上下水等管道可以看作是深层结构,而这些管道在楼层里如何分布、采用什么料、如何装修等可以看作表层结构。一般而言,概念越抽象,隐喻的这种思维延伸作用就越明显。通过在两个不同的概念域之间建立起沟通的桥梁,概念或事物能够由此及彼,相互类推,一环接一环,甚至生成隐喻链条,给科学研究中的新发现、新视角创造无限可能。如牛顿从"声

---

① 引文原文如下:Even mathematical models for nature have a metaphorical basis because the equations are based on some mental picture of the system being described.
② 斯宾塞,英国哲学家、社会学家,"社会达尔文主义之父",他提出的一套学说把进化理论适者生存应用于社会学尤其是教育及阶级斗争理论中。

波"的隐喻类推出"光波",电子时代又出现"无线电波""微波""超声波"等;从"水流"类推出"电流""气流""寒流""资金流",直到当代文学理论中的"意识流"①等,这些隐喻型术语都是一脉相承的科学隐喻思维的拓展和延伸。

当代认知科学强调在 21 世纪要加强各学科之间的"隐喻化"研究。(胡壮麟 2004:199)通过隐喻化思维的拓展和延伸,自然科学和社会科学能够从对方的新发现中获得新启示,激发和形成新的思路,从而能够在一定程度上加快自身学科的发展。从某种意义上来说,科学隐喻形成了人类整个知识网络上一个个的节点,各个学科通过隐喻性思维串联起来,对世界从各个视角进行解读的部分认识(知识)因此联结成整体认识(知识),事物或现象之间的普遍的内在的联系也得到揭示。隐喻性思维让新兴学科和横断学科的出现成为可能,这使得科学不断发展,而人类的知识网络相应地也能够不断地进行扩展和完善。

(4) 科学知识的交流与传播

科学在本质上是一种公共知识,科学交流是科学活动的核心内容之一。(李小博 2010:43)科学交流可以发生在科学共同体内部,也可以发生在科学家与普通大众之间。科学共同体内部的交流以多种形式存在,如科学实验、科学论文、科学报告、科学争论等,在这些交流过程中,科学家无论是提出新的研究方法还是新的理论都需要经历劝导自己、说服别人的过程,科学修辞,尤其是科学隐喻在其中起着重要作用。在科学共同体内部的交流中,成功的理论必然要经历将研究者自己的独立意向转化为科学家群体意向的过程,科学修辞在这一转化过程中必不可少,特别是当理论具有革新性的时候。雷德纳(Redner 1990)指出,任何一个科学理论或新颖论述都会经历一个修辞时刻(rhetorical moment)。这一修辞时刻通常会在理论或论述提出的初始阶段和最终获得接受的阶段之间,因为这时新的理论正跟与其竞争的理论进行争斗以获得继续生存的可能。比如,牛顿物理学必须经历与久远的亚氏物理学的争斗,以及新近的笛卡

---

① 此处例子来自郭贵春:《隐喻、修辞与科学解释》(2007b),第 55 页。

尔和莱布尼茨的物理学的争斗以获得自己的合理地位。牛顿在他早期的论文里强调了自己的光学理论与前人理论的不一致，即其革命性，而在后来的《光学》一书中，他改变了劝说策略，强调他的理论与前人理论的一致性，即其继承性，这对他的理论最终获得接受至关重要。孟德尔发现了遗传规律，但是他长篇累牍的数字和繁复枯燥的论证没能劝服他的科学同侪，使得自己的发现被埋没长达35年之久，他的前辈达尔文则深知科学共同体和大众支持的重要性，因此采用平实的语言和思维解释自己的理论，而达尔文之前没有任何进化论学者能够同时获得科学共同体和公众的接受，这与他对"劝说"的重视是分不开的。坎贝尔（Campbell 1996）将达尔文称为科学修辞学家，他认为从精心设计的符合当时科学研究规范的"从观察现象到结论"的归纳性写作方式（与提出假设再用观察事实证实相反），到包括"自然选择""生存斗争"在内的隐喻的精心"选择"均对达尔文的理论获得认可起到了至关重要的作用。以隐喻的方式进行陈述的新理论更易为科学共同体其他成员所理解和接受，因为隐喻提供了一种全新的看待事物的方式和角度，启发科学共同体成员产生如格式塔转换一般的认知效果，而原有的科学事实在新的隐喻中得到新的描述和审视。正如安军、郭贵春（2005:45）所言："科学隐喻体现了科学家共同体对理论认知或预测的某种一致的倾向性，是科学家共同体集体智慧和洞察力的产物。从本质上来说，它是一种科学共同体内部理性的、对话性的方法论工具。"

当科学理论和见解被科学共同体广泛接受后，接下来则需要将新的科学知识向公众传播。科学具有公众的一面。科学知识的传播很多时候涉及科学家共同体与普通大众之间的交流，科学修辞学的重要任务就在于向非专业的公众澄清科学的意义，传递科学的信息，劝导公众接受他们传递的关于自然、关于世界的知识，从而实现科学信息的共享和公众科学素养的提升。考虑到普通大众的知识背景，要想达到受众容易阅读、容易理解、容易接受的目标，必须要借助修辞手段，并且这种修辞应当与科学家共同体之间使用的修辞有所区别。作为一种有效的修辞手段，隐喻在科学传播中的重要价值就体现在它以一种兼具经济性和启发性的方式改变了科学传播受众的认知结构。(范振强、徐慈华 2011:37)就经济性而言,利用隐喻方式对新概念、新理论进行命名,将普通语词进行再概念化形成新的概念,能够减轻习得的负担。若每个新概念都进行新的命名,科学术语毫无疑问会呈现爆炸式的增长,从而阻碍科学知识的普及和推广。就启发性而言,首先,它能够将只有少数科学家理解的科学概念渗透进日常语言,比如"温室效应"隐喻已成为常识;其次,它使得抽象的超出人类经验范畴的概念得以通过更具体的概念来理解,比如"黑洞""暗物质"之类的抽象概念也得到了更广泛的普及;再次,它能够让人去探索难以想象的现实的另外一面,比如关于电子的"台球"和"振动的弦"的隐喻使得普通大众得以理解肉眼不可见而无从想象的对象。另外,对于某些学科,例如环境科学,科学知识向大众的成功传播直接关涉政府相关政策的制定。经济学在这方面也具有特殊性,经济学理论只有被理解和接受,才有可能影响到经济策略的制定,理论的实践价值才能得以实现。同时,科学研究的长期发展必须要有足够的资金支持,如果把这种支持看作一种国民投资,鉴于可以研究的科学对象和问题是无限的,可用的投资是有限的,所以哪些研究具有优先性必须通过劝说来决定。若要获得此类支持,有时对科学共同体以外的人群的成功劝说也起着极为重要的作用。

总之,隐喻型术语表达的是科学概念,它的本质是科学隐喻。与日常隐喻不同,科学隐喻的解释通常由科学家本人完成,其含义相对比较确定,日常隐喻的解释则往往由受众完成,具有多样性。日常隐喻频繁使用后会失去新鲜感从而被取代,科学隐喻的开放性决定了它一经使用,会不断带给科学家共同体以新的启发。但是,与日常隐喻相似,科学隐喻也具有交际和认知两大功能。科学隐喻的交际面使得科学语言变得生动,有助于科学知识的传播和接受;科学隐喻的认知面则在日常隐喻认知的基础上更进一步,有助于建构科学理论,拓展和延伸科学思维。科学隐喻的这种认知和交际特殊性对于进一步认识隐喻型术语的本质和功能具有重要的指导作用。

3.3 隐喻型术语应用的言语修辞功能

如前所述,隐喻型术语是基于科学隐喻的命名结果,其命名机制在于思维认知和言语交际双重修辞功能的实现,因此,隐喻型术语不仅具有科学隐喻的科学修辞功能,还兼具言语交际单位的言语修辞功能。术语既是语言单位和知识单位,也是专业概念的交际单位,交际属性是术语的基本属性之一。可以说,没有交际传播,术语就无法生存和立足,因而充分认识隐喻型术语应用的言语修辞功能对于全面认知隐喻型术语的修辞属性具有重要意义。

3.3.1 言语修辞学相关理论概述

大约在20世纪70—80年代,语言研究发生了研究范式的转换:由静态的语言系统的研究转向动态的"使用中的语言"的研究,转向言语的研究。(张会森2002:233)"言语和语言是相互依存而又有区别的:言语是语言的具体运用和存在形式,语言是对言语的抽象概括;言语是个别的,语言是一般的。"(刘焕辉1989:30)"言语修辞学"也就是研究社会上语言运用的各种不同类型,不同言语行为的修辞学。(姜胜2000:28)"言语修辞学[①]"的兴起是修辞学领域对语言学研究范式转换的呼应,是修辞学界

---

① 近年来有学者受到语用学对修辞学的启示,提出了语用修辞(学)的说法,最先注意到语用与修辞研究之间关系的是何自然(2000),他分析了借鉴语用理论的新发展丰富修辞学研究的一些思路和可能性;王德春、陈晨著的《现代修辞学》(2001)中专辟了一章探讨"语用修辞学";尹小芳(2005)对交际修辞作了语用分析研究等。然而,语用修辞学的说法目前仍有争议,与传统修辞相比,语用修辞更加强调说话人与听话人的互动,研究的是整个交际过程。本书的研究单位是术语,虽然交际性是术语的基本属性之一,但术语的交际与传播是以术语命名者和使用者为主导的,术语一旦定名,再根据语境进行调整的幅度很小,术语命名者和使用者只能对交际效果有一定的预期,而不能像普通文本中那样动用多种修辞手段和方法来确保交际效果的实现,鉴于以上考虑,本书采用言语交际修辞而非语用修辞的视角切入。

试图突破传统修辞学研究"辞格中心论"束缚的理论和实践尝试之一。言语修辞学以语言修辞学为基础,"是语言修辞学的合乎逻辑的继续和发展"(张会森 2002:234)。这两者相互依存又相互制约,"语言体系中潜在的修辞'资源'是言语选择的基础;言语中个别修辞价值的反复出现,又是语言体系修辞'资源'形成的源泉"(孙宏毅 1991:99)。

言语修辞学的研究对象是言语单位,而"作为言语交际单位的话语小的可以是一个词构成的句子,大的包括长篇小说、学术专著等等"(张会森 2002:235)。从这一意义上来看,以词或词组形态出现的隐喻型术语无疑也是言语交际单位的一类。孙宏毅(1991:98)指出:"言语修辞学着重研究话语中的修辞现象,研究选用修辞'资源'的规律,特别注意阐明、描写特定语境中的修辞效果。"可以看出,言语修辞学的研究具有明确的实践指向性,侧重具体言语修辞单位的修辞效果和修辞功能的考察,这一点符合吴礼权、邓明以(1998:11)关于修辞学的实践性研究将越来越受到重视的论断,也符合本书的研究情境。

孙汉军(1999:33)认为,决定言语修辞区别的有交际目的、交际环境和条件、交际双方的个人特点、交际题旨和言语形式这五个因素。对于隐喻型术语而言,其交际目的主要包括阐释与传播知识、交流与输出学术观点、促进学术观点由理论向实践转化等;交际环境和条件与术语传播的媒介和方式有关;交际双方主要包括术语命名者/使用者与术语受众,他们的个人特点会影响到交际目的的实现;交际题旨更为具体,与隐喻型术语应用的文本语境相关;言语形式则主要呈现为隐喻型术语这样固定的语言表达。作为言语交际单位,隐喻型术语在这五个因素上的特殊性决定了其修辞效果和修辞功能具有特殊性,因此有必要对其进行独立考察。

龚光明(2012:9)指出:"从语言的功能来看,运用语言来进行交际,涉及表意、表情与表美三个层次。"因此,作为言语交际单位的隐喻型术语其应用的言语修辞功能也应当涵盖这三个层次。其中,言语交际的表意功能让隐喻型术语有效地传达术语的概念内涵;言语交际的表情功能帮助其实现包括阐释、劝说等在内的言语交际目标;言语交际的表美功能则能够增强科学语言的丰富性与吸引力。用隐喻的方式命名术语能够让术语表达在表意方面具有简明性、理据性和系统性,这与术语的定名原则有诸多契合之处。隐喻型术语在达意,即传递术语概念内涵方面具有明显优势;隐喻的联想功能使得隐喻型术语能够隐蔽、有效地实现术语命名者的交际目标,同时,虽然术语命名者通常并非出于审美需要而选择隐喻来命名概念,但作为一种常见的修辞方法,隐喻命名新奇、生动、形象,确实能够给生硬的科学语言带来一定的美感和活力,从而实现言语修辞的表美功能。

3.3.2 隐喻型术语的表意功能

表意功能的实现主要取决于某个语言单位所表述的意义内涵是否能够简便、准确地被受众所获取。当术语被看成表意单位时,"意"指的是术语表达所指称的概念内涵意义,因而,鉴别术语表意功能的实现主要看术语受众能否通过术语表达本身高效、准确地提取术语的学术内涵。得益于隐喻本身所具备的一些特点,以隐喻方式命名的术语在简明性、理据性、系统性等方面具有先天优势,能够简单明了地将术语的概念内涵系统地传递给术语受众,从这一点来看,隐喻型术语能够更好地实现术语的表意功能。

(1) 隐喻型术语表意的简明性

术语学研究中,简明性是指术语定名要易懂、易记、易读、简洁,使用方便。(冯志伟 2011:37)过于冗长繁复的术语不符合语言使用的经济原则,通常会被自然淘汰,相反,简明的术语不仅可以减轻术语受众的认知和记忆负担,也有助于术语的交际和传播,因而生命力会更强。隐喻的联想功能常常使得简洁的语言表达式能够承载复杂的概念内涵。束定芳(2000:113)指出:"隐喻的一个最明显的特点就是精炼,短短的一个词或词语往往能够表达一系列的含义,引起听话者对整个相关事件和语境的联想。"隐喻的这一特点与术语的简明性要求不谋而合。

一般隐喻型术语命名都是通过简明的具象概念代替复杂的抽象概念,从而让术语更加易懂、易记。例如,生成语言学中有一个术语叫"WH 孤岛"(WH-island),指代以 WH-短语开头的结构,因为这种结构中的任一成分都不能与外面的成分发生转换关系,就如同孤岛一样与外界隔绝。

使用隐喻意象"孤岛"不仅使术语表达更简洁,而且对"孤岛"意象的认知联想也能够使术语受众更容易理解和记忆这一术语所承载的概念内涵。生成语言学中的另一个隐喻型术语"鉴别式"(filter)取代"表层结构限制"(surface structure constraint)的例子也说明了隐喻命名的简明性优势。filter 一词的本义是指过滤器,作为生成语言学术语,是指把从 S-结构出来的句子都过滤一遍,滤掉不合格的,仅保留合格的表达式。虽然作为术语来说,"表层结构限制"的字面含义与学术含义之间的吻合度较高,指限制从 S-结构出来的不合格表达式的产生,但相比较而言,filter 能够更为简洁、生动地传达术语的学术内涵,更利于记忆和交际,因而生命力也更持久。

当然,隐喻命名并非总是利用具象的意象,采用术语受众熟知的抽象概念同样能够促进认知、理解和记忆。例如,材料力学术语"金属疲劳"(metal fatigue)指的是材料、零构件在循环应力或循环应变作用下,在一处或几处逐渐产生局部永久性累积损伤,经一定循环次数后产生裂纹或突然发生完全断裂的过程。"疲劳"本身指的是一种主观的不适感觉,术语受众一般都有过疲劳的经历,了解疲劳的状态客观上会影响人的正常活动或者工作能力,因此很容易把相关的感受联想、映射到金属上去,从而推断出金属疲劳是由于长期工作引起的,会对金属正常功能产生消极影响这样的概念内涵。这类隐喻型术语的命名机制一般都是通过相似性推断赋予旧语词新的衍生意义,术语受众的既有认知成为到达新概念认知的快速通道,同时,术语表达简洁,不增加新词,能够实现术语的"语言表达+概念内涵"这一组合的认知最优化,这与隐喻命名的优势是分不开的。

(2)隐喻型术语表意的理据性

术语学研究中,术语命名的理据性是指"术语的学术含义不应违反术语结构所表现出来的理据,尽量做到'望文生义'、'顾名思义'"。(冯志伟 2011:36)理据性是术语最好具有的属性,只有当术语既简洁,又具有理据性时,才是优化的术语。(格里尼奥夫 2011)隐喻命名的术语通常理据性较强,它的理据通常建立在隐喻的始源域和目标域之间的相似性联想映射基础上。隐喻,尤其是意象性隐喻(image metaphor)能让人联想到熟知的事物和概念，隐喻型术语所称名的概念正是基于这种联想产生的，这种联想使得命名术语的隐喻对其所指称的概念解释度较高。一般形成此类概念的过程中最常利用的是外在形式联想。比如计算机术语 mouse（鼠标）、机械工程术语 crane（起重机）的命名就利用了外形上的相似联想。其次比较常见的是利用功能相似联想。计算机术语"防火墙"（firewall）利用的就是功能相似联想。防火墙原来是建筑设计专业术语，指防止火灾蔓延的用于划分防火分区、防火分隔的不燃性实体墙，其功能是防止火灾的蔓延和造成更大的破坏，而计算机中的"防火墙"是指一种位于内部网络与外部网络之间的网络安全系统，用于防止和控制"病毒"（virus）的破坏，这两者相似的防护功能是计算机术语"防火墙"的命名理据。这里的术语"病毒"的命名理据同样也是功能相似性。病毒最初是生物学概念，指的是只能在活着的宿主细胞内复制的感染源，它会给宿主的身体健康带来伤害，而计算机术语中的"病毒"指的是编制者在计算机程序中插入的破坏计算机功能或者数据的代码，这种代码能够自我复制，破坏计算机的健康运行。可以看出，生物学概念中的病毒和计算机病毒两者之间的功能是一致的，即通过复制自身影响宿主的健康运行。最后，用隐喻命名术语还可以利用概念相邻性方面的联想。隐喻型术语能够为概念创造出一种有意义的形象，从而有利于术语称谓的专业概念的理解和掌握。比如计算机术语"信息高速公路"指的是一个高速度、大容量、多媒体的信息传输网络，其中"高速公路"隐喻具体形象地点出了这一术语的基本内涵——高速和传输。生物学术语"生物钟"（biological clock）指的是生物体生命活动的内在节律性，"钟"隐喻能较为容易地让术语受众认识到该术语表述的周期性规律的内涵，语言学家乔姆斯基提出人类的认知结构中存有一种与生俱来的"语言习得装置"（language acquisition device），"装置"隐喻清楚地阐释了其关于语言天赋的观点。显然，类似"高速公路""钟""装置"等为术语受众所熟知的具体形象有助于他们认识这些术语指称的抽象概念。

　　无论是意象相似性、功能相似性还是概念相邻性联想，都能够触发术语受众的认知灵感，缩短认知术语概念内涵的时间，减少其需要付出的认知努力,可以说"省时省力"。当然,并非所有隐喻型术语的命名理据都是如此透明的,也存在采用隐喻命名,但由于术语受众对喻体不熟悉,认知负担反而增加的情况。即便如此,一旦术语受众认识和理解了术语命名背后的隐喻思维理据,他们对这种术语概念内涵的记忆也会更加深刻。例如,美国物理学家盖尔曼(Murray Gell-Mann)于20世纪60年代发现中子、质子是由三个一组的更为基本的单元组成,开始时他不知道应该如何进行命名,直至偶然读到乔伊斯(James Joyce)的小说《芬尼根守灵夜》中的一句话,"向麦克老人三呼夸克"(Three quarks for Muster Mark),才触发了他命名的灵感。"夸克"的隐喻命名理据可以说非常不透明,因为一般术语受众即便读过《芬尼根守灵夜》这本小说,也很有可能不记得书中的这句话。然而,当了解了这一术语的命名经历和命名理据之后,术语受众形成的对"夸克"的认知会更加牢固,这也进一步证明了隐喻在实现术语表意功能方面的理据优势。

(3) 隐喻型术语表意的系统性

术语学研究中,术语定名的系统性要求特定领域的各个术语,必须处于同一个层次结构明确的系统之中,同一系列概念的术语,其命名应体现出逻辑相关性。(冯志伟 2011:40)术语命名的系统性要求主要是从知识体系构建的角度来考量的,概念的系统关联性应当能够在术语表征的层面体现出来。当术语命名能够反映概念之间的逻辑关系时,单个术语概念的认知能够有效促进同系统其他相关概念的认知,这一点在隐喻型术语上体现得尤为明显。

束定芳(2000:79)指出:"隐喻涉及所在领域整个系统内部的关系转移,因此隐喻概念具有系统性的特点。"当某一术语概念采用隐喻命名之后,该隐喻概念所属系统的整体关系被转移至本体所属概念系统中,并形成多个可能的命名节点,这些命名节点一旦被后来的术语命名者激活,就会产生新的隐喻型术语。例如,认知心理学中的"过滤器"(filter)和"衰减器"(attenuator)这两个来自电子科学领域的隐喻型术语就很好地说明了这样一种承前启后的命名模式。由布罗德本特(D. E. Broadbent)提出的"注意的过滤器模型"(filter model of attention)将"注意"(attention)看作一个过滤器,在信息加工过程中对输入的信息起筛选作用,以防止信息传送道因有限的通过能力而超载。崔斯曼(A. M. Treisman)对该模型进行了修正,提出了"注意的衰减器模型"(attenuation model of attention),指出注意的信息并不是完全被过滤掉,而是被衰减,强度减弱了。"衰减器"既是"过滤器"的承接,也是电子科学领域系统概念关系整体转移的结果。认知心理学中还有不少类似"选择器"(selector)、"缓冲器"(buffer)这样借自电子科学领域的隐喻型术语。

再如,网络技术中电子邮件系统术语是基于实际邮政系统的隐喻命名的,其相关术语就体现了现实邮政系统关系的整体转移,像"收件箱""发件箱""收件人地址"等都是现实中邮政系统关系的反映。术语受众一旦接受了这种概念关系的系统转移,对被激活的各个命名节点概念的理解就会顺理成章。在术语受众的既有喻体认知的帮助下,同属某个概念子系统的隐喻型术语相辅相成,因而受众能够更快获取术语所指称的概念内涵,从这个意义上来说,隐喻的系统性特点使得隐喻型术语能够更有效地表意。

3.3.3 隐喻型术语的表情功能

术语的表情功能中的"情"主要指交际者的情感、态度、意图等相对隐蔽的内涵。理论上来说,术语应当具有科学性,是修辞中性的,在这种修辞中性要求下,术语表达本身一般不具有强烈的情感色彩。然而,上文也提到,科学修辞学的研究点明了科学的劝说性质,科学劝说的实现一方面依赖于实验数据、观测结果等"硬性"证据,另一方面也受到科学家话语方式的"软性"影响。术语作为科学话语的内核成分无疑会直接影响科学劝说的效果。从施加"软性"影响的能力来看,直陈式的科学语言显然不如隐喻、类比等修辞性语言,比如,以隐喻方式命名的术语或多或少能够体现术语命名者的交际意图,因为隐喻特殊的联想功能能够把术语受众对喻体对象的情感认知转移到本体对象上去,从而使得隐喻型术语较为隐晦地表达情感、传递态度。虽然隐喻的修辞属性是部分学者诟病、排斥隐喻作为命名方式的原因之一，但不可否认，很多时候正是隐喻的这种修辞属性帮助科学家更有效地实现了科学劝说的目的，这一点在经济学领域有非常明显的体现。

　　经济学是社会科学中的显学，经济学家对经济政策有重大影响，政府部门和国际组织里有经济学家，大众媒体上也经常见到活跃的经济学家，这些劝说情境必然会涉及修辞技巧的使用。无论是指导普通公众进行个体的经济决策，还是劝说经济学家同侪承认、接受己方学说，又或者是游说政治群体以影响经济决策，成功进行劝说都是某种经济学理论得以存续、发展的必要前提。这种劝说性质决定了经济学家会不自觉地选择两种话语态度：正式的和非正式的，明确的和暗含的。正式的、明确的经济话语使用抽象的科学方法，以繁复的数学推理演算和模型构建为特征，是经济学家认为自己所使用的或应当使用的方法。事实上，现代经济学已经演化成了一门高度数理化的学科，数学工具高度抽象化的特质有化繁为简的作用，同时有助于打造经济学"硬科学"（hard science）的形象，目前主流的、占据话语权的新古典经济学派就擅长使用数学模型。非正式、暗含的经济话语大量使用鲜活的、有说服力的修辞，毕竟归根结底，经济学是研究人类行为的科学，其人文性质不容否认。鉴于修辞性的话语方式与经济学的"科学性"建构相悖，大部分经济学家选择视而不见甚至明确排斥，即便如此，讲故事（story-telling）和隐喻这样的修辞性手段仍然活跃于经济学话语中。事实上，这两种话语态度只是不同的修辞取向，同样服务于经济学的劝说目的，只不过前者通过晦涩繁杂的数学工具打造经济学科学形象的劝说方式较为间接而已。麦克洛斯基（McCloskey 1983：511）就认为："经济学中劝说的方式有多种多样，没有必要在两种劝说方式之间划分清楚的界限，并提倡其中一种，贬抑另外一种[①]。"下面就以经济学中的两类隐喻型术语——故事隐喻和意识形态隐喻为例来分

---

① 引文原文如下：People are persuaded of things in many ways, as has been shown for economic persuasion. It is not clear why they should labor at drawing lines on mental maps between one way and another.

析非正式、暗含的话语方式是如何表情和实现自身劝说目的的。

(1) 故事隐喻术语的表情功能

麦克洛斯基(McCloskey 1990：59)指出,理解事物的方式有两种：隐喻或者讲故事。物理学常用隐喻,生物学常用故事,而在经济学领域这两种方式相对比较平衡。他认为最优的经济学应当是这两种方式的结合。隐喻适合于预测,讲故事则适合于解释已经发生的事情。如何讲故事对于经济学家而言非常重要,它构成经济学诗学的重要内容,体现了经济学文本的文学特质。

所选择故事的特点能够隐晦地展示经济学家自身立场、特定的劝说目的、对所涉及对象的态度等。例如,古典经济学理论有个重要的"经济人"(Homo Economicus)假设,指完全以追求经济利益为目标进行经济活动的主体,这一假设的原型取自笛福(Daniel Defoe)小说《鲁滨孙漂流记》中的鲁滨孙,在两个多世纪的时间里,鲁滨孙的形象为包括李嘉图、埃奇沃思(F. Y. Edgeworth)在内的许多经济学家提供了经济理论框架的叙事基础。(Browne & Quinn 2005)鲁滨孙的故事之所以引起众多经济学家的兴趣是因为他代表的是一种原始的经济状态,能够体现稀缺条件下消费者和生产者是如何进行选择的。然而,必须指出,鲁滨孙是典型的英国中产阶级,他所有的选择都是基于中产阶级视角做出的。事实上,经济学家理论视角不同,选择的故事不同,最终实现的劝说目的和效果自然也不同。在芝加哥经济学派代表人物弗里德曼(Milton Friedman)的故事中,政府是坏人、是破坏一切的反面角色,市场则是好人,在这个故事描绘的世界中,只有政府出局,小人物才可能胜出;而在索罗(Robert Solow)、斯蒂格利茨(Joseph Stiglitz)等凯恩斯主义经济学家的故事中,政府是英雄,当市场失灵时,只有政府才能够出拳拯救市场。这两个截然不同的故事反映了经济学家所选择的不同理论视角：前者描绘的是自由市场的美好愿景,因此故事中个人是主角,政府的形象相应弱化了;后者则强调政府干预经济的重要性,因此政府成了主角,个人的作用则被弱化了。

亨德森(Henderson 2004：343)曾表示隐喻是"论辩和讲故事的基

础"。故事叙事的概念基石本质上是隐喻性的，符合莱可夫和约翰逊关于隐喻是通过一事物理解和经历另一事物的定义。经济学中的故事大部分都被提炼成了术语表达，诸如"赢家诅咒"（winner's curse）、"囚徒困境"（prisoner's dilemma）都是"有故事"的隐喻型术语。诺贝尔经济学奖得主纳什（John Nash）精通如何通过"讲故事"的方法来阐释理论，其于1950年提出的"智猪博弈"（Pigs' payoffs）就是博弈论中的一个经典故事术语。现代经济学最有影响力的经济学家之一凯恩斯（John Maynard Keynes）也曾通过选美比赛的故事来解释股价波动的机理，"凯恩斯选美理论"（Keynesian beauty contest）直观形象地说明了人们的心理活动对投资决策的影响：与选美比赛类似，投资人应当根据其他投资者的可能动向买入股票而非选择自己认为最有价值的股票。经济学家奥斯本（M. F. M. Osborne）关于"随机游走"（random walk）的故事同样形象地说明了股票市场上股价波动的随机性和不可测。类似地，"理性羊群"（rational herding）的故事则说明在一个投资群体中单个投资者总是根据其他同类投资者的行动而行动，进一步描绘了股民的从众心理。不难看出，这些故事术语简明清楚，通过术语受众易于理解的故事类比解释了原本陌生复杂的概念和理论，在很大程度上简化和促进了术语受众的认知。

有时候某些隐喻能够成为故事叙事的脉络，对经济学诗学的构建起着至关重要的作用。例如，新古典经济学家的诗学是以"理性预期"这一隐喻为核心构建的，提到"儿童保育"（childcare），他们首先会想到市场，将"儿童保育"设想为可以在纽交所进行交易的股票证书，从而判别其需求曲线、供给曲线、价格等，并预估在这样一个市场中的理性行为。再如，在"白衣骑士"（white knight）的故事框架下，无论是在2006年默克集团与先灵公司进行并购洽谈时，拜尔公司作为善意收购者最终成功完成并购，还是2009年汽车制造商菲亚特公司收购陷于困境中的克莱斯勒公司，使其免于清偿噩运这样的事件中，始终被"某公司陷入经营危机—面临被并购/收购的命运—不友善的收购/并购公司占得上风—白衣骑士出现并成功击败恶意收购者"这样的叙事逻辑所掌控。

故事是一种特殊的隐喻形式，一种有效的表情手段，讲故事最终也是为了实现劝说的目的。一方面，经济现象错综复杂，故事能够对其中的重要因素进行提取和抽象加工，使其便于理解。例如，产业经济学中有个核心的隐喻型术语"市场进入"（market entry），它贯穿于产业组织理论的研究中。在这个术语表达中，"市场"指的是抽象的市场，但 entry 一词的使用能够让术语受众从实体的、可触摸可感知的市场的角度去理解它所表述的概念。在产业经济学家的故事中，市场中的既有企业类似于现实市场中已有的卖家，具有"先发优势"（first-in advantage），他们会设置各种各样的"进入壁垒"（barriers to entry）以阻止"后来者"（late arrival）成为新的"进入者"（entrant），从而维护自己的既得利益，而新的进入者要想克服这些壁垒顺利进入市场，则必须对进入壁垒的性质进行研究，寻找最佳的"市场进入策略"（market entry strategies）进行应对。"市场进入"这一隐喻故事提取了市场结构研究的关键元素并进行了形象的组织，有效地串联起了产业组织理论，使其所表示的概念内涵浅显易懂。另一方面，通过精心选择不同的故事，经济学家可以一种相对隐性的方式对受众进行己方立场、观点和学说的渗透。例如，tax relief 这一术语中的 relief 一词指疼痛、苦痛等折磨的解除或减轻，当其与 tax 并置时，其潜台词是 tax 是某种折磨的根源，减税的行为是为了缓解这种折磨，而主导减税行为的政府自然被塑造成了拯救者。可以看出，经济学家所选择的故事的好坏直接影响到其是否能够左右经济政策的制定和执行以及是否能够作用于经济个体的物质生活，这也是经济学作为一门应用学科的生存之本。隐喻型术语则是故事隐喻叙事过程的语言固化结果，也可以成为再次叙事的有效工具，具有较强的表情功能优势。

(2) 意识形态隐喻术语的表情功能

尽管经济学家一直试图通过数学模型建构、公式推演等方法将经济学"包装"成科学，但是作为一门应用学科，经济学的理论与对现实经济制度和政策的价值判断和评估紧密关联，是基于对特定经济制度和政策下的经济问题思考的结果。如果没有货币经济，很难想象会产生任何货币理论，可以说，脱离特定经济现实构建的纯粹中性的经济学理论是不存在的。吴易风（1999：59）认为："经济学家在研究、解释和试图解决经济问题时,总是自觉或不自觉地站在特定的阶级立场,代表和维护特定的阶级利益,接受反映特定阶级利益的意识形态,采取符合特定阶级利益的价值判断,鲜有例外。"熊彼特(Schumpeter)也曾指出,"政治经济和经济思想通常都不可避免地会受到意识形态的调节[①]"(转引自 Dobb 1973:4)。事实上,不论经济学家本人承认与否,他们所选择的研究主题、提出的研究问题、选择的分析框架以及使用的语言都能够在某种程度上反映其所代表的阶级利益、意识形态和价值判断。经济学家有时需要为特定阶级代言,例如马克思主义经济学家分析问题总是基于阶级基础,新古典主义经济学家总是为资本主义辩护;有时需要影响统治阶级决策、实现政策意图,例如应当提高中产阶级还是最富裕人群的征税率来解决财政赤字。显然,经济学不像"硬"科学那样中性,然而,因为经济学家宣称经济学是价值中性的,他们的这种倾向性并不能通过直陈式语言直接剖露出来,而需要借助特定的措辞技巧和话语方式。

隐喻就是这样一种措辞技巧,它可以通过隐性的、不易察觉的方式影响人们的看法,帮助经济学家实现劝说目的,这类隐喻被称为"意识形态隐喻"(ideological metaphor)。海尔布罗纳(Heilbroner 1990:103)认为,所谓意识形态的东西并非故意的欺骗,只是对现实世界有选择性的或者部分的展示。阿夫沙尔(Avsar 2011:138)指出特定经济语言的使用会强化相关的世界观。这种特定的经济语言不外乎隐喻和故事。西拉什基(Silaški 2012)认为,由于隐喻具有凸显和隐藏某些含义的作用,经济学家选用不同的隐喻会自觉或不自觉地表明自己的价值判断和意识形态姿态,因此意识形态隐喻能够影响我们对某些现象进行概念化的方式,从而成为影响人们观点形成的强有力的、危险的武器。"意识形态本身是通过经济学家使用的隐喻和故事来表达的[②]。"(Klamer & McCloskey 1989:147)

雷舍(Resche 2012:98)指出,经济学隐喻的弊端之一是它能够左右

[①] 引文原文如下:Hence he (Schumpeter) concludes that, while "Political Economy" and "Economic Thought" generally must almost inevitably be ideologically conditioned.

[②] 引文原文如下:Ideology itself is couched in the metaphors and stories that economists use.

人的观点,传递意识形态信息。事实上,很难断定意识形态暗含是经济学隐喻的缺点还是优点。很多时候经济学家正是利用隐喻的面纱来遮住其背后的意识形态信息从而实现劝说目的的。例如,"边际产量"(marginal productivity)的分析无异于声称可以拥有不追求利润的资本主义;"自然失业率"(natural rate of unemployment)中的"自然"一词可以在一定程度上掩盖失业率居高不下的真相,从而为政府的不作为开脱;innocent entry barriers 对 innocent 的强调解释了政府干预的合理性;dirty float 中的 dirty 一词有刻意歪曲中央银行对汇率干预的合理性之嫌,背后是自由市场货币学家的影子;corporate downsizing/slimming down 暗合整个社会以瘦为美的风气,创造出 corporate slenderness 的意象,从而让公司精简裁员的行为合理化;马克思主义经济学家总是强调"阶级斗争"(class struggle),认为"资本收入"(income on capital)是"剥削的果实"(fruit of exploitation);新古典主义经济学家则坚持"理性人"(rational person)总是基于"自私自利"(self-interest)进行选择等。

　　严格说来,科学中不应该存在那么多意识形态内容,但不可否认的是,经济学中的意识形态内容比大部分社会科学都多得多,这是因为"经济学是一门无与伦比的关乎权力的学科,尤其是关乎为用以在互相竞争的利益之间对巨大的资源份额进行分配的那种方式做出合理性论证的学科。"(米尔斯 2005:19)虽然经济学家一直致力于打造经济学的"硬科学"形象,刻意地回避意识形态内容,然而,"在经济学的话语解释中,使用不同概念、术语和不同的'话语系统',就会产生对现实世界的不同看法,从而发生了经济学中不同'意识形态'的分野。"(朱富强 2008:54)显然,作为经济学概念表征的术语不可避免地会被打上意识形态的烙印,使用隐喻可以凸显或遮蔽事物或概念的某些方面,这使得隐喻这种表征方式的特点成为意识形态内涵最为合适的载体,通过利用意识形态隐喻的表情功能,经济学家能够更隐蔽、也更有效地表明自己的理论立场、实现劝说目标。

　　经济学的应用学科性质要求其理论必须切实作用于人们的经济生活、国家经济决策的制定才能真正实现其价值,这就决定了劝说对于经济学话语的重要性。无论是数学模型、还是讲故事抑或是隐喻都只是实现不同劝说目的的手段,与客观直白的数学模型不同的是,故事与隐喻的修辞性质能够以相对较为隐蔽的方式来展现经济学家的态度、视角、意识形态倾向等,并潜移默化地影响受众,实现语言的表情功能,这也解释了为什么很多经济学家一直在反对使用隐喻,但连他们自己也无法遵循自己所推行的主张。实际上,隐喻型术语的表情功能在很大程度上也是对其表意功能的有效促进。

3.3.4 隐喻型术语的表美功能

虽然科学家使用隐喻并非是出于自身审美的需要,科学隐喻的主要功能也并非美学层面上的,然而,不可否认的是,与文学隐喻类似,科学隐喻也是科学家突破思维定式的结果,是他们想象力的体现。布鲁诺斯基说,"科学思维,如果要想能引向新的发现,就不可能会变得机械呆板"(转引自董宏乐、程寅 2015:90)。换言之,缺乏想象力的科学其发展一定是难以为继的。正如想象力能让文学语言焕然一新那样,想象力也能够给科学语言注入新鲜的血液,让枯燥的科学语言变得生动、形象、有趣,更能"传情达意"。类似"超星体是巨星的天鹅哀鸣[①]""生命是沿着量子空间悠然前行"这样的隐喻能让科学语言呈现出别样的美感,极具感染力,而感染力是人们关注和认知事物的前提,这样的隐喻能够让读者在耳目一新的同时受到认知上的启发。19 世纪英国物理学家麦克斯韦为了说明违反热学第二定律的可能性而设想出了"麦克斯韦妖"(Maxwell's demon)的装置,在该设想中,"妖"是一种无限的存在(infinite being),这一形象诙谐有趣,能够激发公众的好奇心,激起他们进一步了解的欲望。物理学家关于"时空隧道"(the time tunnel)、"黑洞"的描述充满了神秘感,也会让术语受众忍不住想要一探究竟。因此,虽然隐喻型术语的表美功能不是术语命名者主动追求的结果,但这一功能确实能在一定程度上引起公众对于相关学科

[①] 原文如下:A supernova is the swan song of a giant star.

的关注和兴趣,推动更多的人了解甚至投身科学事业。隐喻型术语的表美功能实质上是语言表美功能在科学专业领域中的具体体现。

综上所述,隐喻型术语是言语单位,具备一般言语交际所涉及的表意、表情、表美三个层次的功能。其中,表意功能是最为基础的要求与功能,得益于隐喻的联想功能和系统转换的特点,隐喻型术语在表意方面具有一定的优势;表情功能能够间接地传递术语命名者对命名对象物的态度以及交际意图等直陈式的科学语言难以传递的隐性信息,从而更有效地实现科学劝说的目的,表情功能是隐喻型术语有别于普通术语的特殊交际功能;对于科学话语而言,表美功能是附属功能,并非所有的隐喻型术语都能够给术语受众带来美的感受,但具备这一功能能够给刻板的科学语言增添生机和活力,激发读者的兴趣,有利于科学的传播与发展。相较而言,隐喻型术语的表意功能是其认知修辞优势的体现,其表情功能和表美功能则主要是其交际修辞优势的实现。

3.4 隐喻型术语翻译的广义修辞机制

科学修辞学与言语修辞学的相关论点分别阐明了隐喻型术语的科学隐喻本质和交际特殊性,有助于充分认识隐喻型术语这一特殊类型术语的复合修辞功能与效果,在此基础上,如何在跨语实践中通过同义手段的选择将这种复合修辞功能与效果顺利地传递至译语术语中去,则需要借助广义修辞学的相关理论来进一步说明。

3.4.1 广义修辞学相关理论概述

国内现代修辞学的研究在经历了近一个世纪的发展之后正经历着狭义向广义的转型。传统修辞学研究由于学科归属不明,流于语言技巧的探讨而遭遇发展瓶颈,生存堪忧。广义修辞学正是在这样的学科大背景下的突围。经过十几年的探索和发展,通过吸收西方认知语言学、新修辞学、接受美学、哲学等学科的理论营养,广义修辞学已经形成了崭新的修辞观,构建了较为成熟的理论体系并且拥有自己的研究方法。相关内容在本书第二章界定"修辞"这一核心词时已有较为详细的叙述,此处不再赘言。如前所述,目前影响深远、接受度较广的广义修辞学研究的理论体系主要由谭学纯、朱玲[①]等人构建。谭氏的广义修辞学并不是狭义修辞学经验系统内的自我扩张,而是多元关联的立体层级架构,其理论范式是"修辞活动两主体"与"修辞功能三层面"交织的体系,其中修辞活动两主体指交际双方——修辞表达者和修辞接受者;修辞功能三层面分指修辞技巧、修辞诗学和修辞哲学。在这一理论范式下,唯有深入了解两主体在三层面上的复杂互动关联,才能全面认识、把握广义修辞活动。下面将主要说明广义修辞学相关理论对隐喻型术语翻译研究的适用性。

现代术语学研究重视术语在文本语境中的现实交际功能,强调术语既是概念单位,也是交际单位,交际性是术语的基本属性之一。术语翻译则是术语跨语交际中的重要一环,它能够拓展术语交际的广度和深度,是术语交际走向国际化的必经之路。本质上,术语翻译是一种跨语言文化的交际活动。作为一种交际活动,术语翻译涉及根据交际目标、交际语境,基于可资利用的语言资源选择适切的表达方式将初始意义或情感有效地传达至受众的过程,这与一般的修辞活动并无二致。谭学纯、朱玲(2001:104)指出:"修辞活动是一个复杂的信息运动过程,从表达环节到接受环节的等值信息交换,概率是比较少的。"同样地,术语翻译也是复杂的信息运动过程,从原文到译语受众之间因为语言、文化、交际语境等因素的介入,完全的等值信息交换较为少见。上述两点说明,术语翻译与修辞本质上是相通的,它可以被视为一种广义的修辞活动。与此同时,广义修辞学将同义表达手段的选择看作修辞行为,术语翻译涉及跨语同义表达手段的选择,自然也是广义的跨语修辞活动。若将隐喻型术语命名视

[①] 此处所分析的理论框架主要基于谭学纯、朱玲于2001年出版的《广义修辞学》以及谭学纯的系列相关论文,如谭学纯:《国外修辞学研究散点透视——狭义修辞学和广义修辞学》(2002),谭学纯、李洛枫:《修辞学批评:走出技巧论》(2008)。国内广义修辞学的研究者还有张宗正,但他的"广义"内涵与谭氏有较大区别。

为一种修辞机制,它的跨语翻译实际上涉及了两个修辞过程,译者具有双重身份,既是原作修辞的接受者,又是译语修辞的表达者。图3-1可以说明隐喻型术语翻译的双重修辞过程:

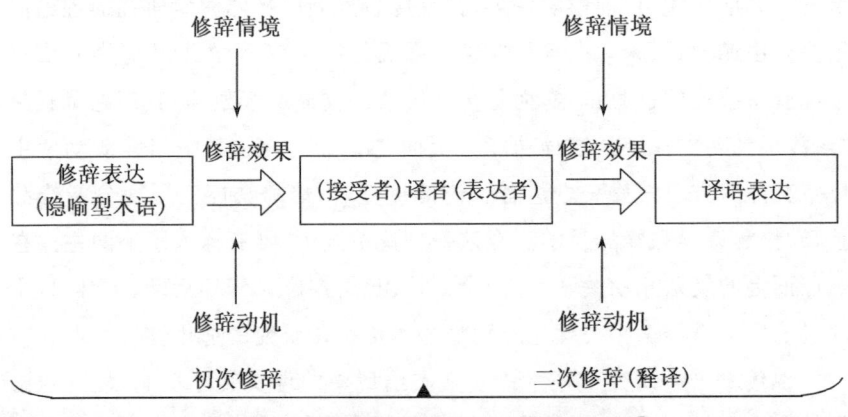

图3-1 隐喻型术语翻译的双重修辞过程①

从上图可以看出,在这个双重修辞过程中,修辞效果的实现受到两次修辞情境、修辞动机的制约,译者则是居中的调适者,对于修辞效果的有效传达起着至关重要的作用。在初次修辞过程中,译者处于接受者的一端,修辞效果的达成受到原作修辞表达(此处指隐喻型术语)的修辞情境和修辞动机的制约。在广义修辞学视角下,译者作为合格的接受者,必须能够准确把握原作修辞的修辞技巧、修辞诗学以及修辞哲学,译者对原作修辞的充分认知是翻译话语建构的必要条件,是保证后续修辞效果实现的前提。在二次修辞,即翻译的过程中,译者的身份转变为表达者,修辞效果在译语中的实现同样受到修辞情境和修辞动机的制约。与初次修辞一样,二次修辞也是一个同义手段的选择过程,涉及原作修辞的修辞技巧、修辞诗学以及修辞哲学三个层面修辞效果跨语实现的判断和考量。下面将从修辞活动的"两主体"和"三层面"出发,具体探讨隐喻型术语翻

---

① 图中之所以用"译语表达"而不用"译语术语表达"或者"译语修辞表达",是考虑到在译文中存在原术语在译文中未被翻译为术语或者原隐喻型术语在译文中未被翻译为隐喻型术语的情况。

译作为广义跨语修辞行为的过程机制。

3.4.2 隐喻型术语修辞活动两主体

"修辞活动两主体"分别指代交际双方,即修辞表达者和修辞接受者。由于国内修辞学界的主流观点是表达观[①],重修辞表达,轻修辞接受,修辞接受者曾经长期遭到忽略。在广义修辞学的理论框架中,修辞接受者与表达者具有同等重要的地位,修辞表达只有被修辞接受者所理解和接受才算真正实现修辞效果。修辞接受不仅是修辞表达的果,更是修辞表达的因,只有在充分考虑修辞接受者的心智、知识结构、接受情境的情况下才能对可资利用的修辞表达资源进行选择从而更好地实现修辞效果。具体到隐喻型术语的翻译,两主体则变成了三主体,如下图所示:

交际主体1（术语创设者）→隐喻型术语→交际主体2（译者）→译语表达→交际主体3（译语读者）

图3-2 隐喻型术语翻译的修辞主体

其中,交际主体1是术语的命名者,以科学共同体的成员为主;交际主体2是译者,以往亦多为科学共同体成员,在大众传媒日益发达的今天,译者身份更加多样化,可以是专职译员,甚至可能是任何人,例如,莫言获得诺贝尔文学奖的时候,颁奖词中的术语hallucinatory realism被媒体误译为"魔幻现实主义"并广为传播的事件曾引起学界的热烈讨论[②];交际主体3是译语读者,根据不同的知识结构和接受情境,译语读者/接受者可以是专家、科学共同体新进成员(专业学生)以及普通民众。其中专家类接受者的知识结构与交际主体1类似,接受情境以专业情境为主,

---

① 表达观以王希杰为代表,他在不同论文和著作中均强调了这样的观点,例如《汉语修辞学(修订本)》(2004)中,他就强调了"修辞学是表达的学问,修辞学是站在表达者的立场上研究话语表达效果的学问,近年来有些人主张接受效果也归入修辞学,叫作'接受修辞学',这也是对修辞学范围的一种过宽的理解"。

② 具体可参见赵国月、高晓仙:《翻译辨析:"Hallucinatory Realism"与"魔幻现实主义"》(2013)。

接受方式包括论文、专著、研讨等;科学共同体新进成员以专业学生为主,接受情境多为课堂讲授,接受方式包括教科书等;公众接受者是科学界之外的普通民众,接受情境多为阅读,接受方式包括报刊类的科普读物等。不同层次的译语读者的接受潜能不同,不能一概而论,只有充分考虑到修辞接受者的接受潜能的修辞表达才能实现修辞表达者的预期修辞效果。正如谭学纯、朱玲(2001:103)所指出的:"当表达者的经验系统至少一部分与接受者的经验系统对接时,修辞话语的信道才是畅通的。"修辞活动的主体具有多样性、对立性和互动性的特点(林旻晖、罗渊 2015:178)。就隐喻型术语的翻译而言,译者的多样性是不可控因素,不在本书的考虑范围内,因而修辞主体的多样性主要着落在译语读者/接受者身上,对主体多样性的考察直接涉及实现修辞效果的方式以及修辞效果能够实现的程度。修辞主体的对立性也较为明显,譬如某个新的隐喻型术语概念可能是对既有理论范式的颠覆,此时专家群体在接受时自然带有审视甚至抵触的心理,或者某个隐喻型术语概念与公众的既有认识相悖,公众接受者在接受时也会较为挑剔,哥白尼的"日心说"、达尔文的进化论、物理学中的"宇宙大爆炸"(Big Bang)理论从提出到最终被接受都经历了漫长的科学论争和论证过程,首先获得科学家群体的认可,继而才被公众所接受。因此,译者在选择译语表达时应当考虑到这种对立性的存在。同时,鉴于上述三类译语读者/接受者的知识背景具有较为明显的差异,他们与表达者之间互动的方式也会有所区别,比如,专家表达者与专家接受者更注重术语内涵而非语言表达形式,而隐喻型术语的语言表达形式对于大众接受者的理解来说可能是至关重要的。

修辞是言语现象。龚光明(2012:3)指出:"言语的使用首先取决于交际主体,因而对翻译言语活动中修辞主体的关注就是势所必然的了。"具体到隐喻型术语的翻译,交际主体2的译者作为双重修辞过程的居中调适者,在对译语中可资利用的同义手段进行选择时势必要考虑到交际主体1的术语命名者与交际主体3的译语读者二者的关系,包括交际主体3的多样性、交际主体1和交际主体3之间的对立性和互动性等。只有这样,译者才能做出最优的选择,从而最大限度地保留和传达原术语的修辞效果。

3.4.3 隐喻型术语修辞功能三层面

"修辞功能三层面"包括作为话语建构方式的修辞技巧、作为文本建构方式的修辞诗学和参与人精神建构的修辞哲学。狭义修辞学的研究范围局限于修辞功能的第一个层面,即修辞技巧①的层面讨论问题,主要关注如何通过修辞技巧提高表达效果。修辞诗学主要是指将修辞看作一种文本建构方式。谭学纯、朱玲(2001:43)认为,文本建构是指"特定的表达内容在篇章层面如何向特定的表达形式转换的审美设计"。修辞哲学主要是指从话语方式向人的存在方式的提升。"从修辞哲学的角度说,人类以自己的词汇系统承载主体经验时,往往已经按照修辞的方式组织为相应的结构模式,物质世界本身无所谓意义,是我们赋予物质世界以意义。"(谭学纯、朱玲 2001:69)通过语言的使用,人与世界的关系被重新秩序化为词与物的关系。语言是以修辞化的方式对概念世界进行命名的,因此可以说人是修辞的动物。当修辞以话语的形态介入人的现实存在时,修辞话语就参与了主体的精神建构。修辞哲学是"谭氏广义修辞学最具亮色也最富有争议的命题"(高万云 2014:61)。

针对隐喻型术语这一特定交际单位,修辞技巧可以理解为术语表达从语言层面对术语概念的建构,即如何通过同义语言表达手段的选择更加准确、高效地传达术语的概念内涵;修辞诗学可以理解为术语表达中的隐喻成分能够提供文本建构的线索,在不同的交际语境下帮助建构和组织文本,帮助传递术语命名者和使用者的各种交际目的及价值取向;修辞哲学则可以理解为隐喻型术语命名者对自身所认识的世界的不同方式的建构,例如,前文提到的达尔文解释进化论时用"家世之树"隐喻建构的世界就完全不同于此前理论家用"生命之梯"隐喻所建构的世界,再如,物理学中"粒

---

① 修辞技巧是中国传统修辞学的核心,主要是指修辞格的研究,包括比喻、夸张等,研究模式主要遵循陈望道在《修辞学发凡》(2008)一书中的基本设定,把修辞现象当作纯粹的语言表达现象,在语言的范围内对修辞现象进行描写、归纳、分析。

子说""波动说"以及"波粒二象性"等探索光的性质的隐喻也反映了不同的认知和建构物理世界的方式。在修辞功能的三个层面中,修辞技巧着眼于语言表达,修辞诗学着眼于言语交际,修辞哲学则着眼于思维方式,其中修辞技巧和修辞哲学两者均与认知有关,前者主要关涉术语概念内涵的理解,后者则涉及认识世界、理解世界的方式,是更为根本的深层认知。这三个层面的修辞功能相互作用,相互补充,能够完整地阐释隐喻型术语的表达效果。具体到特定的隐喻型术语表达,这三个功能的侧重也会有所差别,一般来说,以表征概念为主的隐喻型术语的功能主要体现在修辞技巧层面,以交际劝说为主的隐喻型术语表达常常利用隐喻的诗学建构功能,而带有理论建构性质的隐喻型术语会更多地体现出修辞哲学的建构特征。

简言之,科学修辞虽然不是传统修辞学意义上的审美选择的结果,但确然属于广义的修辞活动。正如罗渊(2008:196)所指出的:"凡是明确地、自觉地以突破语言本位观、走出技巧论为出发点,并从更为广泛的社会文化、心理思维、人的存在,乃至自然物质世界的大背景之下来探索修辞学发展新路径的研究都包含在广义修辞学的范围之内。"谭氏的广义修辞学虽然未涉足科学修辞,但对科学修辞具有重要的借鉴意义,是对科学修辞学现有研究方法的有益补充。广义修辞学的理论深化了对科学修辞及其翻译的本质属性、修辞机制、修辞过程、修辞选择的理解,"修辞活动两主体"和"修辞功能三层面"的立体层级架构则直接提供了理论分析的框架,对隐喻型术语翻译修辞策略的探讨有所裨益。

3.5　隐喻型术语及其翻译研究的跨学科修辞框架

本书中的隐喻型术语及其翻译研究的跨学科修辞框架是基于科学修辞学、言语修辞学以及广义修辞学相关理论搭建的复合框架,其中,科学修辞学的相关论点着眼于隐喻型术语作为知识单位的特殊性,阐明其科学隐喻本质;言语修辞学的相关理论着眼于隐喻型术语作为交际单位的特殊性,阐明其表意、表情和表美三类特殊的交际功能;广义修辞学则用于指导跨语修辞实践,着眼于如何有效地通过跨语修辞表达再现隐喻型术语的复合修辞功能和修辞效果。这一跨学科修辞框架以术语的知识内涵为核心,以语言表达为形式,以有效交际为目标,涵盖了术语的知识单位、交际单位和语言单位三方面的属性,旨在厘清以隐喻方式命名术语对于术语的知识内涵、语言外壳以及交际与传播的作用和影响,进而有效指导此类术语的跨语实践。相关框架的示意图如下:

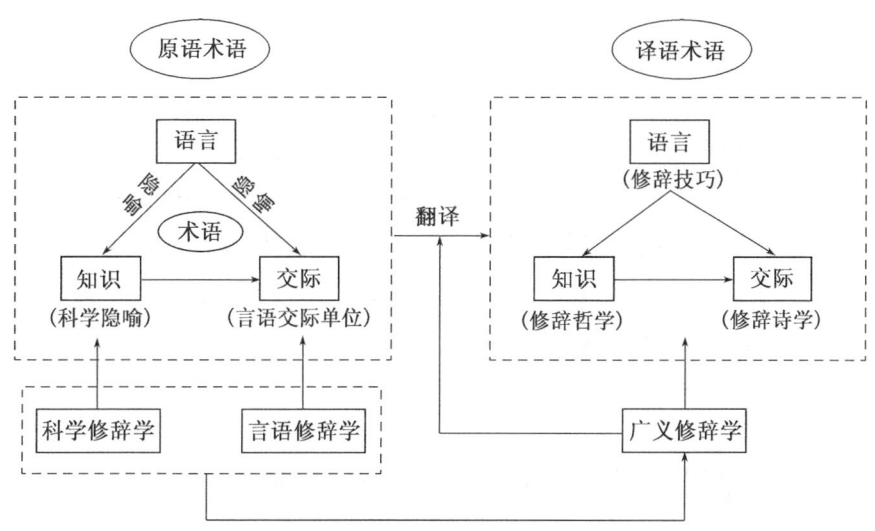

图3-3 隐喻型术语及其翻译研究的跨学科修辞框架

如图3-3所示,一般术语既是语言单位、知识单位,也是交际单位。术语的语言形式表征其知识内涵,是术语交际的载体,知识内涵是术语的核心,也是术语交际的内容,术语交际则是术语生存之本,没有交际,术语也就失去了存在的价值。对于以隐喻方式命名的特殊术语而言,其语言单位——术语表达中所包含的隐喻成分对其知识单位和交际单位的属性产生了相应的影响,使得隐喻型术语兼具科学隐喻与言语交际单位的功能与特点,具体可分别用科学修辞学和言语修辞学的相关内容进行阐释和分析。隐喻型术语的跨语实践唯有在充分认识此类术语修辞特殊性的基础上才能够有效进行,而广义修辞学的修辞功能三层面可以分别与术语的语言、知识和交际三个层面相对应,不仅能够指导隐喻型术语的翻译过程,而且能够为隐喻型术语翻译结果的评价提供参照。由图3-3可以看出,科学修辞学、言语修辞学以及广义修辞学三者相互照应,这一跨学科修辞框架能较为完善地阐释隐喻型术语的修辞功能并指导其翻译实践。

3.6　本章小结

本章从隐喻型术语命名的科学修辞本质、隐喻型术语应用的言语修辞功能以及隐喻型术语翻译的广义修辞行为特点出发,尝试探讨并构建了隐喻型术语翻译研究的跨学科修辞理论框架。其中,从科学修辞视角可以深入理解隐喻型术语作为科学修辞的本质特征;从言语修辞视角则有助于分析隐喻型术语在具体文本交际语境中的表意、表情和表美这三方面功能;而广义修辞视角则提供了本书分析和判断隐喻型术语的跨语修辞实现的策略选择框架。科学修辞、言语修辞以及广义修辞这三个不同学科修辞观互相补充,形成了本书特有的跨学科修辞理论框架,对于全面认识隐喻型术语本质及对其进行有效的跨语转换将具有重要的理论指导意义。

第四章　隐喻型术语的双重修辞功能

上一章从隐喻型术语自身及其翻译的特殊性出发,初步构建了以科学修辞学、言语修辞学以及广义修辞学为基础的跨学科修辞理论研究框架,阐释了隐喻型术语作为科学隐喻的本质和功能,作为言语修辞单位的应用特征以及隐喻型术语翻译作为一种广义修辞活动的特点。本章将基于该理论框架,以经济学术语为例,从跨学科修辞视角分析作为语言单位、知识单位和交际单位的隐喻型术语的认知和交际双重修辞功能。本书之所以首先从隐喻型术语的修辞功能而非修辞特征入手,是因为隐喻型术语与一般术语之间的根本区别在修辞功能而非修辞特征,同时,隐喻型术语的修辞特征是其修辞功能在语言层面的显化,对于以隐喻方式命名的术语来说,修辞功能是修辞特征分析的重要前提与基础。本书首先从隐喻型术语的科学隐喻本质出发,将其划分为概念表征类、理论建构类以及交际劝说类三大类,接着再具体阐释各类隐喻型术语作为科学修辞的认知功能以及言语修辞的交际功能,为下一章描述各类隐喻型术语的复合修辞特征及后续的术语跨语修辞效果评估、翻译策略与具体翻译方法的探讨打下基础。

4.1　隐喻型术语的类型及其修辞功能差异

对于术语学研究来说,术语类型差异非常关键。龚益(2009:424)指出,科学术语命名的本质是分类。术语学中的分类一般以被分类对象的本质属性或者显著特征为依据进行,从命名层面来说,对术语进行分类命名有助于术语受众辨识区别和交流信息,例如,动植物命名的属、种归类从命名层面就极大地方便了术语受众认识、了解和区分各类动植物之间的异同;从研究层面来说,分类研究能够帮助研究者更好地分析和描述某一类别术语的共性特征,昭示不同类别术语之间的差异,使得相关研究更有针对性和应用性。可以说,无论是术语命名、术语整理还是术语规范都离不开术语分类,因此,分类对于术语学研究有着特别重要的意义。从这个角度来说,对于隐喻型术语进一步分类研究是必要的,是由术语研究的本质特殊性所决定的。

一般来说,社科类术语在命名形式上不如某些自然科学术语那样整齐,能够体现被命名对象的属性和特征,对这类术语进行整理规范时,研究者一般会考虑被命名对象的概念系统,从概念关系的角度尽可能体现术语之间的关联性和系统性。也有纯粹从表征形式层面出发的探讨,将术语分为单词型术语和词组型术语,并研究这两大类术语的构成结构和经济律[①]。然而,无论是从概念系统还是从语言表征形式的角度进行分类,显然都不适合本书,因为大部分隐喻型术语都分属不同的概念体系,而从语言表征形式来看,隐喻型术语最大的共性就是都采用了隐喻这种命名方式。

本书第三章在建构隐喻型术语翻译的跨学科修辞理论框架时已经深入剖析了隐喻型术语作为科学隐喻和言语交际单位的功能复杂性,这种复杂性不仅体现在隐喻型术语总体上具有认知和交际的双重修辞功能,还体现在某个具体隐喻型术语的修辞功能在实现方式和实现程度上具有显著的差异。这种差异性体现了隐喻型术语在科学语境中的应用特殊性,承认差异性的存在并根据差异性进行分类不仅对于充分认识和描述隐喻型术语的功能具有重要意义,同时也是完善建构隐喻型术语跨语修辞效果评价体系和探讨隐喻型术语翻译策略的基本前提。隐喻型术语的

---

① 参见冯志伟:《现代术语学引论》(增订版)(2011)。

第四章　隐喻型术语的双重修辞功能

双重修辞功能决定了其在跨语修辞时具有复杂性,而修辞功能的差异性又决定了在实现其跨语修辞功能时必然需要有不同的权衡和考量。因此,对隐喻型术语进一步分类是由其自身的特殊性决定的,是必要的。

根据第三章的相关探讨,指称概念这一功能并非术语命名者选择隐喻而非其他方式来命名的唯一考量。整体而言,隐喻型术语具有认知复杂性和交际特殊性,不同的隐喻型术语在具体语境中有时功能差别很大。具体来说,隐喻型术语本质上属于科学隐喻,具有科学隐喻的功能,包括概念、理论、思维和知识四个层面;其中,隐喻型术语的概念功能是指其作为一种有效的科学概念命名手段,能够引进之前不存在的术语并对其进行阐释,例如沃森和克里克所提出的关于DNA双螺旋结构隐喻及其阐释开启了分子生物学的研究时代;理论功能是指某些科学隐喻作为理论建构隐喻直接参与科学理论的组织构造,达尔文的"自然选择"(natural selection)隐喻构建了演化生物学的基本理论;思维功能是指隐喻思维的纵向拓展和横向延伸能够深化和拓宽科学研究的视角,提供认识事物的新见解,演化生物学(evolutionary biology)中"演化"的概念就已经启发了包括经济学在内的多个学科领域的研究;知识功能则主要指隐喻的命名方式有助于术语所承载的科学知识的交流与传播,如天体物理学术语"黑洞"(black hole)就能够把这一广义相对论中非常抽象的概念具象化,从而更利于普通大众对这一概念的认知和接受。同时,隐喻型术语也是修辞性的言语交际单位,具有言语的修辞功能,涉及表意、表情、表美三个层次。作为言语交际单位,隐喻型术语的表意功能是指其指称、表述术语概念内涵的功能,比如计算机术语"病毒""防火墙"等;表情功能是指隐喻的命名方式能够帮助传达术语交际者的情感、态度、交际意图等相对隐蔽的交际内涵,经济学术语"税收减除"(tax relief)就含蓄地表明了税收是一种痛苦负担的内涵;表美功能则是指作为言语修辞手段的隐喻能够给枯燥的科学语言带来生机和活力,使其更加生动、形象,例如物理学术语"麦克斯韦妖"的形象就很有趣。作为科学修辞和言语修辞的隐喻型术语功能看似繁杂,但实际上均可以纳入认知和交际两大功能范畴,如下表所示:

表 4-1　隐喻型术语的双重修辞功能

功能类别 \ 功能层面	认知		交际	
	浅层认知	深层认知	一般交际	特殊交际
隐喻型术语的科学修辞功能	概念功能	理论功能 思维功能	知识功能	
隐喻型术语的言语修辞功能	表意功能		表美功能	表情功能

本书将隐喻型术语作为科学修辞的认知功能进一步划分为浅层和深层认知功能两类。其中,浅层认知层面主要关涉概念表征。从科学隐喻的角度来看,隐喻是一种方便的概念表征手段,能够命名以前未发现或不存在的事物、现象和概念,填补词汇空缺。从言语交际单位的角度来看,隐喻借助一事物理解和表征另一事物的认知属性,使它能够简洁、高效地表意,有助于术语受众认知和习得其所表征的知识内涵。简言之,浅层认知作用于概念表征层面。例如,隐喻型术语 zombie bank 指的是经济净值低于零,但因为拥有政府信用支持仍在运作的金融机构,其中,zombie 的隐喻形象地描绘了这类金融机构事实上已经不能有效运作其作为金融机构的职能,却得以保留原来的形态继续存在的状态。无疑,zombie 隐喻促进了术语受众对于该术语概念意义的认知。隐喻型术语的深层认知功能则是科学隐喻区别于日常隐喻和文学隐喻的最重要的功能,它作用于思维活动层面,包括纵横两个方向。具体来说,纵向思维功能是指对隐喻客体与隐喻主体相似性的深度挖掘、验证、证实或证伪,如此循环往复,最终构建出相应的科学理论;而横向思维功能则是指科学思维在学科内和学科间的横向延伸拓展,为本学科和其他学科的发展不断输送灵感,横断学科和交叉学科很多时候就离不开这种横向思维的启发,例如,近年来兴起的介于生物学和金融学之间的交叉学科——演化金融学(Evolutionary Finance)就是借鉴达尔文的生物进化论和拉马克(Jean-Baptiste Lamarck)的遗传基因理论来研究金融市场的一门学科,其核心理论术语"进化""突变"和"复制"等均受到生物学隐喻思维的启发。需要指出的是,浅层认知功能和深层认知功能之间并非只是程度的差异,两者的区别

更在于其作用对象和实现方式的不同。首先,它们针对不同的认知对象。浅层认知功能主要针对某一学科的新进者或大众类术语受众,深层认知功能主要针对专家学者群体,并且不局限于学科之内的专家群体。其次,两种认知功能的实现方式不同。浅层认知功能的结果相对直接,即术语受众更容易认知和记忆术语所指称的概念;深层认知功能的结果则需要经过较长时间才能显现,具有一定的滞后性,但其影响更为深远,能够促进本学科和其他学科的理论研究发展。

隐喻型术语作为言语单位的现实交际功能也可进一步划分为一般交际功能和特殊交际功能两个层次。其中,科学隐喻的知识功能和言语单位的表美功能属于一般交际功能范畴。具体而言,借助科学隐喻,术语受众能够通过自己熟悉的概念和事物来认知不熟悉的概念和事物,这有利于他们理解和接受相应的知识内涵。因此,隐喻型术语有助于科学知识的交流与传播。同时,作为一种常见的言语修辞手段,隐喻也可以让科学话语更加生动、形象,甚至带来类似文学语言的美感体验,激发术语受众的认知兴趣,这种表美功能属于一般隐喻都具备的交际功能。隐喻型术语作为言语交际单位的表情功能则更为具体。由于科学语言的客观性和价值中性要求,研究者通常需要尽可能地避免自身的情感、对研究对象的态度、交际意图等主观意识的介入,而隐喻的联想功能使其能够较为隐蔽地传递研究者的这种交际取向或意图,潜移默化地影响术语受众,因而成为术语命名者的常用选择。值得关注的是,这种特殊的交际功能还存在个体差异,需要进一步具体分析。

在具体的科学文本语境中,并非所有的隐喻型术语都会同时具备上述分析的认知和交际两类、四种功能,而是各有侧重。不同隐喻型术语所凸显的主要功能会直接影响到其复合修辞特征以及所采用的跨语修辞策略。浅层认知功能由隐喻的认知属性决定,是所有隐喻型术语均具备的基本功能,一般交际功能由隐喻的修辞属性决定,也是所有以隐喻方式命名的术语所共有的功能。深层认知功能和特殊交际功能则需要具体情况具体分析,基于各个隐喻型术语的主要功能,本书拟重点阐述概念表征类隐喻型术语的浅层认知和一般交际功能、理论建构类隐喻型术语的深层认知功能以及交际劝说类隐喻型术语的特殊交际功能。

需要说明的是,术语是集概念、符号和交际功能为一体的特殊言语单位,其功能具有复杂性。为便于隐喻型术语的跨语翻译策略探讨,上述分类依据某一术语的主要功能来确定,并不具有完全的排他性质。例如,交际劝说类隐喻型术语显然也具有命名概念的功能,但相比较而言,其交际属性更为突出,在跨语修辞时需要重点关注,再如,理论建构类隐喻型术语在某学科中的理论地位与其说服该学科群体专家的能力密切相关,因而通常也具有一定的交际劝说属性。这样的功能分类结果旨在对相关类别的翻译策略选择有一定的参考,是一种应用研究分类,而非严格意义上的科学分类。下面将以经济学术语为例,从跨学科修辞的视角出发,具体分析这三类隐喻型术语的主要功能。

4.2 概念表征类隐喻型术语的浅层认知主导功能

术语作为表征专业概念的语言符号,具有一般语言符号的共性特征,即语音和语形的组合。与此同时,术语的特殊性在于其"概念先于名称"的特点,所以,这种音形组合是以专业概念内涵为基础生成的语言表达。命名概念、生成语言表达的方式有多种,隐喻是其中之一。隐喻作为术语构成方法具有普遍性,无论是在英语术语还是汉语术语中都大量存在,这一点在第二章中已有说明。概念表征类隐喻型术语作为科学隐喻,顾名思义,是以表征概念为主要功能的术语,其功能涉及两个方面:(1) 命名新概念、新事物,填补术语空缺;(2) 帮助术语受众理解、接受和记忆新概念。

4.2.1 概念命名与阐释的辅助

概念表征类隐喻型术语的命名功能是指隐喻能够被用于命名新概念、新事物、新现象,填补术语空缺的功能。所谓术语空缺,是指有概念表达需要,但语言中缺乏相应术语表征的情况。当今世界,科学发展日新月异,新概念、新事物、新现象层出不穷,因而在各个学科的发展过程中出现词汇表征空缺是常态。格特力(Goatly 1997:148-149)指出,隐喻填补词汇空缺有两种情况:一种是语言中原先没有指称事物或概念的表达,他将这种情况称为不可及(unavailability);另一种是可以用语言进行表达或描述,但是过分烦琐复杂,处理困难,这种情况关涉读者的处理能力(processability)。对于术语命名来说,前一种情况更多地发生在自然科学中发现新事物、新现象时;而对于像经济学这种社会科学而言,用隐喻方式来表征概念主要是由于描述或者谈论不方便。例如,术语"蛇形浮动"①(snake in the tunnel)是指欧洲经济共同体于1972年3月开始实行的对汇率波动施加一定限制的共同汇率安排,其中"蛇"指的是为参加这一安排的国家之间货币波动规定的幅度,为2.25%;"洞中的蛇"中的"洞"则指史密森协定(Smithsonian Agreement)规定各国货币对美元波动的最大幅度,为4.5%,这一汇率安排在命名之时是全新的事物,有着具体的内涵,很难用直白的语言简洁地命名,"洞中的蛇"的隐喻命名形象地说明了汇率波动的状态,如果没有这一简明的术语指称,很难想象当时人们会如何谈论这一汇率新规。

唯有当新事物、新概念有了合适的指称之后才能对其进一步研究,而对新事物、新概念的研究正是学科发展和进步的重要内驱力之一。因此,这些表征新概念的词汇空缺一旦出现,往往需要及时填补。填补术语词汇空缺最直接的方法是创设新术语。然而,如果每次都用创设新词的方法来命名的话,很容易给术语受众带来较大的认知和记忆负担,不利于术语概念的交际和传播。相比之下,隐喻能够在不增加新词的情况下表达新概念,更加符合语言应用的经济原则。例如,术语 war chest 指的是筹集资金或专款用于特定具有挑战性或危险性的事情的行为,这一隐喻本意指称历史上士兵放置武器和盔甲的大柜子,这里喻指筹集的资金被放置在大柜子中用作进行某些事情的武器。这一隐喻型术语利用了语言中的既有表达,在不增设新术语的情况下,有效地传递了术语的概念内涵,

---

① 参见"蛇形(浮动)"词条,胡代光、高鸿业:《现代西方经济学辞典》(1996),第214页。

更符合语言应用的要求和规律。

一般来说,隐喻命名是研究者的主动行为,选择何种喻体不是随意的,而是在熟悉所命名对象的基本属性和凸显特征的基础上进行的,术语命名者需要为此付出大量的认知努力才能确定合适的隐喻。当然,在科学发展的过程中,随着人们对事物认识的深化,旧的隐喻命名不再合适,被新隐喻方式所取代的情况也很常见,例如对资本主义经济危机进行阐释的"周期"隐喻就取代了之前解释力不足的"均衡"隐喻①。术语命名者这种主动选择的命名过程确保了隐喻命名对认知的积极作用,因为命名者在命名之时必然已经充分考虑到了命名的喻体概念与需要认知的本体概念之间的相似性,在术语的字面含义与术语的学术含义之间构建了认知桥梁。

4.2.2 概念理解与记忆的促进

如上,隐喻型术语命名和表征新概念、新事物、新现象只是一方面,并非所有的隐喻命名都是为了填补术语词汇空缺。有时,某个概念在语言中已经有了对应的表达,但术语命名者依然会选择重新赋予其隐喻性的同义术语表达,这是因为隐喻在认知方面的优势。这方面主要是指隐喻型术语能够促进术语概念内涵的理解和记忆,具体表现为以下三个方面:

首先,作为一种普遍性的思维方法,隐喻代表了一种跨越范畴的认知过程。这个认知过程正是隐喻的核心,它把熟悉和不熟悉的事物作不寻常的并列,从而加深了我们对不熟悉事物的认识。(胡壮麟 2004:3)通过具象喻抽象,熟悉喻不熟悉,隐喻的命名方式能够让术语受众充分利用其原有的关于具象或熟悉事物、概念的知识结构去认知抽象或不熟悉的事物和概念。例如在 trade war(贸易战)和 price war(价格战)这两个英语经济学术语的认知过程中,一般术语受众对喻体"战争"至少具有一些常规认识:发生战争至少需要两方参与、战争都有原因和目的、要赢得战争需要使用一定的策略等,基于这些常规认识,术语受众不难理解和推断

---

① 详见 4.4.1 的探讨。

"贸易战"和"价格战"的大致内涵。再如经济学术语 free rider(搭便车者)。术语受众对搭便车的日常行为一定不陌生,相对较为容易从中提取出相关的语义要素——免费的收益或好处,从而推断出"搭便车者"是指得到物品的收益却不为此付费的人,如此更容易理解和记忆。

隐喻型术语有助于使用者理解和记忆相关概念的认知功能,尤其对于一些创新概念的认知更具优势。下面以英语隐喻型经济学术语 circuit breaker(熔断机制)为例,具体阐释隐喻命名术语的认知优势效应。在经济学领域,circuit breaker 又被称为 trading curb(交易限制)。2016 年初,国内股市震荡之时它被作为新举措推出,占据了相当一段时间各大媒体的财经新闻头条,引起了非常广泛的关注。表 4-2 对该术语从物理学领域借用至金融领域后其学术含义的语义要素进行了对比。

表 4-2 术语 circuit breaker(熔断机制)跨域借用概念要素对比[①]

	物理术语	金融术语
定义	一种自动开关装置,在电路有过载或者短路风险时自动切断以保护电路。(A circuit breaker is an automatically operated electrical switch designed to protect an electrical circuit from damage caused by overload or short circuit[②].)	当股指波幅达到规定的熔断点时,交易所为控制风险采取的暂停交易措施[③]。(A circuit breaker is a point at which a stock market will stop trading for a period of time in response to substantial drops in value[④].)
作用机制	在预定值关断电路(Shut down at a predetermined value)	在预定点关停交易(Shut down at a predetermined point)
功能	保护电路(Protect an electrical circuit)	保护股票市场(Protect the stock market)
目的	阻止进一步的损毁(Prevent further damage)	阻止进一步的损失(Prevent further loss)

---

① 本表可见于"Multidimensionality, Dynamicity, and Complexity: A Reconsideration of the Functions of Metaphorical Terms". (Jiang & Wei 2020: 243)
② https://en.wikipedia.org/wiki/Circuit_breaker
③ http://news.xinhuanet.com/finance/2016-01/04/c_128592608.htm
④ https://en.wikipedia.org/wiki/Trading_curb

上述概念相似性对比表明，物理学术语 circuit breaker（熔断机制）的主要概念要素都映射到了金融市场中的股票交易领域。这些概念相似性正是认知金融术语"熔断机制"的关键。术语受众在对股票市场的专业概念了解很少甚至一无所知的情况下，根据其对物理学中熔断机制或是日常生活中熔断现象的了解，也能大致推断出股票市场"熔断"的作用机制、功能和目的等。换言之，术语受众对熔断机制的物理学概念认知直接促进了其对股票市场的熔断机制的理解与记忆。如果使用同义术语 trading curb（交易限制），那么术语受众从这一术语表达的字面意义只能推断出事件的结果，即限制交易，至于限制交易的具体原因和目的则并不能从语言表达层面推断出来，不易加深理解。从这一点来看，以隐喻方式命名的"熔断机制"比直白的"交易限制"更能有效地促进术语使用者的概念内涵理解与记忆，具有较为明显的认知优势。

其次，因概念具有系统性特征，隐喻概念中的喻体作为一个认知对象同样处于相应的概念关系网中。当一个概念关系网中的某个节点概念被用于命名术语且被认知以后，若该关系网中另有节点概念被用于命名术语的话，那么认知也会变得相对容易。简言之，隐喻型术语命名具有系统性认知的优势，对某个术语的理解与记忆能够促进其他相关隐喻型术语的认知。比如，parent company（母公司）、subsidiary company/daughter company（子公司）和 sister company（平行公司）这组相关术语，它们的定义分别如下：

1. parent company: the owner of separate corporations known as subsidiaries

2. subsidiary company: a separate legal entity rather than a division of the parent company, also known as a daughter company

3. sister companies: subsidiary companies that are related by virtue of being owned by the same parent company①

---

① http://www.investopedia.com/ask/answers/031915/what-difference-between-subsidiary-and-sister-company.asp

从上述定义可以看出,这三个术语是通过概念关系相互界定的,它们的喻体处于同一个概念关系网中,从 parent 到 daughter 再到 sister 的命名完整地反映了三者之间的概念层级关系,如图 4-1 所示:

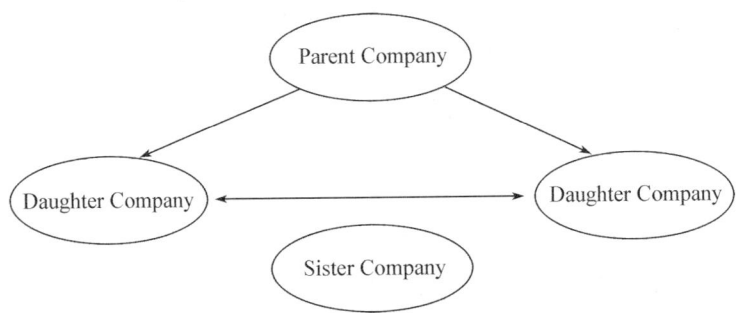

图 4-1　隐喻命名的系统性认知示例

在图 4-1 的概念关系网中,一旦术语受众认知了其中一个术语,其他两个术语也会变得更加容易理解和记忆。类似地,术语 price ceiling(价格上限)和 price floor(价格下限)、debt ceiling(债务上限)和 debt floor(债务下限)、inflation(通货膨胀)和 deflation(通货紧缩)以及 closed economy(封闭经济)和 open economy(开放经济)这几对术语也因为参与术语命名的喻体本身的概念具有系统关联性,其所承载的概念内涵之间的系统性一目了然。这种概念命名的系统性正是利用了术语受众既有的知识结构和认知基础,能够促进相关隐喻型术语概念的理解和记忆。

第三,以隐喻方式命名的术语更符合人类认知的思维特点,表述简明精炼,认知负荷较小而效果较好,是"处理努力"与"认知效果"的优化组合,因而能够减轻术语受众的认知负担。例如,brain drain(人才流失)就比 a significant emigration of educated or talented individuals 的表述要精炼得多。术语受众比较容易通过 brain 一词的词义之一 an intelligent person 联想到受过良好教育的或者有专业技能的人才,而 drain 则形象地表达了人才流损面临干涸的场景,brain drain 的组合表达也朗朗上口,有助于术语受众的记忆。再如,术语 escalator clause(自动调整条款)[①]是指工会为防止其会员在通货膨胀中蒙受实际工资下降而在工资协议中订立的条款,其基本内容是工人的名义工资应随消费物价指数的变化定期进行调整[②]。众所周知,escalator 一词本意指具有升降功能的自动扶梯,简洁形象地表达了实际工资随着消费物价指数上下浮动的情况。更重要的是,escalator 的意象为术语受众所熟知,有助于减轻记忆新术语的认知负荷。

综上所述,概念表征类隐喻型术语的主要功能在于有效命名与阐释术语概念并且能够促进术语受众对新术语的理解和记忆,即在不增加新词的情况下赋予新概念、新事物、新现象以有效指称并通过相关概念的跨域映射机制来促进新术语的理解与记忆。术语首先是概念,其次才是指称,术语价值的实现有赖于其所承载的概念的交际和传播,因此概念表征类隐喻型术语的上述两点功能对于实现作为知识单位的术语价值至关重要,这也是用隐喻方式来命名术语概念的优势所在。

4.3 理论建构类隐喻型术语的深层认知主导功能

顾名思义,理论建构类隐喻型术语是指那些参与理论构建的隐喻型术语。这类术语主要作用于思维层面,有思想性,具有概念隐喻的特点,属于深层认知范畴。概念表征类与理论建构类隐喻型术语均为基于概念相似性的类比命名方式,但前者的喻体大多比较具象简单,多命名单独的事物和概念,本喻体的相似性往往相对更容易识别和接受,以作用于本喻体的形象相似性、功能相似性为主,心理相似性为辅;而后者则往往更加抽象复杂。具体来说,理论建构类隐喻型术语的命名主要来自理论灵感

---

① 参见 escalator clause 词条:"A clause in a contract linking the price or wage to be paid to some other price, or to the cost of living. This linkage may apply to all increases in costs, or only to those beyond some threshold level."Black:《牛津经济学词典》(2000),第 153 页。

② 参见"自动调整条款"词条,胡代光、高鸿业:《现代西方经济学辞典》(1996),第 167 页。

的抽象类比,多作用于本喻体的性质、本质特征的相似性,其命名的相关概念也是学科的重要或核心概念,有助于理论的体系性拓展和深化,对学科理论发展的贡献大、参与度高,有些理论即使已经过时或者已经被淘汰,也依然有可能不断地给科学家群体带来研究灵感。与其他两类隐喻型术语相比,理论建构类隐喻型术语在经济学话语中的功能更为复杂也更加重要。下面将以 human capital(人力资本)和 game theory(博弈论[①])这两个经济学中的核心术语为例来分析理论建构类隐喻型术语的理论建构与发展功能以及思维的拓展与延伸功能。

4.3.1 理论建构与发展的影响——以"人力资本"为例

理论建构类隐喻型术语是最基本、最核心的一类科学隐喻,也最能体现隐喻作为术语命名方式的价值。那些提出新的研究问题、研究方法、研究方向,乃至促发潜在科学革命的隐喻通常都是理论建构类隐喻。事实上,是否建构和发展了某种理论正是判断这类隐喻型术语的关键。由于这类强大的科学隐喻在提出初期通常会因为其意义的不确定性、洞见的新颖性受到质疑甚至排斥,其发展历程往往比较曲折,相应地,经历了曲折的发展历程最终得以存留在学科体系中的隐喻,其生命力一般都比较强大。下面将通过对经济学术语"人力资本"的"提出—质疑—接受—发展"过程的梳理来阐释理论建构类隐喻建构和发展科学理论的科学修辞功能。

human capital(人力资本)的说法由美国农业经济学家、诺贝尔经济学奖得主舒尔茨(T. W. Schultz)提出。1960 年,他当选为美国经济学会会长,并在美国经济学学会年会上发表了题为"人力资本投资"的就职演说,对人力资本的观点做了非常系统的论述。舒尔茨在这篇演说中提

---

① 博弈论的研究见于多个学科,此处探讨仅作为经济学术语使用。此外,game theory 另有其他译名,但经济学中广泛使用的是"博弈论"这一术语名称,在具体开始探讨该术语的翻译之前,本书将一律使用"博弈论"来指称 game theory,使用"博弈"指称 game。

出,在传统的资本概念中应当包括人力资本,而不应该仅仅考虑有形的物质资本,与物质一样,人力也具有资本的属性。这种新颖的观点当时震惊了整个西方经济学界,产生了轰动性的影响。随后,经济学界掀起了研究人力资本的热潮,"人力资本"最终成为西方教育经济学的基本概念,人力资本理论则成为西方教育经济学的基本理论。

关于"人力资本"这一隐喻概念的来历,麦克洛斯基讲过一个故事①。某天舒尔茨采访一对贫困的农民夫妇,他为他们对生活的满足感到震惊:"为什么你们如此贫穷但还是如此满足?"他们回答说:"你错了,教授。我们并不贫穷。我们卖了农场,把四个孩子供到了大学,用肥沃的土地和满圈牲畜换来了关于法律和拉丁文的知识。"舒尔茨由此受到启发,即可以把人的学习能力、智慧以及才干看作物质资本。一个家庭为孩子的教育所做出的牺牲可以与其在任何其他物质资本上的投资类比。农民夫妇本可以把钱花在购买拖拉机等物质资本上,但他们选择把钱花在了孩子的教育上,这两种都是投资,只是后一种投资较为特殊,但对于资本积累的功能却是类似的。技术、知识能够影响人的生产能力,人的生产能力的提高能够增加人类劳动的价值。鉴于此,舒尔茨提出,人力资本存在于人的身上,表现为知识、技能、体力(健康状况)价值的总和。

人力资本是投资形成的,教育、训练和迁移都可以看作投资。这一理论使经济学家认识到"人力"是经济发展的主要因素,因而提高人力的质量是经济发展的关键。当舒尔茨提出"人力资本"这一隐喻概念时,他本人可能并没有完全意识到"HUMAN IS CAPITAL"这一概念隐喻会产生如此大的阐释效果。事实上,人力资本的隐喻本身也并没有立刻成为理论,但随后一些经济学家发现人力资本的概念与新古典经济学的理论非常契合,因为新古典经济学认为刺激增长的重要因素在于资本积累,于是人力资本的概念随之进入新古典增长模型的理论框架。新古典经济学家通过扩展人力资本的隐喻概念形成类比系统,并取得了丰富的进展,例如对"专有人力资本"(specific human capital)和"一般人力资本"(general

---

① 参见 A. Klamer & T. C. Leonard, *So what's an economic metaphor*(1994),第33页。

human capital)的区分、金融资本和人力资本回报率的比较等,从而构建了完整的人力资本理论。可以说,人力资本隐喻为经济学家提供了新的思维方向,在很大程度上改变了经济学家理解许多经济过程的方式,能够分析许多传统资本理论无法解释的经济现象,切实丰富了目前作为经济学研究主流的新古典经济学派的理论。

人力资本理论的另一代表人物、诺贝尔经济学奖得主贝克(Gary Becker)①以善用隐喻思维著称。他把劳动收入看作历史投资的"红利"(dividend),从投资的角度解释了个人收入差异,这一解释随后被看作人力资本积累的实例,说明教育和培训对形成人力资本的重要作用。他还利用"效用理论"(utility theory)对家庭决策进行分析,通过"成本—效益分析"(cost-benefit analysis)来描述家庭的生育行为,得出了"质量—数量平衡"(quality-quantity tradeoff)的结论,很好地解释了现代国家生育率普遍下降的社会问题,具有重要的学术创新价值;他所提出的孩子的直接成本和间接成本概念、家庭时间价值和时间配置、家庭中市场活动和非市场活动等耳目一新的概念使他成为现代经济学领域中最有创见的学者之一。作为人力资本这一隐喻概念的延伸,这些对人力资本的微观经济分析为人力资本理论的发展奠定了良好的基础。

在此基础上,人力资本的概念隐喻"HUMAN IS CAPITAL"进一步衍生,形成了"EDUCATION IS AN INVESTMENT IN HUMAN CAPITAL"这一新的概念隐喻,它使得经济学家以一种全新的方式来看待和描述教育、培训等问题,比如非义务阶段的教育不再被看作消费品需求,而是一种从未来利益的角度考虑所进行的投资,从而不仅丰富了经济学家对人力资本概念的理解,也发展了投资理论。"EDUCATION IS AN INVESTMENT"也是对"EDUCATION IS CONSUMPTION"这一旧有概念隐喻的重新描述。它引入了新术语,并使得经济学家能够做出年龄和教育需求之间具有相关性之类的新预测。同时,得益于这一概念隐喻思想,有关教育投资的研究变得越来越活跃,因为教育是人力资本投

---

① 参见 *The New Palgrave Dictionary of Economics Online*,Gary Becker 词条。

资的最主要手段。因此,人力资本理论的过程性发展证明了隐喻对于拓展科学思维的巨大潜力。可以说,资本理论和投资理论的双重发展得益于人力资本这一隐喻型术语的理论构建功能。

事实上,早在1776年出版的《国富论》中,亚当·斯密（Adam Smith）就系统论述过人力资本的思想。斯密认为人的劳动技能对于社会生产具有重要的作用,应将之视为资本,而劳动技能的取得需要经过一个教育和学习的过程,这个过程是花费成本的。(刘纯阳2004:2)可以看出,这一思想已经非常接近现代人力资本理论的核心。在那之后陆续有经济学家,如新古典经济学的代表人物马歇尔（Alfred Marshall）等对人力资本的思想有过阐述,但并未引起重视。值得一提的是,马歇尔曾经承认"人类的才能与其他任何种类的资本,同样是重要的生产手段",甚至得出"所有资本中最有价值的是对人本身的投资"的结论,认为教育投资所带来的结果将远远大于教育投资本身。但另一方面他又反对在实际分析中将人视为资本。(刘纯阳2004:3)究其根本,马歇尔之所以错失了发展人力资本理论的良机,主要原因在于他过分纠结于人力与资本之间显而易见的异质性,从而放弃了探究它们的同质性,也就放弃了深入挖掘人力资本这一隐喻潜力的机会,所以也就无法利用隐喻语言帮助拓展横向思维,进而突破传统研究方法的优点。

20世纪中叶以前,正统西方经济学并没有将人力看作资本,一般只是看作与土地、资本并列的生产要素,但同时又认为,作为生产要素的人是"非资本的"。直至20世纪60年代,舒尔茨和贝克等人的创建性工作对"人力资本"作为理论建构性隐喻的潜力进行了系统挖掘,才最终形成了现代人力资本理论。科学隐喻之所以能够作为一种重要的科学研究方法存在,是因为它能够帮助我们将对始源域的认识系统地迁移至目标域中。在人力资本的例子中,经济学家对物质资本的认知被系统地迁移到了人力这种非物质资本上,人力作为资本,自然存在增值问题,而资本增值主要是通过投资获得,人力资本的投资通过教育进行。可以看出,正是这种隐喻性思维的类比拓展推动了人力资本理论的发展。同时,科学隐喻特殊的开放性特征使得它一旦被置于不同的时空语境下就有可能触发新的灵感,产生新的可能性。舒尔茨之所以能成为公认的人力资本理论之父与当时的社会现实是分不开的。"二战"以后经济学家们发现了若干用传统的经济学理论无法解释的经济现象,例如经济增长总是高于要素投入的增长,传统经济学局限于物力资本研究的狭隘视野根本无法解答这样的问题。此时,人力资本概念术语的适时引入对上述问题做出令人信服的解答,直接推动了现代人力资本理论的形成和发展。现代人力资本理论还在长足发展中,比如,人力资本产权和人力资本外部性等问题正逐步进入经济学家们的研究视野(刘纯阳 2004:4)。另外,人力资本理论的研究重点是人的体力和智力,尤其智力更是财富增长的源泉,因此,在知识经济的研究中发展出 intellectual capital(智力资本)的概念,用以解释知识经济发展的动力问题。由此可见,科学隐喻的频繁使用也许会使其意义固定,比如"人力资本"在经济学中有较为明确的概念界定,但其构建理论的隐喻机制却并不会随之消解。随着时间的推移以及人们认识的增强,隐喻的创造力会不断得到激发,从而为理论的发展继续提供无限的可能。

得益于人力资本隐喻的强大解释力,人力资本理论被一部分国家政府部门所接受,成为一部分国家制定教育发展政策的理论基础。一些贫穷的国家开始重视基础教育,尤其是对妇女的基础教育。根据人力资本理论,识字人口是经济快速增长的先决条件,所以剥夺妇女受教育的权利实际上是浪费本国珍贵资源的行为。人力资本理论成功地实现了"经济—政策"的跨越,实现了其作为经济学理论的应用价值。人力资本理论强调教育投资对人力资本积累的重要作用,改变了人们一直以来对教育的纯福利性观点,转而把教育看作一项比一般资本性事业收益更高的资本性事业。精确数学模型的应用进一步使得原本只存在于思辨之中的教育收益变得触手可及,这激发了人们的教育投资热情,教育投资的理念目前已经深入人心,这与"人力资本"这一概念隐喻型术语的命名与应用是分不开的。可以说,作为经济学理论,"人力资本"成功地影响了政府部门的决策与社会大众的理念,有效地实现了从"经济到政策"以及经济到个人决策的跨越。

综上所述,术语 human capital 的提出以及曲折的发展历程展示了其作为一个隐喻基底构建并发展现代人力资本理论的过程。它的提出成为沟通经济学内部两个不同理论——投资理论和资本理论——的桥梁,拓展了它们各自的视野,使得这两个理论分别得到了不同程度的发展和完善。同时,随着"人力资本投资理论"研究的深入,一些以其为理论基础的新兴经济学分支学科也迅速发展起来,如教育经济学、卫生经济学等,它们的发展得益于从 human capital 派生出来的概念隐喻"HUMAN CAPITAL CAN BE ACCUMULATED BY INVESTMENT IN EDUCATION/HEALTH"。经济学中另外两个术语 human resource(人力资源)和 human asset(人力资产)也是与 human capital 一脉相承的概念隐喻,享有相似的表达式:"HUMAN IS CAPITAL/RESOURCE/ASSET"。

4.3.2 思维拓展与延伸的推动——以"博弈论"为例

某些强大的理论建构类隐喻除了具备建构与发展科学理论这一基本的科学修辞功能以外,还能够通过隐喻思维的拓展和延伸推动其他学科的发展。当某一理论建构类隐喻在某一学科体系中得到较为广泛的承认和接受之后,它就有可能得到来自其他学科,尤其是亲近学科研究者的关注,从而为其他学科的发展注入活力。这样的可能性主要得益于隐喻思维的特殊性。从本质上来说,隐喻通过一事物理解和经历另一事物的横向思维模式使其能够由此及彼地联结不同学科,形成强大的思维网络,而这样的能力正是传统科学研究中以归纳和演绎为主的纵向思维模式所不具备的。下面将以经济学中的另一理论建构类隐喻型术语"博弈论"为例说明一个强大的科学隐喻是如何启发科学思维,进而带动不同学科的发展的。

"博弈论研究在策略状况下人们如何行为。"(曼昆 2009:365)它更具描述性的名称可以称作 interactive decision theory[①](互斗决策论[②])。严格说来,它并不是一套理论,而是一套分析工具,是原则上可以应用于所有互动情况的方法。"博弈论"之所以得名,是因为互动决策问题(游戏)形式上类似于国际象棋、桥牌、扑克等室内游戏。同时,这一术语强调了分析的理性、"冷静"以及计算性质[③]。可以说,室内游戏是"思考关于相互作用、策略和理性这些形成本学科核心的深层次和概念性问题的现成的出发点"(杜塔 2005:8)。这一术语中的 game 作为一种理论建构性隐喻直接参与了 game theory 这一理论的组织构造。作为科学家思考的出发点,它被概念化、抽象化的方式直接影响到 game theory 这一理论所提出的不同研究问题以及它们的解决方法。简言之,game 隐喻对 game theory 的发展方向起着重要作用。例如"二人零和博弈"(two-person zero sum game)的研究明显带有博弈论最初的研究对象——各类竞赛游戏——的痕迹。在二人零和博弈中,一方有所得则另一方必然会有等量的损失,在象棋对弈中,一人赢则另一人定然是输的结局。再例如博弈论的研究从"参与人"(player)对其他参与人的特征以及战略了解的角度可以划分为"完全信息博弈"(complete information game)和"不完全信息博弈"(incomplete information game),这二者可以分别用两类室内游戏来解释:象棋游戏代表的是完全信息博弈,而棋牌游戏则代表不完全信息博弈。博弈论的概念实际上是基于"MAKING DECISIONS IS PLAYING GAMES"这样的概念隐喻。

  博弈的思想发源很早,但把博弈问题系统化并建立理论基础,在 20 世纪 20 年代才初具雏形[④]。近代的早期突破得益于泽梅罗(Zermelo)于 1913 年对象棋游戏的研究,他推导出了博弈论中第一个真正的定理:"泽

---

 ① 参见 The New Palgrave Dictionary of Economics Online, game theory 词条。
 ② 经济出版社于 1992 年出版的《新帕尔格雷夫经济学大辞典》中将 interactive 翻译为"互斗",此处参考其翻译。
 ③ 原文如下:The term also underscores the rational, "cold", calculating nature of the analysis. 具体参见 The New Palgrave Dictionary of Economics Online, game theory 词条。
 ④ 参见"对策论"词条,当代社会科学大词典编委会:《当代社会科学大词典》(1995)。

梅罗定理"(Zermelo's theorem)。更多的创新工作则是由冯·诺依曼(von Neumann)和摩根斯坦(Morgenstern)完成。冯·诺依曼是20世纪最重要的数学家之一,他在包括计算机科学、统计学、抽象拓扑学和线性规划在内的许多领域都做出了杰出贡献,摩根斯坦则是第一个清楚而明确地认识到经济主体在做决策的时候必须要考虑到经济学本身的互斗(interactive)特性。两人的合作是数学思想与经济学思想的碰撞。他们合著的《博弈论与经济行为》(*Theory of Games and Economic Behavior*)一书于1944年出版,这本书使得博弈论作为一门学科获得了应有的地位,主要贡献在于创立了博弈论研究的基本概念、二人零和博弈的完全解决以及对合作博弈(cooperative games)的研究。尽管这些内容没有广泛应用于现代博弈论,但却对博弈论的发展起到了重要作用。对经济学而言,其中最为重要的是他们引进了通用博弈理论的思想,提出大部分经济问题都应该被当作博弈来分析。冯·诺依曼写作这本书的终极目的是尝试用博弈论的框架为经济学建立一个坚实的理论基础,使其能够像物理学一样成为一门严格的学科。(曹志刚2015:80)这也说明科学隐喻思维的延伸与拓展是受到科学家意向制约的,将博弈论的内容应用到经济学科并不是冯·诺依曼一时的心血来潮,而是带有明确意向的行为。这种意向与经济学家群体的意向是一致的,这一点在第三章中已有提及,不再赘言。

　　同样,纳什(John Nash)对博弈论的理论构建贡献也在于从1950年引入"均衡/解"(equilibrium/solution)的术语概念,这一术语后来在博弈论中被广泛使用。塔克(Albert Tucker)于1950年定义了"囚徒困境"(prisoner's dilemma)的概念。这两人的著作基本上奠定了现代非合作博弈论(non-cooperative games)的基石,使得博弈论研究的重心从合作博弈转移到非合作博弈。与合作博弈主要研究利益分配不同,非合作博弈研究的核心问题是策略选择,即人们如何在利益互相影响的情况下做出最有利于自己的选择。因此,"纳什均衡"(Nash equilibrium)极大地拓宽了博弈论的研究范围,并在经济学中得到了令人信服的应用,很好地解决了诸如贸易战和价格战之类的问题,从而在一定程度上实现了冯·诺依曼用博弈论为经济学建立坚实的理论基础的愿望。

博弈论与数学的关系密切,但最初局限在以数学家为主的少数研究者的研究中,因其艰深复杂而难以推广运用,大部分研究者也主要专注于数学模型的计算与推演,对其实际应用并无兴趣,这也是为什么许多人把博弈论看作应用数学分支的原因。正是冯·诺依曼和摩根斯坦的《博弈论与经济行为》一书中的"叙述使得它(博弈论)易懂而流行起来"[①],并最终发展成为具有完善理论体系和庞大研究队伍的显学。博弈论的理论发展历程进一步证明了隐喻性语言对于突破纯粹逻辑语言构造的科学思维定式的积极作用。该理论的另一核心人物纳什的奠基性文章1951年发表在数学杂志而非经济学杂志上,并且在相当长的一段时间内,他一直被视为数学家而非经济学家。可以说,20世纪80年代以前,博弈论研究的主要成果由数学家取得,并且主要发表在数学期刊上。但那之后,越来越多的成果是由经济学家完成的,大量的成果也相应地发表在了经济学期刊上。20世纪80年代最令人瞩目的当属博弈论在演化生物学中的应用。博弈论被用于分析个体之间的互斗行为。动物争斗行为、合作互斗以及传递信号的互动均是其重要的应用方面。生物学博弈策略的"支付"(payoffs)代表了达尔文学说的适应性,即生存和繁殖的成功[②]。博弈论将来的重大突破甚至会由生物学家来完成也未为可知。从数学—经济学—生物学乃至更多其他学科,博弈论的上述发展脉络清楚地展示了科学隐喻在科学发展中延伸思维、拓宽研究视角的作用。隐喻思维的横向应用确实给其延伸的领域带来新的活力。"经济博弈论"的反客为主就是一个典型的例子:博弈论在经济学中的应用最为广泛和成功,而且博弈论的许多成果,特别是在应用领域的成果都是借助于经济学的例子来发展的。

如今,在西方社会科学中,博弈论被认为是"20世纪社会科学领域取

---

① 参见"对策论(博弈论)"词条,伊特维尔:《新帕尔格雷夫经济学大辞典》(1992),第495页。
② 参见 The New Palgrave Dictionary of Economics Online,"game theory and biology" 词条。

得的最大成果。有很多学者甚至认为博弈论有可能成为研究所有社会科学的统一方法"。(尚宇红 2006:9)博弈论应用到翻译领域还产生了翻译博弈论。翻译博弈论研究目前尚未成气候,学者之间对关键概念亦有分歧,一说是将翻译行为看成一个决策过程,翻译即一种译者和原作者、委托人、译作读者、出版商、评论人以及其他译者之间的博弈(韩静 2009:65-66);另一说是将翻译过程看作不同文化之间的博弈(王斌 2004:25-29)。以"翻译"和"博弈"为检索词检索 CNKI 的摘要,得到了 158 篇相关文献,时间跨度从 1986 年至 2015 年,研究内容涉及重译的策略空间、译者与作者的博弈、译者的自我博弈、翻译过程的博弈,等等。且不论翻译博弈论发展前景如何,博弈论的引介为翻译研究提供了新的视角以及重新审视翻译涉及的各个要素的新思路,这一点毋庸置疑。从经济博弈论到生物博弈论再到翻译博弈论这样的隐喻链条的形成正是隐喻思维横向延伸的结果,是对归纳和演绎之类的传统纵向思维科研方式的突破和有效补充。这种延伸在给其他应用学科带来新鲜血液的同时也能够反哺其原初学科,从而形成学科发展的良性循环。

经济学泰斗萨缪尔森(Paul Samuelson)说过:"要在现代社会做一个有文化的人,你就必须对博弈论有一个大致的了解。"(转引自曹志刚 2015:87)博弈论在人类知识结构中的地位由此可见一斑。事实上,博弈论现在应用之广,可以说很难有其他的理论能够出其右,政治科学、计算科学、心理学甚至哲学里面都能发现它的踪迹。从最初仅局限于数学家的艰深之学到"社会科学领域的微积分",不得不说"博弈论"背后的隐喻思维功不可没。人文社科领域的学者们无须纠结于繁复的数学公式的推演,只需要专注于"MAKING DECISIONS IS PLAYING GAMES"这一隐喻概念。诸如 game、strategy、player、payoff 之类简洁明了的隐喻型术语认知起来也相对容易。在非学术领域,它的应用也是广泛甚至是新奇的,诸如股市心理博弈、办公室博弈、爱情博弈之类,尽管有些学界人士认为这是将博弈论庸俗化的表现,但博弈论在普通大众中的广泛认知度却是显而易见的,这与博弈论背后简明易懂的隐喻思维是分不开的。"博弈论"用通俗精练的语言启迪了公众的智慧,对于改变公众的知识结构,提升公众的知识素养可以说是功不可没。这对于专业领域概念隐喻命名机制的实现也是非常重要的认知基础。

综上,作为经济学中一个重要的、典型的理论建构类隐喻型术语,"博弈论"实际上完整地阐释了科学隐喻的四类功能:命名和阐释新概念;建构与发展科学理论;拓展和延伸科学思维以及交流和传播科学知识。除了建构与发展科学理论以外,"博弈论"拓展与延伸科学思维的功能尤为突出。经济博弈论本身就是数学中的博弈思维跨学科应用的结果,在其获得越来越多的关注和认可后,"博弈"这一隐喻思维得以进一步延伸,为生物学、翻译学等学科提供了新鲜的理论视角。有理由相信,博弈论拓展和延伸科学思维的功能并不会至此终止,而是会继续不断地发挥作用,为更多的学科输送理论灵感。

4.4 交际劝说类隐喻型术语的言语交际主导功能

如前所述,术语不仅是知识单位、语言单位,同时也是交际单位。知识单位是核心,是术语区别于普通语词的根本所在,语言单位作为术语的物质外壳,是知识单位的载体,交际单位则真正体现了术语的存在价值,术语唯有广泛应用和传播才能更好地实现其作为知识载体的功能。概念表征类隐喻型术语侧重隐喻对于作为语言单位的术语意义,理论建构类隐喻型术语侧重隐喻对于作为知识单位的术语价值,交际劝说类隐喻型术语则侧重隐喻对于作为交际单位的术语功能。隐喻命名在理解和记忆方面的认知优势非常有利于其所指称的概念的交流与传播,体现了科学隐喻的知识功能。同时,隐喻是一种常规的修辞手段,当它被用来命名术语时,能够让枯燥的科学语言更加丰富、生动,增强读者的阅读兴趣,体现了隐喻型术语表美的言语修辞功能。得益于隐喻强大的认知解释力和简明生动的修辞效果,交际劝说类隐喻型术语在劝说学术共同体成员接受新理论方面以及劝说决策者实践某种理论方面具有优势,能够更好地实现理论和实践两方面的劝说功能。

经济学这门学科的特殊性质决定了其在交际劝说方面有着更为具体的需求。经济学本质上是一门研究人的行为的科学,这种本质决定了经济学必然涉及人的活动与决策、制度机构的活动与决策以及各个层面上各种各样的对话,这些活动、决策与对话又进一步决定了经济学的劝说性质。经济学的劝说在表象上是通过客观的数学推演、模型建构来实现的,但本质上经济学语言与其他劝说类语言并无二致,离不开修辞手段的使用。蒙坦耶(Montanye 2005:327)声称:"修辞是所有经济对话中基本的、不可逃避的元素,不管这种对话是发生在训练有素的经济学家之间还是更广泛的受众群体中[①]。"张谊浩、方先明(2012:85)认为:"从外部来看,注重修辞的主流经济学始终在研究如何说服他们的同行、其他专家、政治家、学生和平民大众接受他们的主张而拒绝其他主张。"为了更好地进行劝说,修辞手段的使用不可避免,而隐喻修辞的特殊性能够让其"一方面可用来对问题的一个方面进行强调和说明,另一方面也可以偏概全,转移视线,从而歪曲事物的本来面貌"(谢之君 2007:102),这使得隐喻成为经济学家常用的劝说手段。具体说来,经济学的劝说发生在三个独立的、层层递进的言语交际层面上,即(1)劝说经济学家同侪接受自己的理论;(2)游说政治群体以影响政府的经济决策,实现"经济—政策"的跨越;以及(3)指导普通公众进行个体的经济决策,实现"经济—个人决策"的跨越。其中,第一个言语交际层面体现了交际劝说类隐喻型术语的理论劝说功能,第二、三个言语交际层面则体现了交际劝说类隐喻型术语的实践劝说功能,以下将分别用隐喻型术语实例对这两类劝说功能进行说明。

4.4.1 专家群体交际的理论劝说功能

经济学的劝说首先发生在经济学家群体内部。任何理论若要得到认

---

① 引文原文如下:Rhetoric is an essential and inescapable element of all economic conversation, regardless of whether the conversation is among trained economists only or encompasses a wider and less-instructed audience.

可,首先必须在学科内部至少获得部分科学家共同体成员的接受。借用经济学的概念来讲,理论就如商品,理论提出者亦即商品生产商若要将商品成功售出,商品本身的质量固然重要,但其外在包装也很关键,因为理论市场上从不缺乏同类商品,例如解释经济周期产生原因的理论就有"创新经济周期理论""外生经济周期理论""内生经济周期理论"等。理论的术语命名及其阐释语言、阐释方式作为理论的外在包装对于某种理论能否打开销路、迈向更广阔的市场相当重要。经济学家群体作为一级代理商了解理论市场的情况,熟悉各种同类理论产品,能够较好地鉴别理论的优劣,是理论提出者首要的说服对象,如若不能说服一级代理商,那么理论商品连进入市场的机会都没有,更遑论与同类理论一较高下了。

以"经济周期"(business cycle/trade cycle)理论为例。该术语指的是经济活动的繁荣与萧条交替出现的周期性波动①。围绕经济周期产生的不同原因探讨形成了不同的周期理论,比如"经济周期的纯货币理论""经济周期的投资过度理论""经济周期的创新理论""经济周期的心理理论"等,在"经济周期"的概念提出之前,古典经济学的主导观点是"经济均衡"(economic equilibrium)理论,这一理论将经济危机的发生归因于诸如战争之类的外部因素。第一次发生在和平年代的世界性经济危机"1825年恐慌"(panic of 1825)为"经济周期"的存在提供了强有力的证据,动摇了"均衡"这一借自物理学的隐喻概念对经济活动的"周期性波动"(cyclical fluctuations)的解释力,相比之下,"周期"更具有说服力,正是因为"周期"的存在,经济活动才会有"谷底"(trough),有"顶峰"(peak)。同时,"周期"一词对经济学家具有强大的吸引力,因为承认"周期"的存在说明就有预测周期性波动的可能,而经济学家认为经济学之所以区别于其他人文科学是因为它们不仅能够解释,而且能够预测经济现象。因此,"经济周期"的概念最终为经济学家群体所接受,并得以进一步发展。事实上,马克思政治经济学理论就是以"经济周期"理论为基础的,该理论认为资本主义的经济危机会周期性发作,且发作频率越来越高,程

---

① 参见"经济周期"词条,胡代光、高鸿业:《现代西方经济学辞典》(1996),第150页。

度越来越重,这种危机在资本主义制度框架内不能有效解决,只有寻求社会主义制度作为解决方案。

经济学中最经典的隐喻莫过于亚当·斯密于1776年在其著作《国富论》中提出的"看不见的手"(invisible hands),这一隐喻被用来描述个人在追求自身利益最大化的同时能够无意推动社会整体利益发展的原理。斯密是在反对保护主义和政府市场规范的语境中提出这一隐喻的,尽管他只在《国富论》中提到了一次,很难把它称为他的经济学思想或者理论,然而在现代经济学中,"看不见的手"已经成为自由市场资本主义的象征,在这一隐喻图景中,市场机制能够自我调节,像只"看不见的手"那样引导着整个过程,使得每个人都获得最大的利益,整个社会也会因此变得更加富足。新古典经济学家将其奉为信条,因为该隐喻所描述的情景正是其所倡导的"放任自流"(laissez-faire)政策的最好背书。作为经济学中最著名的思想,"看不见的手"的隐喻在很长一段时间内一统经济学研究,地位不可撼动,直至现在仍然可以说整个现代微观经济学的主体就是在诠释、论证和发展这一思想,这与这一隐喻强大说服力的支撑是分不开的。"看不见的手"的解释力之所以强大正在于其"看不见",因为"看不见",所以无法证明其不存在;因为"看不见",所以当市场运转良好时可以归因于这只"手"。难怪诺贝尔奖得主、经济学家斯蒂格利茨(Stiglitz 2007:XIV)批评说:"通常看不见的手之所以看不见是因为它根本不在那儿。"

4.4.2 非专家群体交际的应用劝说功能

(1)"经济—政策"层面的应用劝说功能

一种经济学理论在经济学家群体内部获得至少部分认可只是实现了其第一个层面的劝说功能。经济学最重要的一个特点在于其与政治政策的密切关联。任何理论若要实现其理论价值必然要经过实践的检验和验证,经济学理论也不例外。经济学理论若要应用于实践,必须在经济政策层面落实,而若要在政策层面落实,首先必须劝服政府的决策部门,这就是经济学发生在"经济—政策"层面上的劝说。例如历届美国总统大选中

第四章　隐喻型术语的双重修辞功能

共和党和民主党所提出的不同经济政策实际上都是其奉行的经济理论的直观表达，粗略地讲，民主党主张国家干预的凯恩斯主义及扩张性的经济政策，共和党则主张放任自由的保守主义及紧缩性的经济政策。由此可见，某种理论能否成功说服执政部门，对于跨出经济到政策这一步至关重要。

国际贸易中的"幼稚产业理论非常重要"（infant industry theory）的发展史就是一个典型的例子。"幼稚产业理论"是贸易保护主义的基本理论，这一观点认为新兴工业在它最初发展阶段需要国家提供贸易保护，以免它在国外强大的"成熟产业"（mature industry）的竞争下夭折。这一理论最早由美国政治家汉密尔顿（Alexander Hanmilton）于1791年提出，德国经济学家李斯特（Friedrich List）于1841年将其全面发展成为最早的、也是最重要的贸易保护理论。当时正值第一次工业革命期间，英国等先进工业国受斯密的自由贸易理论的指引，进军德意志经济领域，而处于分崩离析状态的德意志根本无力参与贸易战场的竞争。李斯特犀利地指出斯密所提倡的自由贸易反映的是英国作为先发国的利益，处于后发位置的德国需要的不是自由贸易，而是贸易保护，否则就只能成为被掠夺的对象，这就是"幼稚产业理论"得以全面发展的背景。隐喻型术语 infant industry 极具说服力。从命名的角度来说，infant 一词给人的联想有二：一是幼小、羸弱、需要保护，二是其成长承载着希望，当 infant 与 industry 这两个词并置时，对于婴儿的相关联想就会比较自然地转移到产业上来：国外的 mature industry 如此强大，是 infant industry 成长道路上的障碍，因此，政府有义务制定政策来保护 infant industry 的顺利成长。这种保护在政策层面上很多时候是以"贸易壁垒"（trade barriers）的方式出现的，包括通过征收关税，设置"关税壁垒"（tariff barriers）以及使用诸如配额限制等"非关税壁垒"（non-tariff barriers）来排斥外国竞争者，这种壁垒就像是婴儿的防护围栏，可以将其安全地护住，免受外界打扰，也避免过早地参与竞争。设若以 industry at its early stage 或者 immature industry 来命名这一论点，还会产生这样的联想，如此具有说服力吗？答案是显而易见的。

另一个反映"经济—政策"层面劝说的典型经济学隐喻型术语是"涓流效应/滴流效应"(trickle-down effect)。该术语指的是在市场机制的调节下,经济增长的收益逐渐地自动地流向低收入阶层。分析这种效应的理论被称为"涓流理论"(trickle-down theory)。"涓流效应"描绘的图景主要是经济增长会创造更多的就业机会和良好的经济环境,从而让更多的失业人口就业并提高其收入水平,同时,随着经济增长,社会福利也会相应提高,通过失业救济、补贴等措施,政府可以将经济增长的收益进一步分配给贫困民众,如此,经济增长的收益会像涓涓流水一样不断地流向低收入阶层,使其获益。美国前总统里根经济政策的主要理论基础就是"涓流效应",通常被称为"里根经济学"(Reaganomics)或"供给经济学"(supply-side economics)。当时美国政府长期奉行主张采用政府花费和其他政府干预的方式刺激需求的凯恩斯经济学,"供给经济学派"能够成功劝说里根政府采纳其经济政策建议与其劝说能力是分不开的。

(2)"经济—决策"层面的应用劝说功能

经济学中最后一个层面的劝说发生在经济学家与大众之间,其媒介通常是各类大众媒体。经济学作为一门应用学科,与大众的日常生活联系非常密切,任何人的生活中都离不开经济决策,大众对经济学知识的认知需求也较其他学科为高,新闻话语中俯拾皆是的经济学术语如"软着陆""熔断机制"也是经济学这门学科在大众中高关注度的明证。经济学家经常活跃在大众媒体上,对理财、投资等给予指导和建议。这些指导和建议能否被大众接受,实现"经济—政策"层面的劝说取决于其说服力,从话语方式到词语的选择都很重要,其中隐喻型术语的选用是否得当也非常关键。

上文分析过的斯密的"看不见的手"的经典隐喻从某种意义上来说也实现了"经济—决策"层面的劝说功能。这一隐喻打造了这样一种资本主义制度的形象:它具有自发的道德秩序,能够自我调节并完善,并且作为一种经济制度它得以有效运行的根本原因在于个体的利己行为。正是因为这一隐喻对 self-interest(自利)行为的背书让原本仅仅是"自利"的行为具有了"利他"的性质。科特曼彻(Courtemanche 2005)就曾指出,此隐喻让需要投入最多精力去创造和运行资本主义的中产阶级在道德上更容易接受这一经济形态——每个人只要从自己的利益出发去努力工作、主动承担个人责任,那么整个社会就会自然地发展和进步,从而使得 self-interest(自利)得到合理化的解释,这样,"看不见的手"的隐喻可以起到安慰作用,使人们倾向于接受而不是排斥它。

再以隐喻型术语"资本外流/资本外逃"(capital flight)为例。这一术语经常出现在大众媒体上,指的是由于政治或经济不稳定、货币贬值或资本控制等因素引起的金融资产从一个国家的大规模撤出[①]。作为术语,capital flight 通俗易懂,英文 flight 意为"the act of running away from a dangerous or unpleasant situation or place",即使没有经济学背景,术语受众也不难推断出 capital flight 所表达的由于经济形势不好,资本迅速撤离的内涵。

上述例子分别从经济—理念层面、经济—政策层面以及经济—决策层面这三个不同的交际劝说层面说明因经济学特殊的劝说性质使得隐喻型经济学术语很难保持修辞中性。严格说来,像"看不见的手""经济周期""幼稚产业理论"这几个术语并非纯粹的交际劝说类隐喻型术语,它们各自都对经济学理论的构建和发展做出了重要贡献。然而,纯粹因为劝说目的而命名的隐喻型术语毕竟是少数,更多的是因为隐喻命名的特殊性得以更好地实现劝说目的。尤其是在经济学家群体内部劝说层面,隐喻的劝说功能固然对于理论的接受非常重要,但最终起决定作用的还是理论解释力。本书这里之所以侧重探讨交际劝说类隐喻型术语及其功能,主要还是在于劝说对于实现经济学这门应用学科的价值具有不可忽视的重要性。

虽然很多经济学家排斥修辞,认为修辞的使用会损害经济学作为一门科学的严谨性,然而更多时候,经济学家,尤其是大众经济学家会从自身不同的修辞动机出发,根据不同的修辞情景、修辞受众自觉或不自觉地调适修辞话语,动用不同的修辞手段,特别是隐喻增强其理论以及言论的

---

① http://www.investopedia.com/terms/c/capitalflight.asp

说服力，来达成相应的修辞目的，包括理论在科学家共同体中的接受、在政府政策层面的实施以及在个人决策层面的指导等。这也是学界提出"经济修辞学"这样一个独特研究领域的重要理据。事实上，作为经济学修辞话语的凝练和核心，隐喻型术语在实现这些修辞目的中所起的作用已经在上述例子中得到了充分证明。一般术语受众很难甚至可能根本意识不到隐喻型术语的理论和实践两方面的交际功能及其对实现经济学家劝说目的的重要意义，但这并不意味着这些效果没有作用于他们，事实上，这种潜移默化、润物细无声的作用正是隐喻所擅长的，译者在翻译时必须明确这一点，并注意结合比较原文和译文的修辞情境以及修辞劝说功能进行具体分析。本书第六章将对术语翻译相关问题进行重点讨论。

4.5　本章小结

本章基于跨学科修辞理论框架，重点探讨了隐喻型经济学术语的认知与交际的双重修辞功能。根据隐喻型术语的科学隐喻本质及其在经济学话语中承担的不同功能，隐喻型术语被分成了三类，即概念表征类、理论建构类和交际劝说类隐喻型术语。概念表征类隐喻型术语以表征独立概念为主，是一种符合语言经济律的命名方式，同时得益于隐喻的认知属性，这类术语有助于术语受众理解和记忆其阐释的概念内涵；理论建构类隐喻型术语直接参与学科的理论构建，不但能够促进学科理论的拓展与深化，更能够为其他学科输送理论构建和创新的灵感；隐喻的修辞性质则赋予了交际劝说类隐喻型术语特殊的劝说功能，使其能够帮助术语命名者和使用者更好地实现不同层面的经济学劝说目的。从术语使用的现状来看，概念表征类隐喻型术语数量最多，理论建构类隐喻型术语对学科的贡献最大，交际劝说类隐喻型术语数量虽少，却与经济学的应用特殊性密切相关，影响不小。本章旨在为后续隐喻型术语翻译策略及翻译效果的探讨提供功能理据，下一章将分析隐喻型术语的复合修辞特征，着眼于这类术语的语言表征形式及其对术语翻译的相关制约。

第五章　隐喻型术语的复合修辞特征

上一章以经济学术语为例,从隐喻型术语作为科学隐喻的命名机制出发,将隐喻型术语分为概念表征类、理论建构类以及交际劝说类三大功能类别,并从跨学科修辞视角探讨了这三类术语应用在认知和交际两方面的具体功能。本章将重点基于隐喻型术语的功能划分,进一步从术语的语言层面具体分析不同类别术语的复合修辞特征,为不同类别的术语翻译策略探讨提供语言形式层面的理据参考。

5.1　隐喻型术语修辞特征的类型复杂性

一般修辞特征分析主要研究修辞手段的语言结构形式、语音、语体色彩等,着眼于言语形式与言语内容之间的关系以及这种关系对于实现修辞效果的作用。隐喻型术语是采用隐喻的修辞手段来实现其术语本质的修辞单位。作为术语,它表征专业概念,内涵意义相对固定,不受文本语境的影响,形式上相对短小精悍,以词和词组为主,具有很强的交际性。术语与普通语词的差异性决定了一般修辞特征分析并不适用于本书,对隐喻型术语语言层面的修辞特征分析必然离不开术语本身作为知识单位的本质属性及其作为交际单位的应用特殊性。这两者决定了隐喻型术语的修辞特征具有复杂性。

修辞特征是修辞功能在语言层面上的实现,因此,隐喻型术语修辞特征的复杂性是其修辞功能复杂性的体现。具体来说,首先,与修辞功能一样,隐喻型术语的修辞特征也涉及两个维度,即认知维度和交际维度。认知维度主要涉及隐喻型术语认知机制的形式化分析,包括隐喻喻体及其映射机制特征、隐喻型术语表达的系统性特征、死隐喻和活隐喻的转换特征等,这些特征与实现隐喻型术语的认知功能密切相关;交际维度则主要涉及隐喻型术语交际特征的形式化分析,包括术语表达的结构形式特征、喻体表达的感情色彩、形象色彩特征以及隐喻在具体应用语境中的文本建构特征等,这些特征主要是为了更好地实现隐喻型术语的交际功能。

其次,不同类别隐喻型术语的修辞特征在认知和交际两个维度上的实现方式与实现程度也存在差异,这种差异使得隐喻型术语的修辞特征具有类型复杂性。例如概念表征类术语较多地体现了隐喻型术语认知的形式特征,交际劝说类术语则主要体现了隐喻型术语交际的形式特征。简言之,隐喻型术语修辞特征的多维度和差异性要求本书对不同类别的隐喻型术语做差别化处理,分别分析它们的复合修辞特征,从而更好地为下一章分析隐喻型术语修辞效果传递以及翻译策略选择提供具体类别的形式特征理据。下面将以经济学术语为例,分别考察概念表征类、理论建构类以及交际劝说类隐喻型术语的复合修辞特征。

5.2 概念表征类隐喻型术语的双重复合修辞特征

相比于其他学科,经济学的隐喻性思维更为明显,"ECONOMY IS A PERSON""ECONOMY IS A PLANT""MONEY CIRCULATION IS LIKE WATER"等概念隐喻的衍生隐喻型术语和词汇在经济学话语中随处可见。然而,大部分经济学隐喻型术语是独立的概念单位,指称特定情形下的经济事物、现象与概念,彼此之间的联系并不紧密。此类隐喻型术语均可以归类为概念表征类隐喻型术语,主要功能是命名新概念、新事物,填补术语空缺以及帮助术语受众理解、接受和记忆新概念。概念表征类隐喻型术语的修辞特征与其修辞功能一致,也具有复杂性和复合性。

第五章 隐喻型术语的复合修辞特征

下面将分别从认知修辞特征和交际修辞特征两方面进行具体阐述,其中,认知修辞特征包括其作为科学隐喻的喻源特征以及此类术语的组合系统性特征,交际修辞特征则主要涵盖结构形式的探讨。

5.2.1 概念表征类隐喻型术语的认知修辞特征

(1) 概念表征类隐喻型术语的喻源特征

由于经济学与日常生活的紧密联系,从隐喻喻源来看,经济学术语的隐喻命名也是远取诸身,近取诸物,常见的喻源有动物、生活、物体、人和一些文化意象等与普通人生活息息相关的事物或概念。表5-1列出了常见的经济学隐喻喻源以及部分相应的英语经济学隐喻型术语与汉语对应术语。

表5-1 常见英语经济学隐喻型术语喻源及实例

喻源	术语实例
动物	bear/bull market(熊/牛市)、cobweb(蛛网模型)、currency snake(货币蛇形浮动)、predatory pricing(掠夺性定价)
生活	free lunch(免费午餐)、tax holiday(免税期)、vehicle currency(交易通货)、free riding(搭便车)、tax shelter(逃税手段)、debt ceiling(债务上限)、trickling-down effect(涓流效应)
物体	pump priming("水泵"启动式财政)、ratchet effect(棘轮效应)、bottleneck(瓶颈)、market for lemons(柠檬市场)、pendulum arbitration(钟摆仲裁)、rustbelt(锈带)、escalator clause(伸缩条款)、wage-price spiral(工资-物价螺旋式上升)
人	cut-throat competition(卡脖子竞争)、invisible hand(看不见的手)
文化概念	white knight(白衣骑士)、black knight(黑衣骑士)、grey knight(灰衣骑士)、sleeping beauty(睡美人)

这些常见的喻源中动物、生活、物体以及取自人本身的隐喻均属于人类的认知共核部分,是日常生活中经常接触、能够清楚认知的事物,以文化概念为命名基础的隐喻型术语则可能在原语术语受众和译语术语受众之间存在认知差异。概念表征类隐喻型术语的主要功能是命名概念,帮

助术语受众理解、接受和记忆新概念,因此,促进概念认知对于此类术语非常重要,在跨语过程中如何尽可能地减少对认知的影响非常关键。要解决这一问题,首先需要澄清隐喻的认知类型差异,然后才能更好地了解隐喻型术语的认知类型差异。

关于隐喻工作机制[①]的探讨,目前学界并没有定论。影响较大的几种观点有比较论、替代论、映射论、互动论等。本书采纳映射论的观点,把隐喻看作一种跨域映射,即认知主体将对隐喻喻体的认知映射至隐喻本体。一般来说,隐喻喻体更为具体或者结构化程度更高,本体则较为抽象或者结构化程度较低,映射使得认知主体能够凭借其已有的对具象事物或者结构化程度较高事物的认识来熟悉抽象事物或者结构化程度较低的事物。一般认为,喻体向本体的映射是有选择性的,但如何选择的问题则太过复杂,认知语言学目前也并没有给出满意的答案。那么这种映射是如何发生的?显然,并非任意两个域之间都可以发生映射关系。本书作者认为,映射是基于相似性产生的。本喻体之间存在相似性是隐喻能够起作用的基础。相似性是认知主体在事物之间所发现的共有特征。"我们说两个事物具有相似性时,是我们认知主体从某种角度能看出相似性或相同性。"(谢之君 2007:75)相似性是有层次的,包括感知层面上的相似和抽象层面上的相似;相似性有各种类别,包括物理相似性和心理相似性。物理相似性可以是形状上的、外观上的或者是功能上的,心理相似性是指由于文化、传说或其他心理因素使得说话者或听话者认为某些事物之间存在某些方面的相似。(束定芳 2000:172)对于基于物理相似性的隐喻,认知基本是在感知层面进行。对基于心理相似性的隐喻,认知基本在抽象层面进行。基于物理相似性的隐喻更容易认知,基于心理相似性的隐喻则需要认知主体付出更大的努力。

事物之间的相似性本就存在,但不可否认的是,有些隐喻能够提供新的相似点的启迪。这主要是因为人们对事物或者概念的理解是基于某些

[①] 本小节的部分内容已经整理成文《英语经济学术语的隐喻命名及其认知机制》并发表于《湖南科技大学学报》(社会科学版)(2015)上。

特征架构的,比如"悬崖"一词,它较为明显的语义成分有地理名词、陡峭、危险等,其他一些特征则被背景化了。一般情况下对客观世界中的任何客体或事物的潜在特征做详尽描写几乎是不可能的。不同的人由于社会文化背景等的差异对同一概念中前景化的语义成分会有差别,人与人之间之所以能够顺利交流主要是因为某些突出的语义成分是共享的。隐喻对听者之所以有效是因为听者与创造者对于某一概念的架构中具有共享成分,隐喻之所以新奇是因为使用者将某一概念中并不常见的语义成分前景化,从而给人以新的启迪。隐喻的表达触发了听众/读者的认知开关,从而将从前被"隐化"的某些特征放大,让他们能够看到这些相似性的存在。这种认识在一定程度上能够解释隐喻的创造性。

辨识事物的相似性是认知主体的主观行为,从共时的角度看,认知客体的本质是不变的。不同的认知主体对同一事物的认知不同其原因在于:第一,认知主体的知识背景差异;第二,认知切入的角度不同。对于隐喻型术语而言,相似性辨识的容易程度直接决定了某一术语的命名理据的强弱。相似性越容易识别,则隐喻命名的术语的理据性越强,对其概念内涵的推断也就越容易;相似性越难识别,则术语的理据性也相应减弱,对概念内涵的推断也就越难。例如,股市术语"熊市"(bear market)和"牛市"(bull market),相比于更抽象的"空头市场"和"多头市场",尤其对于非专家群体而言,前者的理据性要强得多。"熊市"指的是行情普遍看淡,延续时间相对较长的大跌市,联想到汉语中的"熊样"这样的给人以萎靡不振、无用的感觉的词汇,不难猜测该术语的大致内涵;"牛市"指的是证券市场行情普遍看涨,延续时间较长的大升市,它的一个突出特征是"上升",无独有偶,汉语中也有"牛气冲天"这样的表达,也突出了"上升"这一特征,这种相似性促进了汉语读者对该术语的认知。再如"硬着陆"(hard landing)和"软着陆"(soft landing)这对从航空领域借用到经济学领域的术语,对于普通大众而言,即使不具备深奥的经济学知识,他们对于飞行器硬着陆或软着陆的不同结果也会有较为直观的判断,当这种认识映射到对政府采取调控手段遏制通货膨胀的不同方式时,自然能较为容易地判断出这两个术语的概念内涵。再看一个基于心理相似性的例子——"睡美人"(sleeping beauty)。童话故事中的睡美人指的是被施了魔咒的公主,需要王子一吻才能够摆脱魔咒从睡梦中醒来。经济学中的"睡美人"指的是某些公司,寓指其有被低估的资产价值和大量的现金储备,但它的价值和潜力还不被外界所知,没有引起收购公司的注意。童话中的睡美人和睡美人公司的相似点在于这两者均具有暂未被注意到的潜力,这种相似性是心理上的相似,认知主体需要付出适度的认知努力才能发现。虽然这类术语的理据性没有上述两例强,但是在找寻相似点过程中付出的认知努力使得认知主体对相关术语概念的印象会变得更加深刻,从而有利于记忆。值得一提的是,"睡美人"的故事有多个改编版本,包括《格林童话》版本,在国外可以说家喻户晓,国内了解的人虽然不少,但始终不如国外普及,因此与英语受众相比,汉语术语受众对这一术语的认知实际上会相对困难一些,如果将该术语译为"睡狮",可能会与英语受众对 sleeping beauty 的认知效果更为接近。下面的图示可以更清楚地解释相似性在概念表征类隐喻型术语认知中的作用及其在该类术语的认知功能能否有效实现跨语转换的影响。

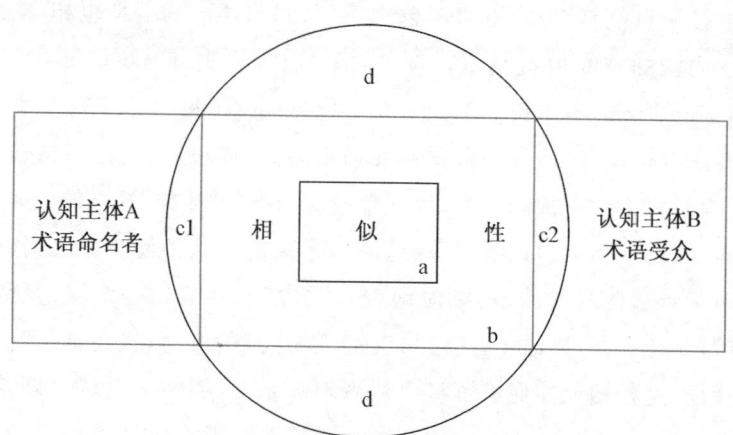

图 5-1 隐喻型术语的认知类型差异示意图

图中圆形区域表示隐喻本体与喻体之间的相似性,左右两个部分重合的长方形区域分别表示术语命名者,即认知主体 A;认知主体 B,即术语受众。b 区域为认知主体 A 和 B 对某一隐喻型术语中本喻体之间相似性认知的交集,a 区域表示核心相似性认知,即当将某一隐喻型术语中的本体与喻体并置时,认知主体 A 和 B 能够第一时间联想到的两者之间的相似性。c1 区域表示只有认知主体 A 能够认知的相似性,c2 区域表示只有认知主体 B 能够认知的相似性。d 区域表示目前认知主体 A 和 B 均不能认识到的相似性,但它是客观存在的,随着人们认知能力的提升(对本喻体的认识进一步发展),或者认知视角的改变,这一区域的相似性有被认知的可能。下面以经济学中的一些概念表征类隐喻型术语来对这一图示进行说明。

　　第一类隐喻型术语的命名理据位于图示中的 a 区域。以经济学中比较常见的隐喻喻源 bubble 为例。bubble 在日常生活中很常见,普通人都对泡沫有一定的认知,如看起来很美丽,但不能持久,容易破裂等。因此当看到 bubble economy(泡沫经济)这样的术语时,很容易产生"表面繁荣,实际上不能持久,容易崩溃"之类的联想。本书认为此类隐喻型术语的命名理据在 a 区域,即核心相似性区域。由于核心相似性为认知主体 A 和 B 所熟知,因此这种类型的隐喻型术语理据性最强,并且对 B 而言,它的认知最为容易。经济学中此类术语不在少数,如"避税场所"(tax heaven)、"价格弹性"(price elasticity)、"财政拖累"(fiscal drag)、"产品生命周期"(product life cycle)、"沉没成本"(sunk cost)、"保护伞定价"(umbrella pricing)等。一般来说,这些隐喻型术语命名的喻源均来自一般术语受众熟悉的事物或概念,如上表中的动物、物体、生活、人等。

　　第二类隐喻型术语的命名理据位于图示中的 b 区域。举例而言,经济学家凯恩斯认为投资者的投资行为不能用理论或理性选择去解释,而是依赖于企业家的 instinct(直觉),因为经济前景根本难以捉摸,他把这种行为称为 animal spirit(动物精神)。只有那些勇于尝试的人才有机会获利,理性谨慎的计算可能会延误决定。所谓"动物精神",即自然本能的驱动。这一隐喻型术语的命名理据位于 b 区域,即本喻体之间的相似性处于认知主体 A 和认知主体 B 的认知交集中,但并非核心。b 区域的相似性通常情况下在认知主体 B 的脑海中是隐化的,当认知主体 B 付出适度的认知努力之后,这种相似性得以前景化,因此这种类型的隐喻型术语对于认知主体 B 来说具有启发性，同时，当认知主体 B 了解这类术语的命名理据之后，对于术语概念的记忆习得会变得更加容易，同时记忆也更为持久。类似的经济学术语有 risk pooling（风险汇集）、massaging statistics（篡改统计数据）、anti-dumping duty（反倾销税）等。一般术语受众通常对此类隐喻型术语命名的喻源也有一定的了解，但了解不如上一类的透彻，或者说隐喻本体和喻体之间的相似性不如上一类术语明显、直接。

第三类隐喻型术语的命名理据位于图示中的 c1 区域。c1 区域的相似性只有认知主体 A，即术语命名者能够识别，对于认知主体 B 则是认知盲区。一般来说，这种情况在跨语时，即英语术语受众转为汉语术语受众时较为常见，当隐喻的本体和喻体之间的相似性是基于心理的，尤其是基于某些特定的文化概念、传说时更容易出现。英语经济学隐喻型术语 market for lemons（柠檬市场）就是一例，lemons 在美国俚语中表示"次品、不中用的东西"的意思，但是中文的"柠檬"并无此含义，因此，英语术语受众理解这一术语不存在认知上的问题，若将其直译为"柠檬市场"，必然会给中文术语受众造成认知上的困扰。英语经济学隐喻型术语 white knight（白衣骑士）又是一例。这一术语通常指公司并购过程中愿意解救被恶意并购公司的善意收购者。白衣骑士在西方骑士文化中就是拯救者的形象，对于熟悉该传说的认知主体（此处为英语术语受众）而言，其命名理据位于 a 区域，易于理解。然而，若将其直译为"白衣骑士"，它原有的理据性转移到了 c1 区域，因为绝大部分汉语术语受众并不熟悉这一文化内涵。这样一来，汉语隐喻型术语"白衣骑士"会给认知主体造成障碍，即使付出较大的认知努力也很难收到令人满意的效果。

现有的隐喻型术语中没有命名理据位于 d 区域的。这是因为如果认知主体 A 和 B 都不能看出本喻体之间的相似性的话，那么这种相似性对于认知主体的认知没有建构性的意义。但是，随着认知主体对认知对象认识的加深，d 区域的相似性有可能转移至其他区域，因此 d 区域的相似性可以看作一种相似的可能性。

综上，对于概念表征类隐喻型术语的喻源认知特性分析很关键。若

第五章　隐喻型术语的复合修辞特征

原语术语的隐喻喻源属于人类的认知共核部分，一般来说在其跨语修辞的过程中不会给译语术语受众造成认知障碍，但若原语术语的隐喻喻源是原语文化或语言特有的，那么在跨语修辞的过程中需要进一步考虑其认知理据性的变迁对于不同术语受众的概念认知造成的影响和制约，再去决定翻译的策略和方法。

(2) 概念表征类隐喻型术语的组合能产性特征[①]

一般而言，概念表征类隐喻型术语指称的都是相对独立的概念，因此，作为术语它们的能产性是比较差的，但是一些隐喻意象会由于频繁使用而获得相对固定的含义，能够与其他术语词组合产生新的隐喻型术语，这就是概念表征类隐喻型术语的组合能产性特征。例如，上文中的 bubble 意象就产生了 asset price bubble (资产价格泡沫)、speculative bubble (投机泡沫)、stock market bubble (股票市场泡沫) 等术语；illusion (幻觉) 的意象组合产生了 fiscal illusion (财政幻觉)、money illusion (货币幻觉)；barrier (壁垒) 的意象组合产生了如 trade barriers (贸易壁垒)、tariff barriers (关税壁垒)、non-tariff barriers (非关税壁垒) 等隐喻型术语；trap (陷阱) 的意象组合产生了 population trap (人口陷阱)、investment trap (投资陷阱)、liquidity trap (流动性陷阱)、low-level equilibrium trap (低水平收入均衡陷阱) 等隐喻型术语。自 2015 年开始我国放开二胎政策后，人口问题再受关注，"低生育率陷阱"(low fertility trap) 这一术语也频繁见诸报端。另外一个较为常见的隐喻概念是 elasticity (弹性)，它在经济学中的含义是指一个变量对另一个变量微小变化的反应[②]，经过组合产生的经济学术语有 arc elasticity (弧弹性)、constant elasticity of substitution (固定替代弹性)、cross elasticity of demand (需求的交叉弹性，简称交叉弹性)、income elasticity of demand (需求的收入弹性，简称收入弹性)、elasticity of price expectation (价格预期的弹性，简称预期弹

[①] 本章的部分内容已整理成文《隐喻型术语的修辞特征研究》发表于《中国科技术语》(2019)上。

[②] 参见"弹性"词条，胡代光、高鸿业：《现代西方经济学辞典》(1996)。

性)、elasticity of substitution(替代弹性)等。inflation 指的是在信用货币制度下,流通中的货币数量超过经济实际需要而引起的货币贬值和物价全面而持续的上涨,它可以构成 cost-push inflation(成本推动型通货膨胀)、creeping inflation(爬行型通货膨胀)、imperfectly expected inflation(不完全预期的通货膨胀)等隐喻型术语。概念表征类隐喻型术语的组合能产性特征可以用图 5-2 来表示:

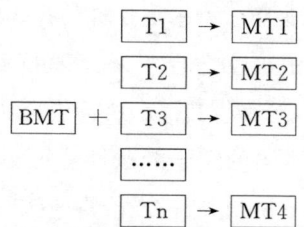

图 5-2 概念表征类隐喻型术语的组合能产性示意图

图 5-2 中的 BMT 代表基本隐喻型术语(basic metaphorical terms),即上述的 bubble、trap 等,T1、T2、T3 等代表经济学的术语或概念,MT1、MT2 直至 MTn 指通过组合构词形成的新隐喻型术语。概念表征类隐喻型术语的组合特征代表了术语能产性的一种,这种能产性是线性的,它主要通过横向组合构词的方式产生新的隐喻型术语,是语言表达层面上的能产。某些理论建构类隐喻型术语也能够通过这种组合能产的方式产生新的隐喻型术语,例如,第四章讨论过的 game 隐喻就能够产生诸如 cooperative games(合作博弈)、non-cooperative games(非合作博弈)、complete information games(完全信息博弈)以及 imcomplete information games(不完全信息博弈)等。但是,理论建构类隐喻型术语生成新术语的方式主要是思维层面上的,具有发散性、多角度的特征,这一点在下面探讨理论建构类隐喻型术语时会详细论述。显然,当某一隐喻概念在经济学话语中获得了相对固定的学术含义,并能够进行组合构词产生新术语时,翻译时应当对含有此隐喻概念的不同隐喻型术语进行统一和规范处理。

5.2.2 概念表征类隐喻型术语的交际修辞特征

概念表征类隐喻型术语的交际修辞特征主要是指那些有利于实现术语作为交际单位的应用功能的形式特征。具体来说,概念表征类英语经济学隐喻型术语以组合式的词组表达为主,独立单词为辅。从词性上来说,以名词和名词词组为主,即使含有动作行为的表达也进行了名词化的处理,如 fine tuning、data mining、free riding 等。名词和名词词组的形式使这些术语能够非常方便地应用到文本语境中去,行使主语、谓语、宾语等语法功能。下面将根据隐喻在术语中的应用范畴把概念表征类英语经济学隐喻型术语分为部分应用隐喻概念的部分隐喻式和隐喻概念整体迁移的整体隐喻式两种进行具体分析。

(1) 部分隐喻式术语的交际修辞特征

英语经济学隐喻型术语中的部分隐喻式一般是以组合方式构成的偏正式名词词组,主要形式有"形容词+名词"和"名词+名词"两类,前者如 financial shocks(金融冲击)、fiscal drag(财政拖累)、economic depression(经济衰退)、frictional unemployment(摩擦性失业)等,后者有 balloon option(气球型期权)、anchor currency(锚货币)、cash flow(现金流)、trade channel(贸易渠道)等。

部分隐喻式术语中隐喻与经济学概念之间的关系大致有两类:第一类以经济学概念为表达中心,隐喻与经济学概念之间是修饰和被修饰的关系,作为修饰语的隐喻描述经济学概念的性质、特征、程度等,比如术语 frictional unemployment 中的 frictional 指明了 unemployment 的性质,balloon option 中的 balloon 点出了 option 的特征;第二类中经济学概念与隐喻表达之间是限制和被限制的关系,隐喻概念的理解被限制在经济学概念提供的框架或范畴中,如 economic depression 中的 economic 限制了 depression 只能在描述经济形势的框架中理解,cash flow 中的 cash 限制了 flow 只能在现金的概念范畴内理解。

本书认为,隐喻的理解过程实际上是语义冲突消解的过程,如果将部分隐喻式术语看作一个小型语境的话,隐喻部分与经济学概念的并置能够提示术语受众去寻找隐喻概念与经济学概念之间的逻辑关系或意义的交汇点,从而使得语义冲突的消解得以在术语内部完成。这一过程包含三个步骤:首先,部分隐喻式术语中的隐喻部分与经济学概念明显分属不同的语义范畴,它们的并置在形式上构成了范畴错置,术语受众若假设这种错置是有意义的,则可以判断出该术语采用了隐喻命名;其次,确定该术语的本体和喻体,例如术语 anchor currency 中的本体是 currency,喻体是 anchor(锚),意义表达式为"CURRENCY IS LIKE AN ANCHOR";再次,寻找本喻体之间的相似性,锚是一种稳固的停船器具,作用是固定船只,使船只能够在水上停稳,货币像锚说明这种货币自身比较强势、稳定,如果其他货币钉住该货币,相应地也能够获得稳定,可以看出,一旦确定了相似性,本喻体之间的语义冲突也就消解了,术语的学术内涵也能够被大致推断出来。因此,部分隐喻式术语大部分情况下可以做到望文生义,是理据性非常强的一类术语,非常有利于术语概念内涵的认知、交际和传播。

(2) 整体隐喻式术语的交际修辞特征

整体隐喻式术语表达一般有单词式和词组式两种,前者如 elasticity(弹性)、inflation(通货膨胀)、liquidity(流动性)、leverage(杠杆)等,后者有 free lunch(免费午餐)、golden handshake(大笔退休金)等。单词式的隐喻型术语通常是名词,来自日常生活或者诸如数学、物理等其他学科领域,但是经频繁使用已经获得了独立的经济学内涵。对于专家受众来说,这类术语的隐喻化程度较低,词汇化程度高,易于与其他词汇组合形成新的隐喻型术语。这一点在概念表征类英语经济学隐喻型术语的组合能产性特征中已有探讨。

词组式的整体隐喻式术语通常以名词词组为主,也有动词词组表达,但较为少见,如 plough back(再投资)就是动词词组形式的术语表达。与部分隐喻式术语不同,这类术语是纯粹的"外来户",其中一部分经由日常词汇术语化①形成,比如 free lunch、free riding 等,术语受众通常对其在普通语境中的含义比较熟悉,再结合经济学语境推导它们的专业内涵相对来说并不困难,一般来说,这类术语直译不会对译语术语受众的认知产生影响。另一部分术语则与特定的文化概念相关,或者来自其他一些领域,在经济学语境中,这类术语的字面含义和学术含义是完全分离的,因而在脱离其最初的命名语境之后,它们的理据性很难被术语受众体察,其理解有赖于术语的字面语义与文本语境语义冲突的消解,而文本语境很多时候无法提供充足的信息给术语受众判断。因此,这类术语如果直译会给译语术语受众带来理解上的困难,比如将 dawn raid 直接译为"黎明突袭"或者将 golden handshake 直接译为"金色握手",在文本语境中很容易给读者带来认知障碍。

从上述讨论可以看出,无论是部分隐喻式术语还是整体隐喻式术语,都以名词或名词化词组为主。英文术语的名词化倾向与其语法要求是分不开的,名词或名词性的英文表达对应用语境更友好,可以作为主语、谓语、宾语等自如地插入各类句子中,而动词或动词性短语在英文中一般只作谓语,经过名词化处理后才能灵活运用。从这些术语现有的汉译对应术语来看,英文名词或名词性短语的形式大部分都得到了保留,修饰词、限制词的呈现顺序也基本与原文一致,但也有一些采用了动词化的处理,更强调其动作特征,比如 massaging statistics 被译为动宾词组"篡改统计数据",irrigation 被译为动词"注资",free riding 被译为"搭便车"。即便中文的语法要求相对宽松,这种译法也会给术语应用带来一定的限制,有时需要加上如"行为""现象""效应"等名词中心语才能够更便捷地应用到语境中,例如在"中超公司发文警告直播版权'搭便车'行为②"这一新闻标题中,"搭便车"就不能直接作为宾语使用,需要加上"行为"这一名词中心语将其转换为名词词组。

---

① 郑述谱(2006)指出,术语化是指某一词汇单位由普通词语范畴向术语范畴的过渡。术语化过程实际上就是普通词汇进入专业系统,获得严格精确的专业定义的过程。
② http://news.163.com/16/0421/17/BL6MVKBO00014SEH.html。

5.3 理论建构类隐喻型术语的认知主导修辞特征

理论建构类隐喻型术语的核心功能是参与理论构建,对经济学理论的贡献度普遍较大,影响相对深远,生命力非常强。上一章的分析表明,此类术语的功能主要体现在深层认知层面,具有科学修辞的理论和思维功能。相应地,这种思维认知功能也体现在修辞特征上,以认知修辞特征为主。具体说来,首先,这类术语在学科话语中一般处于核心地位,活跃度很高,使用频繁,它们的隐喻性往往更容易被术语受众忽视,从而被视为普通的非隐喻型术语。因此,从语言表达的层面来看,理论建构类隐喻型术语多表现为"死隐喻"。但是,这类隐喻型术语看似已经消失的隐喻性在合适的语境触发下能够被激活,甚至不断地提供新的思维方向和视角,对其隐喻性的考察不能采用死隐喻和活隐喻的简单二分法。其次,这类术语中的隐喻作用于思维的方式使其在语言表达层面表现出了有别于概念表征类隐喻型术语的系统能产性特征。下面将继续以英语经济学术语为例对这两点具体阐释。

5.3.1 理论建构类隐喻型术语的隐喻性特征

日常隐喻研究中有一类常见的、宽泛的隐喻分类,即死隐喻(dead metaphor)和活隐喻(live metaphor)。死隐喻可以理解为那些用法已经常规化,语言使用者已经意识不到其为隐喻的隐喻,如"山腰""桌脚"等,因此也称为常规隐喻。布莱克(Black 1977)认为,正如我们不会将尸体作为人的一种特殊情况对待一样,死隐喻也不再是隐喻的一类。但也有学者持不同意见,瑞恰慈就认为,虽然死隐喻的隐喻性可能已经不突出,但通过一些新奇的用法很容易显化。(转引自 White 2003:138)

理论建构类隐喻型术语代表着学科的理论精华,是学科话语的核心,使用频率之高自是不言而喻。高频使用必然会导致隐喻的新奇性逐渐消

第五章　隐喻型术语的复合修辞特征

逝，最终成为常规隐喻，直至获得固定的学术内涵。因此，理论建构类隐喻型术语中的隐喻从某种意义上来说大部分都属于死隐喻。也正因如此，拉盖克斯（Lagueux 1999）断言经济学术语中的绝大部分隐喻都是死隐喻，没有必要去强调其通过隐喻运作所起的认知作用。诸如货币流通性这样的术语，其隐喻性已经难以察觉，人们对它的认知几乎都是从字面上进行的。然而，怀特（White 2003）利用语料库对经济学隐喻型术语 growth 在经济学文本中的搭配进行研究时发现，尽管 growth 一般被看作死隐喻，但实际上它的隐喻意义在经济学文本中仍然相当活跃并且比预期的复杂，他还发现，常规隐喻的新奇用法虽然数量较少，但其潜在的影响和交际力（communicative force）与其使用频率成反比。

怀特（White 2003）的发现与本书第三章关于科学隐喻开放的、过程性的解读一致，本书第四章中关于"人力资本"和"博弈论"这两个理论过程发展的描述也进一步证实了科学隐喻的思维开放性特点，"博弈"一词作为一个核心经济学术语，其隐喻性早已不明显，但在语境中依然能够作为行文工具来组织架构文本，帮助阐释概念、分析现象，同时不断给专家群体以灵感。例如，博弈下属的子概念"棋局""牌局"在普及文本中就常有应用，例如：

  1. <u>不善弈者，谋子；善弈者，谋势</u>。
  美国依然采取冷战思维，固守传统阵营利益，一城一地寸土不让。不仅拒绝改革 IMF，还游说各位盟友不要加入亚投行，对崛起中的中国进行全方位围堵；
  中国人则轻巧地一"跳"，不纠缠于既有<u>僵局</u>，敞开大门，主张多边共赢，借经济崛起之"势"，将利益拿来与大家分享，最终把局面"<u>做活</u>"，打开一片全新天地。有朋自远方来，不亦乐乎。
  亚投行<u>这局棋</u>，美中一守一攻，高下立现。
    ——博弈亚投行，中美<u>角力</u>真正的<u>棋局</u>才刚刚开始[①]

[①] http://money.163.com/15/0321/10/AL7LGOJ400252G50.html.

2. 另外,周世俭指出,美国此次"松口"也是对中国长期支持美国经济的回报。"如果乐观预计的话,美国可能在今年底或明年初承认中国的市场经济地位。"周世俭说。他表示,中国关于市场经济的诉求已经过了大半时间(2001年—2009年),如果明年还不承认,"市场经济地位"这张牌对美国的意义就不大了。
——中美博弈"市场经济"牌局①

上述两段引文分别出自题为《博弈亚投行,中美角力真正的棋局才刚刚开始》和《中美博弈"市场经济"牌局》的新闻稿,其中的"博弈亚投行"和"中美博弈"中所用的"博弈"一词与其在学术语境下所表达的含义基本一致,因此可以产生非常恰当的联想。看起来已经是死隐喻的"博弈"通过合适语境的触发,其隐喻性依然活跃,能够帮助建构文本,使得读者更容易理解文本信息。博弈的例子说明对于隐喻型术语,尤其是理论建构类隐喻型术语而言,隐喻性的强弱是相对的,某个隐喻因为频繁使用而隐喻性减弱更说明了该隐喻对于学科的重要性,从这个意义上来说,死隐喻有时候反而更为重要。这也是科学隐喻与日常隐喻一个重要的区别所在:科学隐喻的开放性解读是其核心价值所在,对于理论建构类隐喻尤为如此。

5.3.2 理论建构类隐喻型术语的系统能产性特征

从语言表征层面来看,理论建构类隐喻型术语最突出的特征是一般能产性都很强。但是,除了上述提及的概念表征类隐喻型术语线性的、组合式的能产以外,理论建构类隐喻型术语还有另外一种系统性生成新的隐喻型术语的方式:通常以某个核心隐喻为基点,经过专家群体的思维拓展,核心隐喻与学科概念之间可能的相似性被不断挖掘、证伪、抛弃、证实,最终往往能够形成小型的半开放性的术语系统,从这个意义上来说,理论建构类隐喻型术语的这种能产性是具有系统性的能产性。仍以英语

---

① http://paper.people.com.cn/gjjrb/html/2009-08/07/content_314730.htm.

经济学隐喻型术语 business cycle(经济周期)为例,它是一个比较典型的理论建构类隐喻型术语。通过对 cycle 隐喻思维的拓展,产生一系列的隐喻型术语,例如 trough(谷底)指的是经济周期中经济活动的最低点,与之相对的术语 peak(顶峰)则指经济周期中经济活动的最高点,turning point(转折点)/turning zone(转折带)指经济周期中经济活动的方向发生转折的时期。理论建构类隐喻型术语一般是基于某个底层概念隐喻形成的语言层面上的精炼表述,例如 business cycle 是"BUSINESS ACTIVITIES FOLLOW A CYCLE"这一概念隐喻的显化表达。底层概念隐喻能够不断派生出新的隐喻型术语。像新古典经济学中的隐喻型术语 labor resource(劳动力资源)对应底层概念隐喻"LABOR IS A RESOURCE",就产生了诸如 division of labor(劳动分工)、price of labor(劳动力价格)、surplus labor(剩余劳动)、labor supply(劳动供给)、demand for labor(劳动需求)、labor market(劳动市场)等一系列隐喻型术语,强调了节约劳动力、进行技术改变的重要性。把劳动看成一种稀缺资源,认为劳动市场具有与其他商品市场类似的特质,正是劳动力经济学的重要理论基础。某些理论建构类隐喻也可能只有一个概念隐喻表达式,缺乏术语形式的语言提炼,它可以显化为围绕这一概念的多个隐喻型术语表达。例如"MONEY[①]IS WATER"这一概念隐喻就构建了货币流动性的理论基础,围绕这一隐喻概念产生了一系列的隐喻型术语,像是 liquidity(货币流动性)、cash flow(现金流)、liquidity asset(流动资产)、capital inflow(资本流入)、capital outflow(资本流出)、asset freezing(资产冻结)等。

图 5-3 示意性地展示了理论建构类隐喻型术语的系统能产性特征。以某个概念隐喻(conceptual metaphor,缩写为 CM)为核心,通过对这一隐喻概念多层次、多侧面的特征探索,能够产生一系列的隐喻型术语 MT1、MT2、MT3、MT4 直至 MTn,n 代表该概念从理论上来说不可穷尽

[①] 经济学语境中的 money 一词一般不等同于它的通用含义"金钱",经济学家使用 money 更多地指称流动性非常强的资产,具体参见 https://en.wikipedia.org/wiki/Economics_terminology_that_differs_from_common_usage。

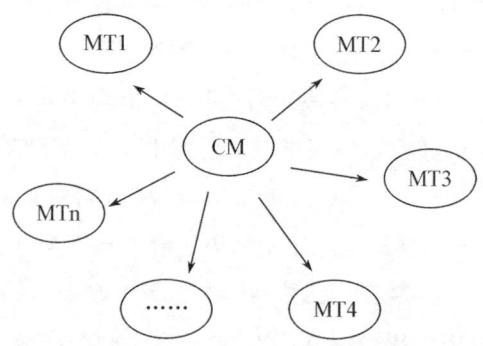

图 5-3 理论建构类隐喻型术语的系统能产性示意图

的潜在特征,体现了理论建构类隐喻型术语思维层面的开放性。需要指出的是,MT1、MT2 等隐喻术语是在 CM 基础上产生的,它们的命名体现了这种系统相关性,对于术语受众的认知促进是"以一带多"式的,一旦基本的概念隐喻被术语受众所认知,其所派生出来的相关术语的认知会变得容易得多,这种认知特征要求译者在翻译理论建构类隐喻型术语时考虑到它们的系统能产性特征。

仍以第四章分析过的理论建构类隐喻型术语"博弈论"为例。作为经济学的核心隐喻之一,"博弈"不仅推动了经济学的发展,同时也为许多其他学科的发展输送了灵感。在博弈论的理论体系建构过程中,通过拓展博弈这一隐喻思维,衍生了许多相关的隐喻型术语。鉴于博弈论这一理论或者说思维工具本身系统十分繁杂,本文将仅探讨几个最基本的相关术语。博弈论基本的模型描述由从现实博弈中抽象出的基本要素构成,称为 strategic form game(策略性博弈)或 normal form game(标准型博弈)。这些最基本的要素包括 player、strategy、payoff、outcome 等。其中 player 是博弈的决策主体,会根据自己的利益诉求决定自己的行为;strategy 是指 player 参赛时的整套计划,定义为他参赛过程中所观察到的、关于其他 player 的活动和影响 strategy 的随机事件的函数[1];payoff

---

[1] 参见对策论(博弈论)词条,伊特维尔:《新帕尔格雷夫经济学大辞典》(1992),第 493 页。

指的是每个 player 从各种 strategy 组合中所获得的收益，这个收益可以用数值表示；outcome 则指各个 player 在一次 game 中同时各自选择的 strategy 组成的策略组。目前这几个术语的中文翻译情况如下：player 常译为"参与者""参与人""玩家""局中人"等；strategy 通常译为"策略"或"战略"；payoff 多译为"支付""得失""收益""结局"；outcome 则有"结果""局势"等译法。

下面将以《博弈论与信息经济学》《新帕尔格雷夫经济学大辞典》（1992，简称《新经济学大辞典》）以及《现代西方经济学辞典》为例进行说明。选择这三部著作是出于其权威性和影响力的考虑。前文提到张维迎的《博弈论与信息经济学》一书对"博弈论"这一译名在经济学领域优势地位的确立起到了关键的作用。《新帕尔格雷夫经济学大辞典》是英国经济学家伊特维尔（John Eatwell）约请美国经济学家米尔盖特（Murray Milgate）和纽曼（Peter Newman）为主编历时四年编纂而成的，英文版于1987年9月出版。这部四卷本的大辞典由世界上34个国家的900多名知名学者（其中包括当时在世的13位诺贝尔经济学奖获得者中的12位）撰写，其专业性不言而喻。中文版由经济科学出版社约请了中国社会科学院经济研究所、北京大学、复旦大学等十几个研究机构和大学的百余名学者进行翻译，中文译本的权威性自不必说。《现代西方经济学辞典》由胡代光、高鸿业主编，中国社会科学出版社1996年出版，是目前国内最为权威的经济学大词典。

表5-2 博弈论核心术语译名概览

术语	《博弈论与信息经济学》	《新经济学大辞典》	《现代西方经济学辞典》
game theory	博弈论	对策论（博弈论）	对策理论（博弈论）
player	参与人	局中人	比赛者
strategy	战略	策略	策略
payoff	支付	赢得	利益
outcome	结果	结局	结果

这三部著作中，只有张维迎将 game 译为"博弈"，两部词典的主术语

词条中涉及的 game 一词都译为对策，博弈论的译名只是顺带提及。但是张著中其他四个基本术语分为别译为"参与人""战略""支付""结果"，很难让人联想到博弈背后的棋局思维。《新经济学大辞典》的"局中人"关联性较强，与"战略"相比，"策略"的关联度也较好，"结局"也与棋局或牌局思维一致，但 payoff 译为"赢得"显得略为拗口。《现代西方经济学辞典》的"利益"一说则与原术语的术语内涵有出入，且经济学中译为"利益"的术语一般回指 interest。可以看出，只有《新经济学大辞典》在基本术语的翻译上与棋局的初始隐喻思维关联较好，然而其主词条 game theory 却被译成了"对策论"，因此这种隐喻思维并非自上而下推导而来。这三部著作乃至整个经济学领域对博弈论基本术语翻译的混乱实际上说明译者忽视了 game 本身的隐喻内涵，没有考虑其作为相关的小型术语概念系统主导概念的引领作用。事实上，从术语系统，从隐喻思维的拓展来说，player 译为"局中人"，strategy 译为"策略"，payoff 译为"结局"，outcome 译为"局势"似乎更好。payoff 实际上就是局中人策略选择后产生的结果，因此可以译为"结局"，而"局势"最初指的是棋局的形势，涉及对弈双方的结局，这也与 outcome 本身的内涵相吻合。如此一来，"博弈—局中人—策略—结局—局势"一以贯之的"局"思维就很清晰明了了。

对"博弈论"这一理论建构类隐喻型术语及其话语系统中的一些基本术语的译名梳理表明此类术语的翻译不能单独处理，在考虑其底层的概念隐喻及其背后的隐喻思维理据的基础上，还需要厘清学科话语系统中从这些核心隐喻中衍生而来的术语以及它们之间的关系，兼顾它们所形成的小型术语系统的系统性和完整性，唯有如此，才能更好地实现这类术语的认知功能，达到应有的修辞效果，使其进一步为本学科乃至他学科的发展做出贡献。

5.4　交际劝说类隐喻型术语的交际主导修辞特征

与概念表征类隐喻型术语类似，交际劝说类隐喻型术语一般表达相对独立的概念,不同的是,概念表征类隐喻型术语侧重概念表征,较多地利用了隐喻在认知方面的优势,体现了其作为认知工具的特点,交际劝说类隐喻型术语侧重交际和劝说,更多地利用了隐喻的修辞性质,体现了其作为劝说工具的特点,主要表现为交际修辞特征。一方面,从术语表达层面来看,此类术语通常具有较为鲜明的表情色彩;另一方面,从术语应用语境来看,它们可以作为文本建构工具,术语使用者可以关联和拓展这类术语中的隐喻成分,通过在文本中不断强化隐喻的联想作用来最终实现劝说的交际目标。下面将以经济学隐喻型术语为例对这两方面分别进行具体阐释。

5.4.1 交际劝说类隐喻型术语的表情色彩

表情色彩是在语言单位的表情意义制约下所产生的色彩,是词语的附加意义,是修辞义的一种,包括感情色彩、态度色彩、形象色彩。(聂焱 2009:103)传统术语学认为作为命名专业概念的语言单位,术语应当客观、中性,独立于语境,不应带有任何表情色彩。然而,任何专业概念从提出到接受再到实际应用都离不开科学劝说,术语所指称的概念是科学劝说的对象,而术语表达本身也会作为工具参与到科学劝说的过程中,术语命名者和使用者往往也会通过术语的修辞命名来更好地实现劝说目标,交际劝说类隐喻型术语正是利用隐喻的修辞属性来帮助实现科学劝说的一类隐喻型术语,因而往往具有表情色彩。其中,这类术语的感情色彩和形象色彩相对更为鲜明,但态度色彩则涉及不多。

(1) 交际劝说类隐喻型术语的感情色彩

感情色彩是指由词体现出来的反映说话人对所指对象和有关现象的主观态度与情感体验,分为褒、贬、中三种情况。(聂焱 2009:103)严格说来,术语是价值中性的,不应涉及价值判断。然而事实上,出于劝说的需要,经济学家往往会通过选择能够引起术语受众不同联想的术语表达或者通过强化术语概念内涵中的不同方面来或明显或隐晦地传达自己对所指称的概念或事物的态度和感受,术语使用者也可以在不同的交际情境中选择适切的表达来达成不同的交际目的。

比如,high yield bonds(高收益债券)与 junk bonds(垃圾债券)是一对同义术语,指的是评信级别在标准普尔公司 BBB 级或穆迪公司 Baa 级以下的公司发行的债券。此类债券的特点是违约风险较高,对投资人的本金保障较弱,但收益也较投资级别债券,如公司债券、市政债券、国库券等高出很多。从命名角度来看,前者强调这一术语内涵的积极面,即债券的高收益,后者则强调这一术语内涵的消极面,即债券的高违约风险。从字面表达来看,"高收益债券"貌似客观,却表明了术语命名者/使用者正面的、肯定的态度,"垃圾债券"则明显体现了术语命名者/使用者消极的、否定的态度。这两个表达概念一致,但感情色彩完全不同,因而能够起到完全不同的劝说效果。术语"高收益债券"中的"高收益"对投资者极具吸引力;而"垃圾债券"中的"垃圾"一词则会充分引起投资者对该类债券风险的警惕。以下两则新闻标题中"垃圾债券"和"高收益债券"的应用语境就有截然不同的劝说效果:

1.《马云因招财宝向个人投资者提供垃圾债券被批》[①]
2.《中国房地产降温的另一个牺牲品:高收益债券》[②]

上述两个标题中术语使用者利用了这两个同义术语在感情色彩上的区别来达成劝说目的。如果将两者使用的术语对调,例 1 变成"马云因招财宝向个人投资者提供高收益债券被批",例 2 变成"中国房地产降温的另一个牺牲品:垃圾债券",那么显然"高收益债券"与"被批"在感情色彩上的不匹配会给读者带来困惑,"垃圾债券"的贬义色彩也不符合读者对"牺牲品"的认知预期,容易产生理解上的问题,从而不能顺利实现这两个标题想要达成的修辞效果和交际目的。因此,选择具有合适感情色彩的术语对于有效的交际十分重要。

再来看一对术语 free float/clean float(自由浮动/清洁浮动)与 managed float/dirty float(管理浮动/肮脏浮动)。作为浮动汇率制度的

---

① http://tech.qq.com/a/20150814/041716.html.
② http://oil.cngold.com.cn/20151030d1702n56358163.html.

两种形式,前者是指一种完全由外汇市场供求因素相互作用而决定的汇率,后者是指一种不完全由市场供求因素决定的浮动汇率形式①。仅从概念内涵来看,这两种汇率制度的区别在于是否完全由市场调节,不受外界干扰,但从术语表达来看,无论是"自由浮动"还是"清洁浮动",它们所激发的都是术语受众积极、正面的联想,具有明显的褒义色彩,因此术语受众,尤其是非专家受众会更容易形成"自由浮动/清洁浮动"是一种理想的汇率制度的印象;反之,隐喻型术语"肮脏浮动"中的"肮脏"一词所引发的负面的、令人不快的意义很容易引起术语受众对这种汇率制度的反感和抵触,具有强烈的贬义色彩,相比而言,"管理浮动"这一表达更为中性。这对术语的命名缘由,尤其是"肮脏浮动"的命名缘由现在已经难以追溯,但是多数与反对政府干预、倡导自由市场的货币学家有关。作为同义术语的"管理浮动"与"肮脏浮动"具有截然不同的感情色彩,也因此可以分别适用于劝说目的不同的语境。下面来看两个新闻文本实例。

3. According to Kluang MP Liew Chin Tong, the inconsistent movement in the prices of the two types of fuel despite a steady fall in oil price demonstrates <u>why a managed float is dubbed a "dirty float" by industry insiders.</u>

"It is a system that is <u>determined arbitrarily by the government without being transparent.</u> Similarly, Malaysia's managed float for fuel prices is just a 'dirty float'."

—"Diry float" euphemism for fuel tax, DAP MP says②

4. "Let's see what happens tomorrow. The policy will be what economists call a '<u>dirty float</u>'," Prat-Gay said. "There will be fluctuations in the exchange rate but there will also be

---

① 参见"自由浮动"和"管理浮动"词条,胡代光、高鸿业:《现代西方经济学辞典》(1996)。
② http://www.themalaymailonline.com/malaysia/article/dirty-float-euphemism-for-fuel-tax-dap-mp-says.

a central bank with the necessary tools to buy if the currency weakens too much or sell if it strengthens too much."

Jorge Mariscal, chief investment officer for emerging markets at UBS Wealth Management in New York, said it was <u>positive</u> to see the new government immediately tackling the currency issue.

"The exchange rate was very important because it will <u>eliminate all the distortions</u> that were in the market," he said.

——Argentina lifts currency controls, floats peso in bid to boost economy[①]

例3对政府介入干预汇率持否定态度,这从画线文本的措辞可以看出来,文章还指出为什么"管理浮动"又被称为"肮脏浮动",指责政府干预不够透明。从例4中画线文本的措辞可以看出文章对政府干预持肯定态度,但作者引用布拉德-凯(Prat-Gay)的话中却用了 dirty float 这一术语,对于不熟悉这一汇率机制的新闻受众而言,dirty 一词明显的贬义色彩与该文本所想要达成的修辞目的明显是相悖的。可以看出,由于"肮脏浮动"这一隐喻型术语自身带有强烈的贬义色彩,即使它与"管理浮动"为同义术语,在不同的语境中也不能够随意置换。由于大众媒体读者群体专业知识的不足,他们对文本观点的接受更易受到术语字面意义的引导,因此,只有充分考虑到这种交际劝说类隐喻型术语的感情色彩才能实现有效的交际,达成劝说目的。

(2)交际劝说类隐喻型术语的形象色彩

形象色彩是指词除了它所代表的对象及其属性这种理性意义之外,还同时含有该对象的某种形象感,是指词所指代的对象的种种形象在人们意识中的一种感性反映,它是依附于词的理性意义的一种感性上的印

---

① http://www.theguardian.com/world/2015/dec/17/argentina-lifts-currency-controls-floats-peso-in-bid-to-boost-economy.

象。(聂焱 2009:104)某些隐喻型术语所采用的隐喻意象能够让术语受众自然联系到特定的具体对象或主观体验和感受,获得独立于术语的概念内涵以外的感性印象,这些感性印象能够引导术语受众的判断,从而帮助术语使用者增强话语说服力,在特定的交际语境中实现劝说目的。

术语 angel investment(天使投资)是一种风险投资形式,是由富裕的家庭或个人对初期创业公司进行的权益资本投资。这一术语也被称为 seed investment(种子投资)——"种子"表示这些企业还处于创业的最初阶段,甚至还没有萌芽。informal investment(非正式投资)是一种非机构性的投资;private investment(私人投资)指投资主要由富裕的家庭或私人发起。可以看出,这几个同义术语分别强调了术语概念内涵中的不同方面,其中具有明显形象色彩的是隐喻型术语表达——"天使投资"和"种子投资"。"天使投资"中的"天使"一词最初来源于富人对百老汇的演出资助,使得一些原本面临关停的演出创作得以继续进行,而天使投资人对创业公司的投资使得这些原本存活成疑的公司有机会能够发展壮大。从术语表达来看,术语受众对天使一词的上帝使者、拯救者的感性形象认知很容易让其过分强调天使投资人帮助创业公司起步的善意,从而忽视天使投资作为一种风险投资的逐利本质,天使投资的说法对于说服被投资人接受投资条件非常有效。术语"种子投资"中的"种子"意象相应地也会产生一些感性联想,比如给予种子适当养分,它可以萌芽、生长、壮大、结果、收获,这种感性形象与天使投资所创造的形象不一样,它更强调种子的成长性以及后续的收获预期,因而对于说服投资人进行投资更为有效。比较而言,非隐喻表达"非正式投资"和"私人投资"则难以给术语受众带来感性联想,因而显得更加客观、理性,但相应地也失去了"天使投资"和"种子投资"那种劝说功能。再如,芝加哥经济学派提出 growing the pie 的概念来主张通过做大馅饼,增加各个阶层的分配份额,而非重新对社会财富这块馅饼进行分配。术语 growing the pie 的形象色彩非常鲜明,它所描绘的让所有阶层都能够分到更大馅饼的诱人图景很容易让术语受众接受这一主张,从而不去疑社会财富的整体增加是否像做大馅饼那么容易,更不会去审视它所传递的不愿牺牲富裕阶层的既得利益支持贫困阶层的潜在内涵,这使得术语使用者更易于达成交际目标,实现劝说目的。源于美国保守党人的术语 starving the beast 指的是一种通过减税限制政府开销的政治经济策略,the beast 指代美国联邦政府以及受政府税金资助的项目,纳税人的钱是它们的食物,唯有减税才能限制它们的胃口并阻止其进一步膨胀,这一贬义性的形象极具说服力,小布什政府在推行减税政策时就使用了这一术语,在替富裕阶层减税背书的同时巧妙地隐藏了自己的立场和观点。金(W. Chan Kim)和莫博涅(Renée Mauborgne)于 2005 年提出的 Blue Ocean Strategy(蓝海战略)和 Red Ocean Strategy(红海战略)这对术语又是一例。这两个概念的形象性让它们很快流行起来。"红海"代表现有的所有产业,已知的市场空间,"红海战略"是指参与现有市场空间竞争的策略。"蓝海"则与之相反,代表尚未存在的产业,未知的市场空间,"蓝海战略"是指以开拓新的市场空间为目标的市场策略。红海形象地描绘了市场竞争的白热化状态,给术语受众以竞争激烈、残酷,甚至鲜血淋漓才能有出路的印象,而蓝海则能激发出广袤无垠,充满无限可能的联想。

无论是"天使""派""野兽",还是"红海""蓝海",这些形象通常都明确、具体,一般术语受众都抱有直接的感性认识,也易于将这种感性认识移植到术语的本体概念上,因此它们所达成的劝说效果非常直接。这些形象在赋予术语受众不同感性体验的同时也丰富了它们所表达的术语的内涵,在原有理性概念内涵的基础上叠加了感性的交际内涵,进而使得术语意义具有了层次。这种理性—感性的层次性内涵正是交际劝说类隐喻型术语的特殊性所在,也增加了它们跨语修辞的难度。

5.4.2 交际劝说类隐喻型术语的文本建构特征

上述有关表情色彩的探讨围绕交际劝说类隐喻型术语的术语表达本身进行,主要着眼于修辞技巧层面,本部分则考察此类术语在文本语境中的应用特征,关注术语使用者如何利用隐喻的命名方式进行文本建构,主要着眼于修辞诗学层面。一般来说,使用隐喻方式命名术语不只是简单

第五章 隐喻型术语的复合修辞特征

地引入新的意象或概念进行类比认知,事实上,从文本建构的角度来看,与引入的意象或概念相关的一切表述都可能成为可用的表达资源,不断地给术语使用者提供写作灵感。同时,这些意象或概念的相关表述在文本中的重复出现能够不断强化读者对隐喻本喻体之间相似性关系的感知,使他们欣然把对喻体的联想转移至本体上去而不加审视或质疑,进而实现术语使用者的交际目的。

以术语 financial tsunami(金融海啸)为例,它指 2008 年美国次贷危机引发的全球性的、蔓延至今的全球金融危机(financial crisis of 2007 - 08)。"金融海啸"的说法在亚洲更为流行,这很大程度上要归功于《货币战争》的作者宋鸿兵。宋鸿兵在 2008 年 7 月接受《香港文汇报》访问时将美国金融危机分为了四个阶段:流动性危机(资本市场大地震)、信用违约危机(国际金融海啸)、利率市场危机(火山喷发)、美元地位危机(冰河期)。BBC 在 2008 年 10 月的一篇题为《金融危机像"海啸"》[①]的报道中写道:"美联储前主席阿伦·格林斯潘把近来全球金融市场的动荡称为'世纪罕见的信用海啸'。"从字面来看,与"金融危机"相比,隐喻型术语"金融海啸"具有鲜明的形象色彩,视觉冲击力显然更强,"海啸"的修辞意象直观地揭示了"危机"席卷范围之广及其严重性和紧迫性。更重要的是,"海啸"的故事为理解金融危机提供了一个极佳的视角,大众媒体、普及读物乃至专家文本对这一故事进行了多重阐释和演绎。

5. 新闻标题:

"The financial tsunami has not reached its climax[②]"

"The American "financial tsunami" hits Asia[③]"

---

① http://news.bbc.co.uk/2/hi/business/7687101.stm, Financial crisis "like a tsunami", "Former Federal Reserve chairman Alan Greenspan has called the recent turmoil in the global financial markets a 'once in a century credit tsunami.'"

② http://www.globalresearch.ca/the-financial-tsunami-has-not-reached-its-climax/9202.

③ http://www.wsws.org/en/articles/2008/09/asia-s18.html.

"Storm warning: Financial tsunami heading its way①"

6. 书籍标题：

The Financial Tsunami: Will it Drown us in a Wave of Debt②?

7. 期刊文章标题：

"Battening down the hatches: How should the maritime industries weather the financial tsunami?" (Brain Slack, Research in Transportation Economics, 2010)

"China: Unscathed through the global financial tsunami"

8. 新闻文本：

Now a new Financial Tsunami is beginning, this one, of all places, in the Texas, North Dakota and other USA shale oil regions. Like the so-called US sub-prime real estate crisis, the oil shale junk bond default crisis is but the cutting front of the first wave of what promises to be a far more dangerous series of financial Tsunami long waves.

The Next Financial Tsunami Just Began in Texas③

9. 专家文本：

In the current global financial sectors, the sub-prime mortgage deception and corruption noticed at least a couple of years earlier was seen and ignored as mere ripples over the global high sea of finance ... The Global economies were still high flying and those issues were just more "ripples" on the sea surface ... The global economic tsunami hit the shores of, first the U. S. financial markets and quickly thereafter, the

---

① http://www.sciencedaily.com/releases/2012/02/120209135331.htm.
② Mike Gearhardt & Will Gates, 2010, Bloomington: Authorhouse.
③ http://journal-neo.org/2015/04/17/the-next-financial-tsunami-just-began-in-texas/.

entire developed world in the form of the twine price rise in energy and commodities.

Global Economic Tsunami: Causes, Effect and Lessons[①]

上述标题以及文本实例的共同点在于它们都利用了海啸隐喻的相关表达来组织架构文本,这种架构方式不但满足了文本的叙事完整性,而且让海啸的意象与金融危机紧密联系在一起,通过对海啸意象相关概念的不同形式的重复,例如 reach its climax、hit、storm warning、drown、a wave of debt、ripples over the global high sea of finance 等,强化读者对危机的紧迫性和严重性的认识。不难想象,若将"金融海啸"替换为概念基本一致的直白术语 global financial crisis(全球金融危机),其对读者的冲击力度将大大减弱,相应地,交际效果也肯定会被削弱,从而难以达到术语使用者警醒读者的目的。

综上所述,交际劝说类隐喻型术语的特殊之处在于其交际内涵,它附着于术语理性的学术内涵之上,通过赋予术语表达特定的形象来直白或隐晦地表达术语使用者对所指称的对象或概念的情感和态度,或者引起术语受众相应的感性联想,若使用得当,这类术语能够在特定的交际情境中增强术语使用者的说服力,帮助其达成交际目的。这类术语跨语时特别需要关注其表情色彩,包括感情色彩和形象色彩在译语语境中的再现以及表情色彩与交际语境是否适切的问题,例如,术语 capital flight 可以对应"资本外逃"和"资本外流"两种译法,前者具有明显贬义,后者则相对中性,译者可以根据具体的交际语境做出合适的决定。类似地,选用"天使投资""种子投资"还是"私人投资"也取决于特定的交际目的。另一方面,这类术语还能够作为文本架构工具来使用,术语使用者通过重复和联想强化隐喻喻体意象和概念与术语概念本体之间的联系,使得术语受众自觉将对喻体的联想代入主体,认知和接受术语使用者的设定,帮助其实

---

① Presented at the 18th Annual Conference of the Global Awareness Society International (2009) by Wold Zemedkun.

现交际目标。总之，交际劝说类隐喻型术语的交际修辞特征既是这类术语修辞功能的体现，也能够帮助术语使用者更好地实现交际劝说功能。

5.5 本章小结

　　本章以经济学隐喻型术语为例，从认知修辞和交际修辞两个方面考察分析了概念表征类、理论建构类、交际劝说类这三类隐喻型术语的复合修辞特征，为下一章探讨这三类术语的修辞效果传递和翻译策略提供形式理据。其中，概念表征类隐喻型术语具有复合修辞特征，认知方面体现为喻源特征和组合能产性特征，交际方面体现为构成形式特征，这两方面的特征均会对翻译产生影响。理论建构类隐喻型术语主要体现为认知修辞特征，这类术语在经济学中占据核心地位，使用频繁，因而从形式上来说它们的隐喻性已经逐渐消逝，但科学隐喻的思维开放性特点要求译者不能轻率地将这类隐喻型术语视为"死隐喻"。这类隐喻型术语的另一个重要认知修辞特征在于其系统能产性，译者应当将从某个理论建构类隐喻派生出来的术语视为一个小型的术语系统，在翻译时兼顾完整性和系统性。交际劝说类隐喻型术语主要体现为交际修辞特征，具有包括感情色彩和形象色彩在内的特殊表情色彩，在劝说方面非常有优势，同时这类术语还可为术语使用者提供文本架构工具，这一点需要译者额外关注。上一章和本章以经济学术语为例对隐喻型术语由里及表，由功能及形式特征的理据分析构成了完整的修辞翻译理据，为下一章的隐喻型术语跨语修辞效果评价体系构建以及翻译策略选择打下基础。

第六章 隐喻型术语翻译评价的跨学科修辞策略

前两章分别从跨学科修辞的视角分析了概念表征类、理论建构类以及交际劝说类这三类隐喻型术语的双重修辞功能和复合修辞特征,探讨了隐喻型术语作为知识单位、语言单位和交际单位区别于其他非隐喻型普通术语的认知和交际特殊性。本章将结合前文分析的隐喻型术语跨学科修辞功能和特征理据,以经济学术语为例,基于跨语修辞效果的实现来探讨隐喻型术语翻译的跨语修辞评价标准以及翻译策略。

6.1 隐喻型术语翻译评价的跨学科修辞取向

传统术语学认为术语是自足的、可以脱离语境单独使用的概念符号单位。在传统术语学的研究框架中,术语翻译被看作术语的二次命名,因此与术语的初级命名方式类似,需要在语言层面对其进行规约,包括强调译语术语的科学性、简明性、系统性、理据性、能产性等。基于这一视角,术语只是表征知识单位的语言符号,它的选择以表意准确和交际便利为前提,不同交际情境和交际目的对交际符号的不同需求并不在考虑范围之内。同时,术语的知识内涵作为术语的内核是相对稳定且自足的,某个术语与其他术语之间从属或者并列关系是横向的、在具体的术语系统中规定性地发生的。根据此种论述,术语从命名到交际的过程可用图 6-1 来示意:

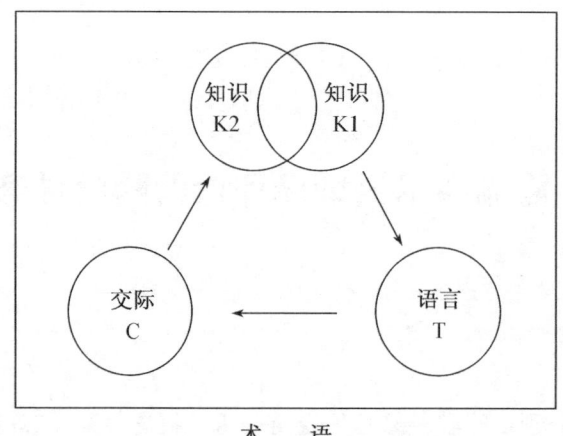

图 6-1　术语交际示意图

如图 6-1 所示,这一过程的起点是一个知识概念,以知识 K1 来表示,K1 需要用语言符号进行表征,因此有了语言单位 T,T 的存在是为了交流和传播 K1,这一过程用交际 C 表示,交际 C 以书面或者口头形式进行,但无论交际 C 以何种方式进行,交际的内容是不变的,即术语的知识内涵,此处用 K2 表示,K2 也是这一交际过程的终点。传统术语学对语言单位 T 的种种规束,包括科学性、理据性等都是为了知识 K1 在交际过程中无论是质还是量都能够不损失,最终使得知识 K1 和知识 K2 尽可能重合。整个过程是单向的,知识 K1 是封闭的,T 作为语言载体不能反作用于知识本身。知识 K2 也是封闭的,交际过程、交际目的不会对知识内涵产生影响。

然而,图 6-1 的这种交际过程并不适合以隐喻方式命名的术语。前面两章已经阐明,隐喻型术语并不仅仅是知识内涵的表征符号,它还具有双重修辞功能:作为科学隐喻,它是科学修辞的重要组成部分,对于拓宽科学研究视角、拓展科学思维具有重要作用;作为言语交际单位,它符合术语命名的简明性、理据性和系统性要求,具有感情色彩,能够隐晦地表达术语命名者和使用者的理论姿态与意识形态倾向,同时能够适应不同的交际情景,担当文本架构的辅助工具,潜移默化地影响术语受众,它还赋予了严谨、枯燥的科学语言以生动性和趣味性，有利于术语的交际和传播。因此，隐喻命名的特殊性使得隐喻型术语的交际过程与非隐喻型术语具有显著区别，图6-2可以更好地阐释它的命名和交际过程。

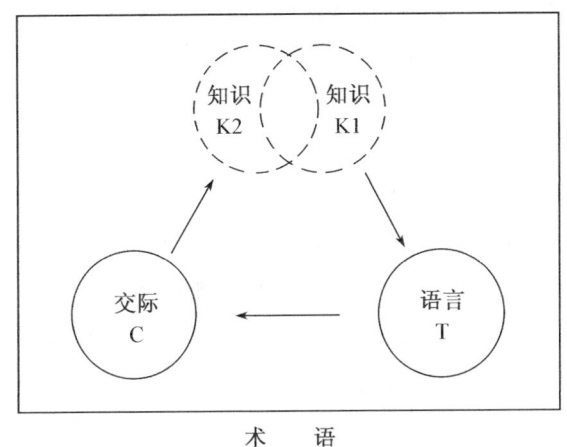

图6-2　隐喻型术语交际示意图

如上图6-2所示，K1依然是出发点，代表初始的知识内涵，不同的是，K1不再是封闭的圆圈，它有开放性的缺口，与语言表征符号T之间也不再是单向而是双向的作用关系。这是因为隐喻解读的开放性赋予了隐喻型术语开放性、过程式解读的特点，隐喻表达背后的隐喻思维给包括术语命名者在内的专家群体提供了看待事物的新视角，能够拓展和延伸科学思维，从而在质和量上不断丰富术语的知识内涵。图6-1的框架中交际目是单一的，即交流和传播术语的知识内涵，因此，交际情境和交际目的不会对术语的知识内涵产生影响，但对于隐喻型术语而言，交际过程会对作为知识单位的术语增加额外的交际内涵，交际情境和交际目的不同，增加的交际内涵也会有所区别，因此知识K2也是开放性的，能够接纳新内容的注入。

图6-1和图6-2描述了一般术语和隐喻型术语在单语中的命名和交际过程，并未涉及术语的跨语交际。但是，既然一般术语和隐喻型术语在单语中的交际过程如此不同，那么显然不能简单地以一般术语翻译的

方式去对待隐喻型术语翻译，单纯满足于实现概念表征要求，仅仅把语言符号的对等转换作为依据，而是要综合考量它作为科学隐喻和言语交际单位的修辞特殊性，以实现术语的跨语修辞功能对等为目标。因此，有关隐喻型术语翻译的研究应该考虑其跨学科修辞取向，在充分考虑其认知和交际的双重修辞功能和复合修辞特征的基础上实现修辞效果的跨语传递。

下面以经济学术语 fiscal cliff（财政悬崖）的翻译为例阐释隐喻型术语翻译修辞取向的必要性和重要性。"财政悬崖"指的是美国在 2013 年 1 月 1 日这个时间点启动自动削减赤字机制，使得政府财政开支被迫突然减少的情况。它实际上是财政危机的一种具体形式，"悬崖"隐喻的本体是"危机"。比较术语"财政悬崖"与"财政危机"，不难发现，虽然两者在概念意义表征方面并无实质差别，但是通过"悬崖"意象的隐喻联想，"财政悬崖"在表达出危机概念的基础上，还能向术语受众警示危机的紧迫性和危险性，体现了术语作为言语修辞单位的表情功能。这一术语最初由伯南克（Ben Bernanke）在 2012 年 2 月 7 日的美国国会听证会上首次提出。作为当时的美联储主席，他显然不希望发生"财政悬崖"这样的状况，因为货币政策的根本任务之一是降低失业率，而一旦"财政悬崖"成为现实，失业率会上升。一些分析者所提出的 fiscal slope（财政陡坡）或 fiscal hill[①]（财政山丘）也许更贴近事实，但与偏缓和的表达或者直白的"财政危机"相比，术语"财政悬崖"所建构的经济现实显然更具有视觉和心理冲击力，更容易引起人们的重视，敦促国会采取措施防止这一事件的发生，有利于术语使用者实现其交际目标。另外，cliff 的意象还提供了一种文本建构的可能性，下述《金融时报》的报道文章段落即为一例：

1. The US is unlikely to fall straight off the fiscal cliff. If

---

① 参见 https://en.wikipedia.org/wiki/United_States_fiscal_cliff "Some analysts had argued that fiscal slope or fiscal hill would have been a more appropriate analogy because while the cumulative economic effect over all of 2013 would be substantial, it would not have been felt immediately but rather gradually as the weeks and months went by."

Mr. Romney wins the election, the most probable outcome is that the payroll tax cut will expire, but everything else will be postponed for at least six months in order to attempt a big tax reform.

If Mr. Obama wins, the situation will be a little trickier. Again, the payroll tax cut will probably expire, but Mr. Obama will push hard to see that the Bush tax cuts for those on higher incomes expire as well, while limiting cuts to spending.

Republicans in Congress will not accept that without a fight, and while leaders in both parties understand <u>the perils of going off the cliff</u>, last summer's debt ceiling fiasco suggests they will be quite willing to <u>dance along the edge of it</u>. Even if all goes well, the expiry of the payroll tax cut will still mean some fiscal tightening in the US next year[①].

"fall straight off the fiscal cliff""the perils of going off the cliff"以及"dance along the edge of it"之类的表达都是基于 cliff 这一隐喻概念的延伸,这些延伸将文章内容紧紧串联起来,建构了通俗易懂的普及文本语境,同时,cliff 意象的重复强化了本体"危机"和喻体"悬崖"之间的纽带联结,使读者更容易接受这一隐喻设定的现实。分析表明,隐喻型术语"财政悬崖"具有认知和交际的双重修辞功能和复合修辞特征,如果采用非修辞取向的翻译策略,将其译为"财政危机",显然不能实现跨语修辞功能对等这一目标。这一例子也说明隐喻型术语的翻译应当以其修辞内涵的有效传递为依归,尽可能在译语中实现源语术语的复合修辞效果。因此,如何评价隐喻型术语跨语修辞效果的实现就成了亟待解决的问题。

---

① 参见 http://www.tingvoa.com/html/20121120/94923.html(英文原版)以及 http://www.tingvoa.com/html/20121120/94923_2.html(中文版)。

6.2 隐喻型术语翻译的跨学科修辞效果评价[①]

上一节的分析表明,隐喻型术语具有明显区别于一般术语的复合修辞内涵,其修辞特殊性决定了它的翻译除了需要遵循一般术语翻译的基本要求,即正确、有效地表征术语概念内涵以外,还应当重视跨语修辞效果的实现,即遵循跨学科修辞效果评价标准。这一评价标准以隐喻型术语的双重修辞功能和复合修辞特征为基础,以实现修辞效果的有效跨语传递为依归,有其体系性。下面将从认知和交际两个层面来具体描述隐喻型术语翻译的修辞效果评价体系。

6.2.1 科学修辞认知功能的跨语实现

作为科学隐喻的隐喻型术语在知识层面具有认知修辞功能并通过相应的形式特征来实现。其中,认知修辞功能分为浅层认知和深层认知(详见第四章),浅层认知主要关涉概念的正确、有效表征,深层认知功能则涉及科学隐喻的思维功能——建构科学理论,为本学科和他学科的发展不断输送灵感。其认知修辞特征表现为喻源特征、隐喻性特征以及组合和系统能产性特征(详见第五章)等。隐喻型术语的认知修辞特征一方面体现了认知修辞功能,另一方面也有助于更好地实现认知修辞功能,两者相辅相成,构成隐喻型术语的认知修辞内涵。其跨语实现效果主要涉及知识层面,在语言层面也有所体现,其跨语修辞效果具体可以通过术语信息的质、术语信息的量以及术语信息的系统再生性三个方面判断。

(1) 术语信息的质

术语信息的质主要指术语信息传达的准确性。对于一般术语翻译,

[①] 本节部分内容已整理成文《隐喻型术语翻译的跨语修辞功能实现及其系统评价标准——以英汉经济学术语翻译为例》并发表于《中国外语》(2021)上。

第六章　隐喻型术语翻译评价的跨学科修辞策略

语言表达的准确性是首位的。根据第三章的阐释，术语命名是命名者从一系列可能的表达中选出最适切的语言符号来表征某个概念意义的过程。术语命名是一种特殊的修辞行为，其结果也是一种修辞结果。从这个意义上来说，原语术语表达本身就是考虑到涵盖和传递术语学术内涵的优化结果，正如图6-1所示，有效的术语命名应该尽力做到让它的学术内涵在历经交际过程到达术语受众之后基本不变，因此，术语的字面含义是与学术含义密切关联的。语言层面翻译得足够准确才能够尽可能地减轻其学术内涵在交际过程中的失真，隐喻型术语的翻译也不例外。准确翻译隐喻型术语的前提在于厘清这类术语的学术含义和字面含义之间的对应关系，下面用几个术语实例说明。

术语 golden parachute 指的是在公司被兼并或收购的情况下公司高管可以获得丰厚补偿金的条款[①]。从 parachute 一词不难推测出这种条款或策略旨在帮助失去工作的管理人员平稳度过从公司高管到失业人员的由高至低的坠落过程，golden 这里表示丰厚的意思，与之相呼应的还有针对中层管理人员的银降落伞条款以及一般员工的锡降落伞条款。golden parachute 最为常见的中文对应术语是"金色降落伞"，《新帕尔格雷夫货币金融大辞典·第二卷》将其翻译为"补偿金降落伞"。从术语信息的质的角度来考量，这两个翻译都值得商榷。"金色降落伞"的"金色"属于误译，字面表达容易引起歧义，术语受众可能会误以为降落伞是金色的，从而难以判断术语内涵；"补偿金降落伞"虽说用"补偿金"一词提示了术语内涵，却使得它的概念意义范畴扩大了，因为补偿金降落伞可以包括针对高级管理者的 golden parachute、针对中层管理者的 silver parachute 以及针对一般员工的 tin parachute 三种类型[②]。用"金降落伞"来翻译 golden parachute 更为准确，汉语中有"金饭碗"一词，这一联想更有利于术语受众推断该术语的概念内涵。相应地，silver parachute 可以译为银降落伞，tin parachute 则可以译为"锡降落伞"，如此翻译可以兼顾到隐喻

---

① http://www.investopedia.com/terms/g/goldenparachute.asp.
② http://lexicon.ft.com/Term? term=golden,-tin-and-silver-parachutes.

术语命名的系统性。

准确不等于逐字逐词的对应。有些时候由于中英文语言意义的差异,逐字逐词的翻译反倒容易引起歧义或误解。将 wildcat[①] banking 译为"野猫银行"、lemon[②] market 译为"柠檬市场"就损害了术语信息的质,这两个译语术语在某种意义上都会误导术语受众。有时,对于整体隐喻式的隐喻型术语,译者放弃逐词翻译,从术语的学术内涵中提取部分信息,形成新的部分隐喻式术语表达,反而能够更好地传递术语信息的质,这一点在第五章已有探讨。例如,会计学术语 window dressing,字面看来是"橱窗装饰"的意思,学术内涵是指对财务报表进行粉饰。一般专家群体在专业语境中理解 window dressing 肯定不会产生误会,但对其他交际群体而言,脱离语境仅从字面去理解这一术语是比较困难的。因此,将其译为"账面粉饰"会比"窗口包装"更为准确,更能兼顾多层次术语受众的需求。

(2) 术语信息的量

术语信息的量主要指术语概念内涵传递的充分性。术语是科学概念在语言中的凝练表达。与直接引述术语的概念内涵相比,它能够更方便地指称和交际。相同的信息量,表达长度越短,交际就越方便;相同的表达长度,传递的信息量越多,交际效果就越好。简言之,量的判定标准在于术语语言表达长度和信息量大小是否构成了最优组合。术语命名的简明性原则就是对语言表达长度的要求,理据性则与信息量的大小相关。术语的理据性越好说明它传达的信息量越大,术语受众就会越容易认知和理解术语内涵。第四章中对比的两个同义术语 trading curb(交易限制)和 circuit breaker(熔断机制)的例子就很好地说明了这一点。二者表达长度一致,但传递的信息量具有明显区别,"交易限制"只能让术语受众推断出事件的结果,但"熔断机制"则能够帮助术语受众判断它的作用机

[①] 英文中的 wildcat 有"不符合正常标准"的意思,wildcat banking 指的是那些不符合标准、开设在偏远地区的银行。

[②] 此处英文 lemon 是次品的意思,lemon market 指的是次品市场。

制、功能和目的等。事实上,采用隐喻方式命名是增大术语表达信息量的有效途径之一。隐喻命名的基础是术语本体概念与喻体概念具有相似性,通常情况下术语受众对喻体更为熟悉,能够自然地提取喻体认知并转移到本体上去,从而获得更多的术语内涵。因此,对于隐喻型术语的翻译来说,译语术语受众是否能够获得与原语术语受众同样的信息量是一个重要的判断标准。下面用几个实例说明。

术语 bridge loan 指的是由投资银行或商人银行或商业银行提供的短期贷款,它将很快被更长期的融资所取代①。从定义中不难看出,这种贷款是过渡性质的。bridge 作为一种工具,起到过渡的功能,这种功能正是这一术语的命名理据所在。它对应的中文术语是"过渡贷款",而非"桥梁贷款"。"过渡"一词的本义是指由此岸至彼岸,因此,中文术语"过渡贷款"部分保留了原语术语的隐喻性,虽然因为它的引申义更为常用,中文术语受众几乎察觉不到这种隐喻性。中英文术语都仅能提取"过渡"这一信息,该术语的其他内涵,如短期、高风险、高利率等仅从术语表达本身无法获得,因此在跨语传递的过程中,术语所承载的信息量并无损失。事实上,与中文术语相比,英文术语 bridge loan 的信息解码过程还需要多一个"桥梁—过渡"的步骤,舍弃桥梁意象对于术语信息的量并无影响,某种程度上还加快了术语受众的信息提取速度。

术语 money laundering 可以定义为将非法活动(一经发现会引起财务损失或犯罪指控)收入转变为其来源可有效地不受执法者和社会注意的房地产或金融资产②。laundering 原意是指衣物由脏变干净的洗涤过程,因为非法所得的金钱通常被称为 dirty money,合法的金钱则称为 clean money,这使得 laundering 与 money 的组合使用合情合理。这一术语的命名理据在于洗衣和洗钱都会经历从"脏—干净"的过程,区别在于洗衣服的过程是具象的,洗钱的过程是抽象的。衣物的洗涤属于人类的

---

① 参见"过渡贷款"词条,纽曼等:《新帕尔格雷夫货币金融大辞典·第一卷》(2000),第229页。

② 参见"洗钱"词条,纽曼等:《新帕尔格雷夫货币金融大辞典·第二卷》(2000),第768页。

共性认知，因此无论是英文术语受众还是中文术语受众，他们从 money laundering 和"洗钱"这两个术语表达本身所提取的信息量一样，并未因为跨语而有所改变。

术语 stock dilution 或 dilution 被直译为"股权稀释"。英文 dilution 与中文"稀释"意义基本一致，即加溶剂于溶液中以减小溶液浓度的过程[1]。在不了解术语专业含义的情况下，对稀释的概念具有常识认知的术语受众可以提炼出两点核心信息：溶剂增加、浓度变小。如果将这部分认知转移至 stock，应该能够推断出股票数量增加、股权变小这一内涵。对比专业定义"a reduction in the ownership percentage of a share of stock caused by the issuance of new stock[2]"，不难发现，与上述推断差距很小。中英文术语受众从各自的术语中所获取的信息一致，跨语未对术语表达提供的信息量产生负面影响。

术语 sunk cost（沉没成本）和 supply chains（供应链）情况类似，在跨语之后术语表达提供的信息量得到了保持。究其原因，这几个术语命名选用的喻源基本都是常识性的事物或现象，属于人类共性认知，因此在跨语时原语术语的命名理据能够一并转移到译语术语上。当然，现有经济学隐喻型术语因为跨语翻译造成信息量丢失的情况也不少。

术语 bargain hunter 一般译为"竞价交易者[3]"，是投资人的一类，指那些仅当某人满足了他们的价格要求才会交易的买便宜货的人。英文 hunter 一词非常形象，bargain 是他们的猎物，也唯有 bargain 才会让他们出手。不难看出，原语受众很容易获取这一术语的大致学术内涵。对比中文译名，舍弃了猎人的形象，代之以意义上更为中性的"交易者"，同时类似"到处寻找""逐利"这样的意义信息也随之丢失，使得中文受众难以从术语表达上去推断术语的意义。这样的翻译，从信息量传递的角度来说无疑是不合格的。

---

[1] 参见《辞海》，1989 缩印版，第 1975 页。
[2] http://www.investopedia.com/terms/d/dilution.asp
[3] 参见"竞价交易者"以及"证券交易商"词条，纽曼等：《新帕尔格雷夫货币金融大辞典·第一卷》，第 174 和 554 页。

第六章　隐喻型术语翻译评价的跨学科修辞策略

术语 white squire 是公司股权并购中使用的术语，一般译为"白乡绅"，通常与术语"白衣骑士"搭配使用。在专业内涵未知的情况下，先来分析英语术语受众仅从这一术语表达本身能够获取什么样的信息。术语"白衣骑士"第五章已有讨论，其中 white 一词传递的文化信息是"友善的"。那么 squire 与 knight 之间是什么关系呢？权威英文词汇网站 vocabulary.com 上有这样的解释：

> During feudal times squires were young men who assisted knights. For their loyalty, they were given land, making them and their descendants rich and powerful①.

从这段话可以推断出如下信息：squire 地位低于 knight，是 knight 的助手，并且他的帮助是期待回报的。根据这些信息可以推断出在公司收购过程中，white knight 是主导，white squire 起辅助作用，目的是为了成功并购后的利益回报。事实上，这样的理解已经基本涵盖了专业定义的内涵意义。反观汉语，"乡绅"一词一般指乡间的绅士、乡里的官吏或读书人，很难想象中文术语受众能够将之与"骑士"进行语义关联，更别提"白"与"乡绅"这样的组合本身会引起歧义，难以理解。显然，中文术语受众无法仅从字面表达来推测该术语的学术内涵。原术语的命名理据在跨语过程中丧失，相应地，原语术语表达所承载的信息也未能等量传递至译语中。

有时，术语命名者在采用隐喻方式命名时直接将喻体原有的结构关系平移至本体中以命名一对甚至一系列术语。这种情况下，对术语信息传递的质和量的考虑仅停留在单个术语层面是不够的，结合术语系统，充分考虑术语之间的系统关系才能更有效地保证质和量的传递。仍以第四章讨论过的 parent company、daughter company、sister company 这三个术语为例。原语术语命名的理据非常清楚，原语受众对 parent-daughter-

---

① https://www.vocabulary.com/dictionary/squire.

sister 这三者关系的认知让他们能够准确判断出这三个术语所表征的学术内涵之间的关系,而对应的中文术语"母公司""子公司"和"平行公司",前两者的关系依旧清楚,但"平行公司"脱离了这种关系链,由于信息量的损失,译语受众在理解时会比原语受众困难一些。鉴于 daughter company 被译为"子公司"且这一译法已经被广为接受,将 sister company 译为"兄弟公司"也未尝不可,这样能够在不损害术语信息的质的前提下保留原语术语所传递的信息的量。

(3) 术语信息的系统再生性

以隐喻方式命名术语是思维技巧在语言层面的体现。无论是故事还是隐喻,都是通过浅显易懂的语言来直击事物的本质,使得复杂难懂的经济现象简单明了。法国经济学家魁奈(Francois Quesnay)在其理论中指出,经济的自然状态可以被描述为不同的经济部门收入的循环流,不同的社会阶级均寻求净生产的最大化,可以将之比作人类的血液循环以及人体的自稳态。(转引自 Callejas 2007:156)显然,魁奈的外科医生背景启发了他作为经济学家的思维,让他能够一语道破复杂的生产过程背后与血液循环相似的流通性质。隐喻性语言通俗易懂,常常让人误以为其背后的思维一样直白浅显。然而事实上,唯有对事物本质保持高度的敏锐性,才能洞察复杂的本体与简单的喻体之间的相似性,进而通过隐喻命名的方式来启发思考。隐喻思维的启发性和隐喻解读的开放性特征使得隐喻型术语具有一个重要的特点,即信息的系统再生性。

信息的系统再生性是指包括术语命名者在内的专家类术语受众在历时的科学语境中通过对隐喻型术语中本喻体概念相似性的不断挖掘,从纵向和横向两个维度丰富和延伸术语的概念内涵。纵向维度的丰富是指对某一隐喻型术语本身概念的不断完善,不断孳生出新的术语,进而形成某一概念框架内的小型术语系统;而横向维度的延伸则能够让某个隐喻型术语游离出本学科,为其他的横断学科、交叉学科做出贡献。在隐喻型术语命名之初,术语命名者本身可能只是洞察了本喻体之间的一些相似性,当这些相似性得到验证之后,术语受众,主要是专家类受众,通常会进一步挖掘可能的相似性并再次验证,证实的部分被保留,证伪的部分被舍弃,这一过程循环往复从而最终建构出某种较为完整、同时依然是开放性的概念理论体系。理论建构类隐喻型术语一般都需要经历这一过程。这类术语与概念表征类和交际劝说类隐喻型术语最大的不同就在于它所表达的理论概念的发展潜力更大。信息的系统再生性体现了理论建构类隐喻型术语最为本质的功能和特征,是其核心价值所在。对于任何一门学科来说,理论建构类隐喻型术语都是必不可少的:生态翻译学是生态隐喻思维在翻译领域的应用,翻译博弈论借鉴的是博弈隐喻思维,演化经济学是生物演化思维在经济学中的推演等,不一而足。

以大量使用生物学隐喻的演化经济学(Evolutionary Economics)为例。实际上,这一经济学分支的英文名称本身就是隐喻型术语,来自"ECONOMY ORGANIZATIONS GO THROUGH BIOLOGICAL EVOLUTION"这一概念隐喻。从这一隐喻思维出发,通过经济演化与生物演化的类比,经济系统被看成了 evolutionary systems(演化系统),经济效率被定义为 adaptive efficiency(适应性效率),类似 variety principle(多样性原则)、genetic principle(遗传原则)、selection principle(选择原则)、gene frequency(基因频率)、gene pool(基因库)这样的生物演化术语通过隐喻映射的方式运用到了经济学领域来研究组织、技术和制度等问题,形成了演化经济学的庞杂理论体系。尽管演化经济学家对生物隐喻的过分倚重受到了一些质疑和诟病,但不可否认,这一研究范式在主流的新古典经济学静态的存在论机械世界观之外开辟了新的研究视角,提供了一种动态演化的有机世界观,而这一切都离不开最初 evolution 这一隐喻的使用。正是对 economic evolution 这一术语的纵向丰富和横向延伸才有了演化经济学的理论体系,此类具有极强的信息可再生性的理论建构类隐喻型术语对于学科发展的重要性不言而喻,因此它们的翻译自然也必须审慎处理,以便最大限度地保留术语信息再生,同时也是理论继续发展的可能性。

综上所述,判断隐喻型术语的科学修辞认知功能的跨语实现效果应当从术语信息的质、术语信息的量以及术语信息的系统再生性这三条原则出发。其中,前两者主要着眼于隐喻型术语表达对术语概念内涵的修辞建构,通过修辞性地选择适切的译语表达来准确、充分、高效地传递原语术语的概念内涵,促进术语受众对术语内涵的认知和记忆,是适用于所有类型隐喻型术语翻译的通用性原则;术语信息的系统再生性主要着眼于隐喻型术语思维功能的实现,通过体现术语表达的系统性隐喻思维进一步促进其所表征的术语概念内涵的深层认知,为本学科,甚至其他学科的进一步发展提供可能。这三条原则既考虑到了隐喻型术语作为科学修辞的特殊性,也兼顾了一般术语翻译的基本要求,因而能够较为全面地考察隐喻型术语的科学修辞认知功能的跨语实现。

6.2.2 言语修辞交际功能的跨语实现

从言语交际的角度来看,隐喻型术语能够更好地进行劝说,这一点在第四章已经以经济学术语为例具体阐释过。之所以如此主要是因为:(1)从术语信息的获取速度来看,通常隐喻型术语传递术语信息的速度更快,术语受众能够更快地从术语表达中获取术语的专业内涵;(2)从术语信息的传递力度来看,隐喻型术语所具有的表情功能使得其表达的概念具有形象性,能够施予术语受众更大的冲击力度,从而更容易达成劝说效果;(3)从术语信息的文本延展性来看,在特定的语境中,术语命名者和使用者通过对隐喻型术语的喻体部分内涵表达的系统延展,能够更好地架构文本,多角度多层次地增强劝说效果。

(1)术语信息的获取速度

术语信息的获取速度是指术语受众理解术语的语言表达,从中获取术语专业内涵信息的速度。得益于隐喻的认知促进作用,隐喻型术语能够让术语受众通过联想快速地推断出术语的学术内涵。对于 vehicle currency(媒介货币)、quality ladder(质量等级)、price-cap regulation(价格上限规制)、leveraged buyout(杠杆收购)这样的术语,受众对喻体概念 vehicle、ladder、cap 以及 leverage 的熟悉程度非常高,因此能够快速联想推断出它们所表征的学术内涵。鉴于术语信息传递的速度会影响到术语交际的质量,在隐喻型术语的翻译过程中,译者也应当考虑受众获取术语信息的速度。

在跨语过程中,因翻译选择影响到信息获取速度的例子并不鲜见。这种情况通常是由于文化差异引起的,原语受众所熟知的喻体对于译语受众可能是陌生的,如果直接移植到译语术语中,原本能促进认知的隐喻反倒会成为认知的阻碍。以术语名词 Black Monday(黑色星期一)和 Black Friday(黑色星期五)为例。前者指的是美国金融历史上黑暗的一天,即 1987 年的 10 月 19 日,它见证了纽约股票交易所史上的单日最大跌幅。Black Monday 中的"Black"是负面的,基于"PESSIMISM IS DARK"这一概念隐喻命名。在汉语文化中,黑色也具有类似的负面意义,汉语对应术语"黑色星期一"并不会影响汉语术语受众的理解速度,他们同样能够较快地推断出该术语的大致内涵。Black Friday 指的是感恩节后的第一个星期五,美国的圣诞节大采购就是从这一天开始。因为美国的商场一般以红笔记录赤字,黑笔记录盈利,大采购使得商场的利润大增,因而被称为 Black Friday。这一隐喻源自美国会计制度,汉语术语受众受文化的制约,很容易误读,看到"黑色星期五"很可能会产生与"黑色星期一"同样的联想,这种误解与术语的使用语境一般是不相容的,因此术语受众对该术语的理解可能只能从相关语境中获得。显然,不当的译语术语表达影响了术语信息的获取速度。以"black"为隐喻概念的术语还有一些,如 black market(黑市)、black economy(黑色经济)、black knight(黑衣骑士)。前两者均基于"ILLEGAL ACTIVITIES ARE BLACK"这一概念隐喻命名,此隐喻概念也是英汉两个文化所共享的,因此直接移植并不会影响到信息的获取速度;而 black knight 与 white knight 一样,其隐喻概念来自大部分汉语受众并不熟悉的西方骑士文化,直接译为"黑衣骑士"同样也会影响到汉语术语受众获取术语内涵信息的速度。用于公司收购语境中的骑士系列术语还包括 gray/grey knight 和 yellow knight 以及上文提到的 white squire。其中,gray knight 是指在公司收购过程中不请自来的、在第一出价者和目标公司之间出现任何裂痕时意图插入进来的公司;yellow knight 指原本意图恶意收购最后转向并购洽谈的公司。前者本身的命名理据含混不可考,只能从术语命名者意图保持术语的系统性上来解释。至于后者,yellow 在英文中具有懦弱之类的联想①,从恶意收购转向并购洽谈的行为也确实可以用懦弱来解释,然而黄色在汉语文化中并无此类联想,汉语文化中黄色最为常见的联想是帝王之色,代表的是权力,若直接译为"黄衣骑士"必然会让受众很费解,影响术语内涵信息的获取速度,进而影响术语交际的质量。

(2) 术语信息的冲击力度

术语信息的冲击力度主要是指术语受众通过术语的语言表达所感知到的冲击程度。不同于一般术语所保持的修辞中性,隐喻的修辞属性赋予隐喻型术语恰当的表情功能,很多隐喻型术语表达都带有感情色彩和形象色彩,内涵也更加丰富,除了专业内涵以外,熟悉的喻体意象能够给受众带来画面感,从而对术语受众产生冲击,这种交际内涵叠加在术语的专业内涵之上,使得术语表达更具层次性,能够更好地实现劝说的修辞效果。例如,cut-throat competition 中的 cut-throat 非常形象直观地描述了此类竞争的惨烈程度,译为"卡脖子竞争"对术语受众的冲击力度显然不如"割喉式竞争";squeezed middle(受挤压的中产阶级)中的 squeezed 一词让术语受众能够直观地感受到因为生活成本提高而收入未相应增加从而实际生活水平不断下降的中产阶级人群的窘况;economic collapse(经济崩溃)中的 collapse 一词所展现的严重后果,fiscal drag(财政拖累)中的 drag 所带来的负担感,dumping(倾销)所描述的像倾倒垃圾一样销售廉价商品的行为,诸如此类的种种修辞效果术语受众均能够直接体验、感知,这也是隐喻型术语表达冲击力度的直观体现。冲击力度会直接影响到术语的说服力,进而影响其交际修辞功能的实现。下面通过几个术语实例来说明。

在公司收购的语境中存在这样的概念隐喻:"TAKEOVER IS WAR",其中被收购的公司是防御方,采取收购的公司是进攻方,且防御方通常被视为正义方,进攻方被视为非正义方。下面一组术语充分反映

---

① http://www.investopedia.com/articles/03/090303.asp

了这种暗含信息：corporate takeover defense、corporate raider、killer bee、shark repellent。在公司保卫战中，为了应对恶意收购的 corporate raider，被收购的公司可以采取诸如 killer bee、shark repellent 等防御措施来阻止恶意收购行为。术语 corporate raider 是指那些大量购买价值被低估的公司的股票以获取公司控制权、进行管理层变更的投资者[①]。英文 raid 意为快速的、出其不意的袭击，在 raider 这一喻体概念中，快速、出其不意是关键术语信息。原语受众对 raid 一词的认知使他们很容易提取这些关键信息，同时这些信息能够给他们带来一定的心理冲击力，使他们体会到一种紧迫感，让他们替被袭击的公司担忧、着急。《新帕尔格雷夫货币金融大辞典·第一卷》将其译为"公司袭击者"，不难看出，尽管这一隐喻型术语的喻体在某种程度上得到了保留，但是对术语受众的那种紧迫的心理冲击力却丢失了。术语 killer bee 是指帮助被收购公司抵御恶意收购的个人或公司[②]。killer bee 本身是一种攻击性非常强的非洲蜜蜂，译为杀人蜂，群集的杀人蜂会用无数的刺去攻击受害者，其威慑力不言而喻。除了专业内涵以外，术语受众通过喻体认知的联想能够进一步体会到一种不寒而栗的感觉，在这一点上，原语术语受众和译语术语受众是一致的。另一术语 shark repellent 指的是被收购公司为了抵御恶意收购而采取的任意一种措施，比如修改公司章程使其对收购公司不再具有吸引力或者不再有利可图。鲨鱼是贪婪且可怕的，一旦落入鲨口便是灭顶之灾，这一形象本身的冲击力使得受众很容易地得出必须采取措施对其进行驱逐以免受其侵害的结论。从交际的角度来看，将鲨鱼的形象加诸采取收购行动的公司进一步强化了收购公司的非正义方属性，使得术语受众更容易认同被收购公司采取的一些防范恶意收购的措施。与中性的术语表达"反接管措施"比起来，"驱鲨剂条款"或"拒鲨条款"能更好地保留原语术语带给术语受众的视觉和心理冲击力，从而更容易达成劝说的修辞效果。

---

① http://www.investopedia.com/terms/c/corporate-raider.asp
② http://www.investopedia.com/terms/k/killerbees.asp

(3) 术语信息的文本延展性

术语信息的文本延展性指的是在具体的文本语境中,术语使用者利用隐喻型术语中的隐喻部分的各种联想和搭配来延伸、拓展、架构文本。这里的文本可以小到标题、句子,大到段落甚至篇章。术语使用者通过延伸和拓展对喻体的既有认知可以强化术语表达中的喻体的修辞效果,更好地进行文本的衔接,增强文本的说服力。简单的如 hot money 中由 hot 一词可以延展出 cooling down hot money 这样的表达,hot money 通常译为"游资"或"热钱",在这一语境中无疑"热钱"比"游资"更合适。再如这则来自新华网的标题:"Price war looms as smartphone market booms"[①]。术语 price war(价格战)的喻体 war 触发了动词 loom 的使用,loom 又触发了 boom 的使用,这两者的结合使得标题的表达更加对称,具有韵律美。试想如果把 price war 换成 price competition 还会有这样的效果吗?答案显然是否定的。

值得指出的是,对于某些所谓的"死隐喻"而言,它们在文本层面上的信息延展性实际上是其隐喻性依然活跃的最好证明。这一点在第五章中探讨理论建构类术语的隐喻性特征时已有提及。再以经济学术语中一个常见的死隐喻 balance 为例,含有这一隐喻概念的组合术语非常多,如 balance of trade/trade balance、balance of payments、balance sheet、current account balance、cash balance 等。balance 一词的本义指"an apparatus for weighing, consisting of a beam poised so as to move freely on a central pivot, with a scale pan at each end[②]"。据布鲁尔(Brewer 2003:80)所述,马利纳(Malynes)于 1601 年使用的 overbalancing of trade 的说法很可能是 balance 这一隐喻用法的最早表述。在经济学中,该词现在主要用以描述两方之间的一种角力关系,如进口国和出口国(balance of trade)、贷方和资方(balance sheet)等。例如,balance of

---

① http://news.xinhuanet.com/english/business/2015-07/20/c_134428559_2.htm
② 参见《剑桥高阶英汉双解词典》(2008)。

trade 指的是一国进口和出口之间的差异①,当出口大于进口时,该国处于有利位置,得到 favorable balance of trade,反之则处于不利位置,得到 unfavorable balance of trade 的结果。这一术语对应的中文术语有两个:"贸易平衡"和"贸易余额"。前者某种程度上保留了隐喻意象,后者则完全舍弃了隐喻意象。事实上,在经济学语境中,balance 的隐喻性几乎已经完全消逝,且在一般的词典中获得了单独非隐喻性的义项陈述。《剑桥高阶学习者词典》的 balance 词条下有"the adjustment of accounts"这一大类义项,里面列出了以下一些解释:

> the process of finding the difference, if any, between the Dr. and Cr. Sides of an account, or set of accounts; the exhibition of this process in a tabular form; the result so ascertained or exhibited;
>
> balance of trade: the estimation of the difference of value between the commercial exports and imports of a country; the difference itself, as it is in favour of, or against, the country;
>
> balance of payments: the estimation of the difference of value between payments into and out of a country.

从上述解释中确实已经很难看出 balance of trade 中 balance 的隐喻命名理据,这也解释了为什么一些中文对应术语会舍弃这一喻体了,balance sheet 更常见的对应术语是"资产负债表"而非"资金平衡表"。那么在真实语境中,balance 的隐喻性确实已经完全消逝了,成了与普通术语无异的死隐喻了吗?下面这篇题为"Can Zim-SA strike a balance in

---

① http://www.investopedia.com/terms/b/bot.asp?utm_term=balance+of+trade&utm_content=sem-unp&utm_medium=organic&utm_source=&utm_campaign=&ad=&an=&am=&o=40186&askid=&l=dir&qsrc=999&qo=investopediaSiteSearch&ap=investopedia.com

trade?①"的财经报道中,作者充分激活了术语 balance of trade 的隐喻概念 balance,并且利用这种激活的隐喻性对文本进行了延展架构。

2. ... it has become imperative that the two southern African countries come up with a plan to <u>strike some sort of balance</u>.

……

The problem with this state of affairs is that Zimbabwe has had to <u>bear the brunt of a trade imbalance</u>, more so in a situation where the depreciation of the South African rand (ZAR) against the United States dollar continues to undermine the competitiveness of local exports.

While government has been trying to <u>strike a balance</u> between imports from South Africa and export to that country through introduction of import duties on some locally produced goods, not much has changed.

……

So, to <u>achieve that balance</u>, there is need to increase the level of investment between two countries so that Zimbabwe can increase its production and allow for increased exports.

不难看出,从 strike some sort of balance 到 bear the brunt of a trade imbalance 再到 achieve that balance,这些表述都是基于 balance 这一隐喻概念的延展,也正是这些延展串起了整个文本的语言和概念架构。这个例子也进一步说明了隐喻型经济学术语中所谓的"死隐喻"其实并未死去,只是隐喻性暂时蛰伏,遇到合适的契机或文本触发点,它们的隐喻性能够随时被唤醒,并为文本的组织架构服务,通过喻体概念的延展,强化

---

① http://southernafrican.news/2016/03/24/can-zim-sa-strike-a-balance-in-trade-2/

其修辞效果,增强文本的说服力。

综上所述,判断隐喻型术语的言语交际修辞功能的跨语实现效果应当从术语信息的获取速度、术语信息的冲击力度以及术语信息的文本延展性这三条原则出发,亦即译语受众获取术语内涵的速度是否与原语受众一致、译语受众对术语表达的冲击程度感知是否与原语受众一致、译语术语是否能够与原语术语一样通过喻体概念的延伸提供文本的组织架构方式。这三条原则围绕隐喻型术语跨语后的交际质量和交际效率是否与原语一致提出,充分考虑到了隐喻型术语作为言语交际单位的特殊性。

需要指出的是,隐喻型术语作为科学修辞的认知功能和作为言语交际单位的交际功能是否得到跨语实现是判定其跨语修辞效果的主要依据,但并非所有隐喻型术语均同时具有这两个方面的修辞效果。一般而言,术语信息的质和量属于通用原则,适合所有类型的隐喻型术语,且是概念表征类隐喻型术语的主要关注点。此外,交际劝说类隐喻型术语还要考虑术语信息的获取速度、术语信息的冲击力度和术语信息的文本延展性。理论建构类隐喻型术语在兼顾术语信息的获取速度、冲击力度和文本延展性的同时,另需重点关注术语信息的系统再生性。

从上述探讨可以看出,概念表征类隐喻型术语修辞效果相对单一,在进行翻译处理时也相对简单,交际劝说类次之,理论建构类隐喻型术语则最复杂,因为它们通常具有复合功能,在翻译过程中可能难以同时全部保留,面临取舍问题。一般来说,翻译隐喻型术语时应当遵循以下两条基本原则:第一,主要功能优先,优先级依次为深层认知(思维)功能、交际功能和浅层认知(概念)功能。第二,若某一主要功能特征层面内部的细化功能之间冲突,则深层认知功能优先考虑理论建构与发展功能,其次是思维的延伸与拓展功能,交际功能则首先实现劝说功能,其次考虑意识形态功能和文本建构功能,浅层认知功能优先保留隐喻表达的概念功能,其次再考虑隐喻的命名功能。

本书认为,主要功能优先原则应当是隐喻型术语翻译的首要原则。术语首先是表达科学概念的知识单位,它的知识内核是第一性的,没有知识内核就不存在所谓术语,因此在翻译隐喻型术语时,如果原语术语具有思维功能,那么将这种功能完整地传递到译语中去是译者的首要任务。其次,交际是术语的生存之本。如果说知识内核赋予了术语生命,那么交际则是维持这一生命所必需的养分。没有交际,术语就无法生存,或者说即使存在也无价值可言。再次,术语表达的确定过程是一种同义手段选择过程,命名者选择隐喻进行命名的主要原因在于它能够促进术语受众对概念的认知。因此,在译语术语中保留这种认知促进作用非常重要。综上,隐喻型术语的双重修辞功能的重要性是有区别的,如果在选择译语表达时出现功能之间相互冲突的情况,那么应当遵循思维功能优先于概念功能,概念功能优先于交际功能这一原则。结合第四、五章中对隐喻型术语的双重修辞功能和复合修辞特征的分类探讨,可以总结如下:理论建构类隐喻型术语要优先保证思维功能在译语中的实现,交际劝说类隐喻型术语要尽可能实现原语术语的交际功能,概念表征类隐喻型术语则要尽量再现原语术语的概念认知功能。

在主要功能优先的前提下,如果确定译语术语时某个主要功能特征层面的内部细分功能之间互相冲突的话,也需要遵循一定的优先原则。深层认知(思维)功能以理论的建构与发展功能为先,其次才考虑科学思维的延伸与拓展功能,因为如果隐喻类比不足以构建和发展新理论的话,那么它也很难强大到引起其他学科研究者的注意,因而也无从谈起延伸和拓展科学思维。交际功能以实现原语术语的劝说功能为先,其次考虑意识形态功能,最后考虑文本架构功能。其中,文本的组织架构功能更多的是与术语使用的语境相关联,在翻译术语时能兼顾自然很好,但如果与其他功能冲突,那么在翻译含有该术语的文本时可以设法进行相应的调整补救。浅层认知(概念)功能应当优先考虑以隐喻命名术语的认知优势,其次再考虑其命名功能,因为认知功能会直接影响到术语受众获取术语信息的质和量,以及术语受众获取术语信息的速度等,而术语的命名方式则可能会有更多的选择。

6.3 隐喻型术语跨学科修辞功能的跨语实现层面

翻译具有修辞属性，是一种广义上的修辞活动，这一点在第三章已有论述。隐喻型术语的翻译涉及双重修辞过程——作为原语术语接受者的译者接受原语修辞的过程，以及作为译语术语表达者的译者通过选择译语表达传递原语修辞的过程，这一双重修辞过程的理想结果自然是译者将原语修辞效果完好无损地传递至译语中去。然而，由于语言、文化、思维、交际语境等方面的差异，这一理想结果通常可遇不可求。译者只能尽量减少修辞效果的损失，要做到这一点，全盘把握原语术语的修辞效果是第一步。本章第二节围绕隐喻型术语的认知与交际的双重修辞功能和复合修辞特征建构了隐喻型术语的跨语修辞效果实现的判定原则。下面将从广义修辞学的视角出发，以经济学隐喻型术语为例，分别探讨概念表征类、理论建构类、交际劝说类这三类隐喻型术语的翻译策略以及具体的翻译方法。

6.3.1 概念表征类隐喻型术语——"修辞技巧"层面的再现

在术语研究中，修辞技巧可以理解为术语表达从语言层面对术语概念的建构。从命名的角度来看，隐喻型术语在建构和表征概念方面有其优势，以隐喻方式命名的术语通常具有简明性、系统性和理据性特征，符合术语命名的一般要求。隐喻概念的联想使命名者能够更简洁地表达概念意义，喻体概念结构的系统转移使命名者能够对相关术语概念进行系统性命名，喻体概念与本体概念之间的相似性让隐喻型术语更容易被理解和接受，能够有效促进术语受众对术语概念的认知和记忆。从这个意义上来说，概念表征类隐喻型术语集中体现了修辞技巧的建构，因而，这类术语的翻译可以采取原语术语修辞技巧再现的策略，根据现有的一些隐喻型术语翻译实例，本书作者发现，翻译实践过程中具体通常采取以下几种方法。

（1）直接移植

直接移植指的是将原语术语的字面表达直接完整地移植到译语中去。这种翻译方法一般适合于喻体概念属于中英文受众的共性认知范畴的隐喻型术语表达，即绝大部分喻源来自动物、生活、物体、人等领域的隐喻型术语。概念表征类隐喻型术语一方面命名新概念、新事物，填补词汇空缺，另一方面能够帮助受众理解、接受和记忆新概念。对这类术语来说，隐喻命名的理据尤为重要，它直接决定了术语受众认知术语内涵的速度和质量。对于隐喻型术语来说，理据性能够起作用的前提在于术语概念本体和喻体之间的相似性易于识别。术语概念本体是新知识，因此，术语受众是否具有充足的喻体概念认知就显得非常关键。只有在原语术语受众和译语术语受众对喻体概念的认知相同或基本相同的情况下，这种直接移植的翻译方法才能够最大限度地保存原语术语隐喻命名的修辞效果，才能够让术语受众保质保量地获取术语的知识内涵。如果译语受众对原语的喻体概念不熟悉，他们也就无从着手寻找本喻体概念之间的相似性，原语术语的隐喻命名理据因此会在跨语传递过程中丢失，从而影响译语术语受众获取术语内涵的速度和质量。下面是一些隐喻型术语以及采用直接移植的策略翻译的对应中文术语实例：

fiscal leverage	财政杠杆
social safety net	社会安全网
stock market crash	股市崩溃
institutional trap	制度陷阱
asset-striping	资产剥离
deflationary gap	通货紧缩缺口

上述这组术语的喻体部分，即"杠杆""网""崩溃""陷阱""剥离""缺口"等都属于中英文术语受众认知重合的范畴，在跨语修辞的过程中，原语术语的命名理据得以存留，译语受众获取术语内涵的质和量也不会受

到影响。

(2) 范畴显化

概念表征类隐喻型术语从形式上来看主要有两种：一种是部分隐喻式术语表达，另一种是整体隐喻式术语表达。整体隐喻式术语表达的特点在于术语表达中只有喻体部分。部分隐喻式术语表达的理据性更强，认知相对更为容易，在缺乏必要语境信息提示的情况下，整体隐喻式术语表达会给初次接触某一术语的术语受众带来认知上的困惑。范畴显化的翻译方法主要针对整体隐喻式术语表达，它指的是将喻体概念所应用的学科范畴部分用语言表达显化出来的一种翻译方法，其结构形式表现为"范畴＋喻体"或"喻体＋范畴"的并置，形成部分隐喻式术语表达，或者在喻体之后加上"效应""原理"等表明术语性质的词汇。这种结构形式初看有悖语法或逻辑，但逻辑、语法的不合理不代表修辞不合理，往往修辞效果的实现正是背离了表面逻辑和语法的结果。事实上，这种术语结构表面的不合语法、有悖逻辑可以看作给术语受众的提示，提示他们字面解读行不通，必须进行隐喻性的解读。喻体概念与其所应用的范畴的直接并置能够让术语受众对两者之间的相似性更加敏感，从而有利于术语内涵的提取。这种翻译方法有两个优点：其一，虽然术语表达可能会因此变长，但却可以让原语术语的命名理据在译语中变得更为直接、透明，能够让译语受众充分快速地获取术语信息量，更好地实现隐喻命名的认知功能；其二，这样的术语表达能够让术语受众快速地识别出其所属的知识领域和范畴，当类似术语单独出现在语境中且语境没有提供充分的话语信息让读者推断其含义时不至于感到困惑难解。这一点对于初次接触某一术语的受众以及没有学科背景的受众尤为重要。因此，将 circuit breaker 译为"股市熔断机制"虽然会让术语表达变长，但却提示了读者此处物理学术语"熔断机制"的应用范畴是股市新政，这样一来他们会更有针对性地去寻找两者的相似性，从而也更容易获取该术语的概念内涵。

一般这种只包含喻体的借用术语在语境中通常会以术语的形态出现，加上引号。引号的作用也是提示读者这种用法是非字面的用法，以免造成误解，比如下面这则新闻标题中的术语 window dressing 就用了引号:Anglo trial hears 'window dressing' a known industry practice[①]。此处标题语境的信息不足以让读者推断该术语的含义,因此采用范畴显化的方法译成"账面粉饰"肯定比从原语术语直接移植翻译成"橱窗装饰"更易于理解。使用范畴显化的方法翻译后,一般译语术语表达不再需要引号,因为术语形式上的范畴错置已经给了译语术语受众足够的提示。下面是一些经济学术语的翻译实例:

overheating	市场过热
erosion	利润侵蚀
peg	钉住汇率
accelerator	加速器原理
spill-over	溢出效应
over-shooting	汇率超调
take-off	经济起飞
irrigation	注资

从上述术语翻译实例中可以看出,范畴显化的翻译方法帮助术语受众省去了判定喻体概念应用范畴这一步骤,因而与原语术语相比,实际上降低了读者获取术语内涵的难度。使用"市场""利润""汇率""经济"等表明范畴的词以及"原理""效应"等表明性质的词让术语的命名理据更透明,概念表征更完整,也更容易理解。与之相比,采用直接转换的方式将借用自生物学领域的术语 over-stimulation 译为"过度刺激"则没有这样的效果,与原语受众一样,译语术语受众也需要首先判断出这是个借用术语,其次还需要识别出其借用指称的具体范畴,这样无疑会影响到术语受众识别术语概念内涵的速度和效率。

[①] http://www.irishtimes.com/business/financial-services/anglo-trial-hears-window-dressing-a-known-industry-practice-1.2602293

(3) 喻体调整

喻体调整指的是翻译过程中原语术语的喻体被调整为不同的译语喻体的翻译方法。喻体调整是一般隐喻翻译的常用方法,但这种方法在经济学隐喻型术语的翻译实例中相对少见。当译语读者对原语术语的喻体概念认知不足时,将原语术语的喻体概念调整为具有相类似作用的译语喻体概念可以弥补译语术语理据性的不足。例如,four Asian tigers 被翻译成了"亚洲四小龙",原术语中虎的意象被调整为了汉语术语受众更为熟悉的龙,中文中龙有腾飞的联想,更符合这一术语的概念指称——短时间内实现经济腾飞的四个亚洲地区。前面提过术语 white knight 如果使用直接转换的策略翻译为"白衣骑士",因为不熟悉骑士文化,汉语术语受众难以推断术语内涵,若将喻体"骑士"调整为汉语受众更为熟悉的"侠士",译语术语的理据性会明显改善,读者不难联想到"行侠仗义的拯救者"这一对术语受众获取术语内涵至关重要的信息。当然,如果 knight 的形象在汉语中被调整为"侠士",那么 white knight 的亲属术语也需要进行相应的调整以保持术语命名的系统性。

概念表征类隐喻型术语的最主要功能在于能够有效促进认知和记忆,保质保量地让术语受众从字面表达推断出其学术内涵,对原语术语中的喻体进行调整主要也是从认知的角度出发。使用喻体调整的翻译方法,尽管翻译后的译语术语在表达层面与原语术语并不对等,但其对认知的促进效果应当是基本一致的,否则喻体调整就失去了意义。例如,将 data mining 译为"数据挖掘"就采用了喻体调整的策略,它比使用直接转换策略翻译的"数据开采"更为常见,比较看来,这两者在命名理据性方面并无差别,因此也无谓孰优孰劣,统一使用其中之一即可。另外一组同义术语 built-in stabilizer/automatic stabilizer 既有采用直接转换策略的"内在稳定器/自动稳定器"的译法,也有采用喻体调整策略的"自动稳定机制/内在稳定机制"的译法,本书作者以为后一种译法为佳,因为前一种译法产生的术语表达表面看来与经济学毫无关系,会给术语受众带来认知上的困惑,而"机制"一词则在经济学表达中更为常见,如"市场运行机制""经济机制"等。

（4）舍弃喻体

舍弃喻体指的是翻译隐喻型术语时将喻体直接舍弃，代之以术语内涵的表征。译者将喻体舍弃的原因有多种。首要原因在于译语术语受众不熟悉原语术语的喻体概念，尤其是当术语的命名中没有出现本体或本体范畴相关的信息时会直接影响译语受众的理解，如果其出现的语境缺乏提示信息，更可能会影响到受众对篇章的理解。例如由埃利斯（Frederick Ellis）首创的术语 golden handshake 因为表述恰当、形象，很快得到了广泛认同，随后出现了一些仿制术语如 golden hello、golden boot 以及 golden parachute 等（转引自 Cryer 2010：113）。然而，不难想象，采用直接转换的策略将该术语译为"金握手"无疑会给中文术语受众带来困惑。

另一个较为常见的原因是使用直接转换的翻译方法所得到的术语过于俗化，看起来不像术语，例如将 divorce of ownership and control 直接译为"所有权与控制权离婚"显然不如"所有权与控制权分离"这么正式，或者将 price ceiling 译为"价格天花板"不如"价格上限"看起来像术语。需要指出的是，这种舍弃喻体的情况需要考虑到命名的系统性，舍弃其一，与该术语系统相关的术语的喻体也应当一并舍弃，以保持命名的系统性。例如，与 price ceiling 相对应的术语 price floor 在这种情况下应当译为"价格下限"，而非"价格地板"。

译者在决定舍弃喻体之前必须要进行通盘衡量，评估舍弃喻体对译语术语受众获得术语内涵的质和量的影响以及译语术语的表达是否更为简洁、术语表达的系统性是否受损等。总之，舍弃喻体是迫不得已的选择。例如将 plough back 译为"再投资"并不会影响术语内涵传递的质和量；将 loss leader 译为"亏本倾销商品"却会丢失部分术语内涵，leader 部分的内涵完全没有体现，译为"主导亏损商品"可能会更好；big bang 译为"金融大改革"也是一样，这一术语本身指的是对金融市场突然性撤销管制，突然性是该术语内涵的重要构成，"金融大改革"的译法完全没有体现这部分内涵，采用范畴显化的方式译为"金融大爆炸"效果无疑更好；dawn raid 译为"抢购股份"会损失"突然性"这一内涵，但如果采用直接转换的方式译为"黎明突袭"又会给术语受众的认知带来挑战，如译为"突袭抢购股份"，虽然表达略长，但兼顾了术语信息传递的量以及术语信息获取速度这两者，也不失为一个选择。

从修辞技巧的层面来看，概念表征类隐喻型术语可以采用包括直接转换、范畴显化、喻体调整、舍弃喻体在内的四种方法进行翻译，除了范畴显化这一方法以外，其他三种策略也适用于一般的隐喻翻译。具体选取哪种翻译方法主要取决于在跨语修辞过程中术语信息是否得到了"保质保量"的传递，译者需要尽量保证原语术语命名理据，同时兼顾译语术语的系统性和简明性。对于一些很常见，甚至已经获得了专业内涵的隐喻概念，推荐采取直接转换的策略进行翻译，比如经济学中 elasticity 这一隐喻概念相应的组合术语就有 price elasticity、market elasticity、cost elasticity、supply elasticity 等，将其直接译为"弹性"可以保持术语命名的一致性。

6.3.2 理论建构类隐喻型术语——"修辞哲学"层面的重建

在术语研究中，修辞哲学可以理解为术语命名者对自身所认识的世界的不同方式的建构。应用到经济学隐喻型术语中，修辞哲学主要指的是术语命名者通过使用特定的隐喻建构一种看待和认知经济学现象的方式。不同的认知方式可以成为归类经济学家、经济学流派、经济学分支以及经济学发展阶段的基础。这种认知方式的构建是根本性的，它能够洞开术语使用者的思维，改变其思考的方向方式，提供新的描述现实的手段，使其能够对不同的经济学现象进行选择性的观察、研究以及解读，进而不断生成新的学科知识。本书认为，对理论建构类隐喻型术语来说，其翻译策略应当着眼于其修辞哲学层面的重建。

以经济学隐喻型术语 margin 为例。曼昆（N. Gregory Mankiw）在其《经济学原理（第六版）》中提出的十大经济学原理第三条就是"Rational people think at the margin"（理性人考虑边际量）。不难看出，术语概念 margin 提供的是一种思维方式，一种理解经济学现象以及更好地做出经济学决策的手段。margin一词在经济学中一般译为边际,其本意指边缘,所谓的"边际变动"(marginal change)指的是围绕所做事情的边缘的调整。曼昆使用了航空公司定价的例子来解释边际的概念:"假设有一架200座次的飞机横穿美国一次成本为10万美元,平均每个座位的成本为500美元。普通人可能倾向于认为航空公司每张票的售价不应当低于500美元,但事实上理性的航空公司可以通过考虑边际量来增加其利润。试想如果飞机即将起飞,但还有10个空座位,某个等在登机口的乘客愿意支付300美元买票,航空公司是否应当售票呢?答案显然是肯定的,如果飞机上有空座位,那么增加一位乘客的成本是非常小的,尽管每位乘客的平均飞行成本是500美元,但边际成本仅仅是增加的乘客所消耗的一袋花生米和一罐苏打水的费用。只要乘客所支付的费用超出边际成本,那卖票就是有利可图的。"显然,边际这一隐喻概念决定了经济学家独有的思维方式,正是这种思维方式将他们与普通人区别开来。与margin相关的组合术语很多,例如marginal productivity(边际生产力)、marginal revenue(边际收益)、marginal adjustment(边际调整)、marginal product(边际产量)、marginal firm(边际企业)、marginal private cost(边际私人成本)、marginal utility(边际效用)、marginal profit(边际利润)等,可以说这些术语都是从边际概念出发(think at the margin)的产物,是通过对margin的概念延伸拓展生成的新知识,它们组成并构建了相关的理论体系。

  经济学中另一个常见的理论构建型隐喻概念是equilibrium(均衡)。这一概念来自物理学,指的是一个物体受力平衡因而处于静止或匀速直线运动的状态之中。经济学中的均衡指的是经济力量大小一样、作用方向相反时情况就处于静止的状态(情况不可能有所谓匀速直线运动的状态)[①],比如market equilibrium(市场均衡)指的就是市场中供给和需求相等的状态。类似相关的术语概念有market equilibrium(市场均衡)、long-run equilibrium(长期均衡)、monetary equilibrium(货币均衡)、

---

① 张五常:《价格理论及其应用》讲义,第29页。

equilibrium price(均衡价格)等。但因为有时候难以找到至少两种经济力量的存在来说明均衡的状态,经济学家对均衡的概念进行了调整,即在特定的条件(这里指的就是局限条件)下,各经济主体不再调整自己的行为(也就是静止下来)的状态,比如 Nash equilibrium(纳什均衡)中的均衡概念。均衡概念在经济学中内涵的变迁说明了经济学家在应用隐喻的过程中会不断地进行纠偏,使之更切合经济学现实,同时也说明了理论建构类隐喻提供的是一种认知现象的方式,一种生成新知识的可能性,亦即上文在分析修辞效果时提到的术语信息的系统再生性。

从上述例子中不难发现,理论构建类隐喻型术语对于学科的思维方式、知识生成、理论体系的构建起着不可替代的作用,而相关的喻体概念在促进知识生成的同时会贡献相应的术语表达,鉴于这类术语具有不可替代性,且它们的价值内核主要由隐喻部分实现,从翻译策略的角度来说,此类术语的翻译应优先着眼于原语术语修辞哲学的重建,尽可能采用直接转换的方式翻译,保留原语的喻体概念以维持术语信息系统再生的可能性。事实上,经济学中现有此类术语的翻译也实践了这一点。理论建构类术语的深层认知功能的作用对象主要是专家类术语受众,对于这类受众来说,一般不存在概念认知上的问题。事实上,该类术语中的喻体概念以文化共核概念为主,如 game、capital、margin、equilibrium 等。当然,即便如此,不同文化背景的专家类术语受众在喻体概念的具体联想上可能还是会存有差异,但本书认为,这种差异化认知更可能成为推动概念在学科中发展的动力而非阻碍。

这类术语在翻译实践中有时也采用喻体调整的方法进行翻译,但若调整喻体,则牵一发而动全身,与之相关的亲缘术语的翻译也要随之变动,不可控的因素较多,这一点译者需要通盘考虑。第四章中讨论过的经济学理论建构类隐喻型术语 game theory 在国内的译名变迁史就很好地说明了这一点。

作为目前经济学理论中最主流、最核心的理论,game theory 无论是在欧洲还是在美国都是显学,然而它在中国的发展却一直处于不温不火的状态。事实上,从 20 世纪 50 年代末我国学者就开始翻译和介绍国外的部分博弈论著作并编写相关教材,最开始是作为运筹学(operations research)的分支介绍,直至 90 年代中期开始,国内才陆续出版了较为全面介绍现代主流博弈论的教材和著作。game theory 这一术语的译名历经变更,当前虽然"博弈论"的译法尤其是在经济学领域已然占据绝对优势,但其他有一些译名[①]依然在使用,比如"博奕论"和"对策论"。下面这张表呈现了 game theory 中文译名 20 世纪 50 年代至今的变更情况。

表 6-1 术语 game theory 译名变更脉络图[②]

时间	译名	代表译作
50 年代末—60 年代初	博奕论 对策论 竞赛论	中国科学院数学研究所第二室,《对策论(博奕论)讲义》,1960; Mckinsey, J. C. C 著,高鸿勋等译,《博奕论导引》,1960; Von Neumann& Morgenstern 著,王建华、顾玮琳译,《竞赛论与经济行为》,1963; 官光译一著,张毓椿译,《博奕论》,1963。
60 年代中期—1978 年	停滞	
1978 年—80 年代	对策论(主) 博奕论	张盛开,《对策论初步》,1980; 谈祥柏,《趣味对策论》,1982; 王建华,《对策论》(1963 年译为竞赛论,1986 年改译为对策论)。
20 世纪 90 年代以后	对策论 博奕论(主)	西方经典经济学著作; 张维迎,《博弈论和信息经济学》,1996。

最初,game theory 从字面意义直译为"游戏理论",采用的是直接转换的翻译方法。中文中的游戏指的是体育运动的一类,分为智力游戏和活动性游戏,前者如下棋、打牌等,后者如追逐、接力及利用球、棒、绳等器材进行的活动,多为集体活动,并有情节和规则,具有竞赛性。game

---

[①] 港台地区将 game theory 译为"赛局理论",但大陆未采用过这一译名,因此本文不做探讨。

[②] 此处部分资料来自李先一:《略论我国对策论著作的出版——兼评两本对策论教材》(1989)。

theory 中的 game 主要指的是前一类游戏,但中文词"游戏"通常给人的联想却是后一类游戏,由于"游戏"一词在中文中还暗含儿戏的意味,"游戏理论"的译法显得不够严肃,没有学术味,因此这一译名已经被弃用。实际上,活动性游戏的概念在经济学中也有很普遍的应用,比如常用的"竞争"(competition)概念即取自活动性游戏项目。值得一提的是,尽管"游戏理论"的说法已经被弃用,但将 zero-sum game 译为"零和游戏"依然常见。分别以"零和游戏"和"零和博弈"作为检索词,检索 CNKI 收录的所有文献的摘要,前者得到 785 条结果,时间跨度为 1980—2015,后者得到结果 1664 条,时间跨度为 1982—2015。虽然数据差距较大,但鉴于 game theory 的"博弈论"译法与"游戏理论"译法相比具有压倒性的优势,785 条数据的结果依然惊人,这说明很多接受博弈论译名的人在讨论其分属的 zero-sum game 的时候仍然将其译为"零和游戏"。

另一个被淘汰的译名是"竞赛论",如上表中提及的王建华、顾玮琳把冯·诺依曼和摩根斯坦的博弈论奠基著作译为《竞赛论与经济行为》;南京大学出版社于 1995 年出版的《当代社会科学大词典》中的对策论词条有说明:"对策论,又称竞争论或博奕论。"著名经济学家于光远 1995 年发表于《南方经济》的特稿文章《漫谈竞赛论》中谈及他用竞赛论弃博奕论的原因时提及:"博奕的范围比竞赛小得多,它们只是竞赛中的一部分内容。譬如体育就是一种竞赛,它们明显地不能列入博奕的范围之内。此外,在商品经济中许多行为都可以视为竞赛,它也不是'博奕'。"

目前,除了"博弈论"之外,当属"对策论[①]"这一译法最为通行。"对策论"这一术语很容易让人联想到"决策论"(decision theory),继而认为这二者之间存在层级关系。事实上,与"决策论"类似,game theory 也考察人的决策行为,但在学科划分上,这二者一般是区分开的,因为这两者的研究存在着关键差异:"决策论"的研究情形强调单方视角,game theory 则强调多方视角。仅从中文表意的角度来看,"对策"一词强调的也是单方视角,只涉及一个利益主体,这与 game theory 中存在具有利益

---

① 国内一个专门性的博弈论学术协会就叫作全国经济对策论研究会,成立于 1988 年。

关联的多个利益主体,任意 game 中的各个 player 所实施的方案或者策略相互依存的研究方式相悖。再从搭配角度看,"博弈"一词不仅可以作为名词使用,还可以作为动词使用,例如"中美博弈中求合作";而"对策"则只能作为名词使用。目前,"对策论"的译法基本局限于运筹学和数学领域。

  在经济学领域,"博弈论"的译法占据了绝对优势。"博弈论"最初的写法是"博奕论",时至今日依然有些文献会将"博弈"和"博奕"这两种写法混用。"博弈"一词出自《论语·洋货》:"不有博弈者乎?"其中"博"指局戏,用六箸十二棋;而"弈"则指围棋[①]。"奕",通"弈",指围棋,因此两者实际意义一致,相比"博奕论","博弈论"更为通行。与英文 game 相比,"博弈"的概念意义显然更为具体,因此,这一翻译可以视为采用了喻体调整的方法。在从 CNKI 收录的经济类期刊中提取的中英文关键词对照表[②]中,game theory 一概对应"博弈论","对策"对应的英文则为 measures 和 countermeasures。"博弈论"的译名在经济学领域得以广为接受有两个重要原因:其一是诸多西方著名经济学教材在被翻译引进国内时,game theory 均被翻译成了"博弈论",比如一般高校经济学专业学生都很熟悉的萨缪尔森的《经济学》以及曼昆的《经济学原理》两本教材。其二则得益于张维迎的《博弈论与信息经济学》(1996)一书的出版,这本书填补了国内空白,国内多所大学将其选作研究生教材,出版不到两年就已经发行了 2 万册,被《中华读书报》评为 1997 年最畅销的经济学著作。教材对于初学者相关概念和认识的形成起决定性的作用,当他们先入为主接受了"博弈论"的说法之后,自然很难再去接受"对策论"的译名。西方经济学教材的推广采用以及《博弈论与信息经济学》一书的风靡为"博弈论"这一译名在经济学领域获得主导地位起到了至关重要的作用。尽

---

 ① 《辞海》(1979),第 330 页。
 ② 该关键词对照表涵盖了从 1991 年至 2010 年 30 年间 CNKI 收录的经济学期刊的中英文对照关键词。

管如此,专家文本中依然不乏"对策论""博弈论"以及"博奕论"混用的现象①。在媒体报道中则是"博弈论"占据了压倒性的优势。在普及文本中,以"博弈"译 game 比以"对策"译 game 有优势得多。"对策"指的是对付的策略或办法,是以直白的语言译隐喻,喻体的消失意味着通过延伸其隐喻思维进行文本架构的可能性也随之消失,"博弈"的译法则保留了这种可能性,相关例子在第五章讨论理论建构类隐喻型术语的隐喻性特征时已有阐述,同时,第五章在探讨理论建构类隐喻型术语的系统能产性时分析了博弈论亲缘术语现存的翻译问题,主要也是因为没有能够捋顺其背后的系统性隐喻思维引起的,这种翻译问题不止会造成术语交际和传播上的不便,更有可能会影响到学科的发展。尚宇红(2006)在谈论国内博弈论发展存在的主要问题时就曾指出,博弈论相关术语的不统一不仅影响了学者之间的交流,进而还影响到了这门学科在国内的发展。

6.3.3 交际劝说类隐喻型术语——"修辞诗学"层面的构拟

广义修辞学中的修辞诗学指的是一种文本建构方式。应用到经济学隐喻型术语中,修辞诗学主要是指作为经济学话语核心的术语建构经济学文本,达到术语命名者及使用者的各种交际目的以及传递其价值取向的方式。可以说,修辞诗学的构拟是以实现术语命名者/使用者的交际目的为导向的,这与交际劝说类隐喻型术语的主要功能不谋而合。这类术语中的隐喻具有感情色彩,能够隐晦地表达术语命名者和使用者的理论态度和价值取向,作为文本的组织建构手段、意识形态的隐形载体、故事类比的浓缩表达,对于实现经济学话语的交际劝说功能,推销经济学理论,打通"经济—政策""经济—个人决策"的通道起着至关重要的作用。因此,在此类隐喻型术语的翻译过程中,如何通过对原语术语修辞诗学的

---

① 例如,占英春(2010:133)在《对策论文献综述》一文结尾处写道:"对策论与人们的实际生活有密切的关系,所以对策论的普及和在生活中的应用也是很有意义的。合作博弈论比非合作博弈论要复杂些,所以在理论的发展上仍有潜力。"

跨语构拟来实现其相应的译语文本构建十分重要。

一般来说，交际劝说类隐喻型术语的命名往往依据类比性的隐喻思维，术语命名者通过熟悉的事物概念类比不熟悉的事物概念，简化术语受众的认知，从而更好地阐述新概念，达到交际的目的。一些术语使用者在文本中使用此类术语时会有意识地利用这种类比思维，表现为术语表达在文本中不再是"语义孤岛"，而是能够提供语义延伸、前后串联、衔接文本的手段，达到修辞效果在文本层面上的延展性。上文已经详细论述了此类术语跨语修辞效果实现的判定标准——术语信息的获取速度、术语信息冲击力度和术语信息的文本延展性，其中术语信息的获取速度影响术语受众认知术语内涵的速度，冲击力度直接影响术语受众对交际内涵的认知，这两者主要着眼于劝说功能，而文本延展性则侧重文本架构层面的修辞效果。下面将通过翻译实例探讨此类术语的翻译方法。

经济学术语 footloose industry 指的是不受类似资源或运输等要素影响，可以安置在任何地点的产业[①]。该术语的前置修饰词 footloose 的字面含义是 free to move the feet, unshackled，隐喻意义为 free to act as one pleases[②]，当它与 industry 并置时，术语受众能够很快判断出这类产业的特点——未扎根于某地，也就是说，隐喻的命名方式让该术语的内涵信息得以更快地传递给术语受众。该术语对应的中文术语有"流动型产业""松脚型工业""游移性工业"等，其中"松脚型工业"采用了直接转换的方法翻译，但传递效果并不好，汉语中"松脚"一词很罕见，本书作者查到的也就是太极拳中的一个类似术语的说法，这种译法使得原本能够加速术语受众认知的隐喻反而成了汉语受众的认知阻碍。"流动型产业"和"游移性工业"均采用了喻体调整的方法翻译，这两者的效果类似，均能较为理想地传达出术语的内涵——未扎根于某地的产业。因此，此类术语翻译的方法决策主要取决于哪种方法能够更好地实现原语术语的交际效果，让术语受众快速获取术语的内涵信息。

---

① https://en.wikipedia.org/wiki/Footloose_industry
② T. F. Hoad, *The Concise Oxford Dictionary of English Etymology*(1993)。

术语 predatory pricing 主要指的是一种用降价的方法驱逐竞争公司,增强市场力量的定价策略。它通过动物隐喻命名,predatory 本意为"捕食性的",采用 predatory pricing 策略的公司被喻为捕食性动物,而那些参与市场竞争的同类公司则被比作猎物、捕食对象。这一隐喻具有较为强烈的形象色彩,会给术语受众带来一定的心理冲击,提到捕食性动物,人们一般会联想到鳄鱼、老鹰、狮子之类比较凶残的形象,因而对于这种竞争的残酷性会有心理预期,对被捕食对象也会报以同情心理。如果以"超低定价"这样的直白方式命名则显然不会有如此冲击力的交际效果。同时,predatory 这一隐喻修饰还能够给术语使用者提供方便的文本组织工具,通过相关概念的延展,隐喻概念得以作为重要的衔接手段贯穿文本始终,如下例:

3. The traditional theory of predatory pricing envisions two stages in carrying out the predation strategy—the predation stage and the post-predation stage. In the predation stage, the predator prices its product below some measure of economic cost—typically incremental cost—with the intent of driving its prey from the market. In the post-predation stage, the prey leverages the absence of meaningful competition to price its product at supra-competitive levels, thereby recovering the losses incurred during the predation stage and earning monopoly profits thereafter[①].

其中 predation、post-predation、predator、prey 等表达都是基于 predatory 这一隐喻概念的延伸。通过指出具体的类比对象,这种延伸能够强化读者对术语内涵的认知以及相应的交际效果。需要指出的是,此类术语中的隐喻概念只是提供一种可能的文本组织方式,并非所有的术

---

① D. L. Weisman, Notes on Predatory Pricing(2006)。

语使用者都会如此使用，例如上文中的 prey 一词完全可以用 rival firm 或者 competitor 来替代，比如下面这段文本：

> 4. Predatory pricing is primarily a strategy of price reduction that intends to eliminate a rival firm and thus increase market power. More generally, the goal of predatory pricing may be to discipline or otherwise inhibit a competitor. Also, while price is typically the instrument used for this purpose, other actions may be taken, such as bundling, refusing to supply, or other practices that effectively raise the rival's cost of doing business.
>
> —*International Encyclopedia of the Social Sciences*, 2nd edition (428)

predatory pricing 一般被译为"掠夺性定价"或者"劫掠性定价"，采用的是喻体调整的翻译方法。仅从术语信息的冲击力度上来讲，这两种译法基本上可以达到与原语术语一样的交际效果——"掠夺者/劫掠者"和"被掠夺者/被劫掠者"的强弱对比、"掠夺/劫掠行为"的残酷、术语受众心理上对"被掠夺者/被劫掠者"的同情。然而对于上述第一个文本而言，如果使用"掠夺性定价/劫掠性定价"的译法的话，那么 predation、prey 等隶属于同一概念场的词汇的翻译均需要进行相应调整以保持概念一致，否则会影响文本受众对概念的理解。鉴于无法预知多少术语使用者会通过对隐喻概念的延伸的方式来组织架构文本，而术语的译法又需要统一规范以促进术语使用者之间的交流，本书认为此类术语最优的翻译方法是直接转换，例中的 predatory pricing 可以译为"捕食性定价"。

经济学中的交际劝说类隐喻型术语表现形式之一是作为意识形态①的隐形载体。具有意识形态内涵的隐喻型术语中的意识形态内容即便不是术语命名者刻意为之,也是其意识形态倾向的无意识展示,正如林宝珠(2012:95)所指出的:"相似性的主观建构性实际上意味着隐喻映射模式的建立总是要受到意识形态的引导和制约。不同的意识形态往往会决定人们建立不同的隐喻映射模式。"隐喻命名的优势在于使得这些意识形态内容的传达更具隐蔽性,术语受众甚至可能并未注意到意识形态内容的存在,却会在无形中受其影响,不知不觉地接受术语命名者的理论姿态和价值取向。需要指出的是,价值判断并不是译者的任务,译者并不需要向译语术语受众指出这种意识形态内涵是否具有虚伪性、欺骗性。意识形态内涵附加于术语学术内涵之上,是术语交际内涵的重要组成部分,对劝说读者接受术语命名者或使用者的交际预设和交际意图起着重要作用,因此译者应当在对原语术语交际内涵进行具体分析的基础上,在跨语修辞的过程中尽量将其完整地传递至译语术语中。

隐喻的认知作用机制是本喻体之间的相似性,通过喻体理解本体的过程实际上就是寻找相似性的过程。术语命名者通过选用特定的喻体把人们对喻体的固有认知、联想,甚至偏见代入本体中去,使得术语受众认为本体也具有与喻体相类似的属性,但是一般术语受众难以辨别或者疏于辨别这种代入是否真的合适,这就是隐喻型术语所包含的意识形态内容的作用方式。以与 labor 相关的一些术语为例,如 labor supply(劳动力供给)、labor market(劳动力市场)、price of labor(劳动力价格)、labor hoarding(劳动力蓄积)、lump of labor(劳动总量)等,这些隐喻型术语基于"LABOR IS A PRODUCT"这一类比思维产生,术语受众只需要寻找劳动力与一般商品的相似性,即有供给、有市场、有价格、有蓄积、有总量,但是他们往往会忽略这样的类比背后其实是一种物化劳动的思维。这一

---

① 林宝珠(2012:94)指出,在马克思的著作中,"意识形态"有三种含义,即与历史唯物主义相对的唯心史观,是错误的意识、空想或幻想;作为观念上层建筑的意识形态;作为掩盖物质利益和真实动机意义上的意识形态。本书采用第三种含义,强调意识形态的虚伪性和欺骗性。

类比思维对经济学这门学科至关重要，催生了劳动经济学（labor economics）并推动其发展，其背后隐形的意识形态内涵也一直在潜移默化地影响着术语受众对劳动的理解和认知。一般情况下，这类术语的翻译不宜舍弃喻体，而是应当以译语受众是否能够获得与原语受众相似的联想、体验为依据，选择直接转换或喻体调整的方法进行翻译。

再看两则承载意识形态内涵的隐喻型术语翻译实例。术语 tax bearer 中的隐喻部分 bearer 来自动词 bear，有 to carry burdens 的含义，当 tax 与 bearer 组合形成术语后，术语受众会获得 tax 是一种负担这样的意识形态内容。比较该术语的两种译法"负税人"和"纳税人"，显然前者能更好地传递该术语额外的交际信息，因为"负"在汉语中有"负重、负担"这样的联想，能够与原语术语取得相同的交际效果。术语 urbanization、rural exodus 以及 rural flight 三者为同义术语，其学术内涵均指人口从农村向城市迁移的模式，但这三者的交际内涵显然具有明显差别，urbanization 的表述最为直白透明；rural exodus 中的 exodus 是指人们大批离开，离开的原因可以是战争等负面原因，也可以是电影散场等客观原因，因此这一术语表述相对也很客观，侧重于描述迁移的场景；而隐喻型术语 rural flight 中的 flight 一词指的是 the act of running away from a dangerous or unpleasant situation or place，带有明显的交际信息，暗示农村是令人不快的地方，如果舍弃喻体将其译为"城市化"的话，尽管学术内涵无损，但相应的交际内涵却丢失了。

经济学中的交际劝说类隐喻型术语的另外一个重要表现形式是故事术语，侧重于阐释概念。对于此类术语，一般建议无论译语受众对原语术语中的故事熟悉与否均采取直接转换的方法进行翻译。故事类术语的命名者往往利用简单有趣的故事类比穿透复杂的经济学表象，一语道破其本质，具有化繁为简、化抽象为具体、化陌生为熟悉的作用，因此保留故事对于译语受众理解这类术语的内涵非常有利。同时，一般来说故事很容易引起读者了解的兴趣，它的理解和记忆也相对容易，即使初始认知需要花费一定的时间，但一旦认知完成，这种认知却是相对牢固的。类似"囚徒困境"（prisoner's dilemma）和"斗鸡博弈"（chicken game）这样的故事术语都是通过故事类比的方式简化说明博弈的不同形态以及博弈中的策略选择问题,博弈论中此类故事术语不少,常见的有 pigs' payoffs、battle of the sexes、diner's dilemma、princess and monster game、traveler's dilemma、centipede game、pirate game① 等。对于此类术语的翻译,无论是从语言还是从认知的角度来看,保留原语术语中的故事都是最"经济的"选择。据观察,经济学中也偶有通过喻体调整的方法翻译很成功的实践案例,但这种情况可遇不可求。例如术语 beggar-thy-neighbor policy 指的是把本国的经济问题转嫁给邻国的经济政策,中文中恰好有类似的故事——以邻为壑,指的是将邻国当作沟坑,把本国的洪水排泄到那里去,比喻把困难或灾祸推给别人,鉴于中文术语受众对"以邻为壑"的故事相对熟悉,因此与采用直接转换的方法翻译的"穷邻政策"相比,"以邻为壑的政策"这一译法无论是从术语信息的获取速度还是术语信息的冲击力度来看都能够达到与原语术语类似的修辞效果。

6.4 本章小结

本章在结合前面三章内容的基础上分析探讨了隐喻型术语翻译的跨学科修辞效果判定与跨语翻译策略及方法。基于第四章和第五章对隐喻型术语的分类以及各类隐喻型术语的双重修辞功能及复合修辞特征的探讨,指出隐喻型术语翻译应当遵循跨学科修辞取向,而判断不同类型的隐喻型术语翻译的跨学科修辞效果的实现情况,从科学修辞认知功能层面出发主要看术语信息的质、术语信息的量和术语信息的系统再生性;从言语修辞交际功能层面出发主要看术语信息的获取速度、术语信息的冲击力度以及术语信息的文本延展性。同时,本章参照广义修辞学的三层面架构针对不同类别的术语提出了不同的翻译策略:概念表征类隐喻型术语主要着眼于修辞技巧层面的再现,在翻译实践中具体有直接转换、范畴

---

① 大部分例子来自 https://en.wikipedia.org/wiki/List_of_games_in_game_theory。

显化、喻体调整、舍弃喻体等四种翻译方法;理论建构类隐喻型术语主要着眼于修辞哲学层面的重建,一般可以采用直接转换的方法,如若调整喻体,则需要兼顾与核心术语相关亲缘术语的系统性;交际劝说类隐喻型术语主要着眼于修辞诗学层面的构拟,视情况可以采用直接转换和喻体调整的方法进行翻译。

第七章 结 论

本章为本书的结论部分,旨在归纳本书的主要发现,阐明本书相关的理论与实践启示,指出本书的局限与不足,并对后续研究提出建议和展望。

7.1 本书的主要发现

受到术语学研究认知转向的推动,隐喻型术语作为一类特殊的术语受到了学界越来越多的关注,但由于研究起步较晚,隐喻型术语及其翻译研究无论是从深度还是广度来看均有所欠缺。现有研究主要以复制认知语言学中的普通隐喻研究的方法和结论为主,强调隐喻型术语中的隐喻命名成分,而往往忽视其术语本质。本书基于科学修辞学研究、传统的言语修辞学研究以及当代的广义修辞学研究,构建跨学科修辞视角,以经济学术语为例,探究了隐喻型术语的本质和功能,并在此基础上探讨了隐喻型术语翻译跨学科修辞效果的实现评价以及隐喻型术语的翻译策略与翻译方法。本书的主要发现可从以下几个方面归纳。

(1) 隐喻型术语翻译研究应基于跨学科修辞理据

本书认为,隐喻型术语类型复杂、功能多样,现有隐喻型术语翻译研究受制于研究视角单一的局限,很难对其做出完整合理的解释。因此,针对不同类型、功能各异的隐喻型术语,本书搭建了以科学修辞学、言语修辞学与广义修辞学为核心的跨学科修辞框架进行阐释说明并为其翻译提供理论和应用依据。

隐喻型术语表征科学概念,其本质是科学隐喻,体现了科学隐喻概念思维的系统转换特征,其解读具有历时性和开放性。从科学修辞学的视角来看,隐喻型术语具有科学隐喻功能,它们能够命名和阐释科学概念,有助于建构和发展科学理论,延伸和拓展科学思维,同时还有助于科学知识的交流和传播。其中,命名和认知功能是科学隐喻最基本的功能;理论建构功能是科学隐喻最为核心的功能,是隐喻作为思维工具和认识工具贯穿整个科学认识过程的体现,也是隐喻型术语与日常隐喻的最本质区别;延伸和拓展科学思维的功能使得隐喻型术语成为联结各个学科的特殊纽带,也让新兴学科和横断学科的出现成为可能;科学知识的交流与传播功能是作为命名方式的隐喻的认知和修辞功能的双重体现,有助于实现隐喻型术语的交际价值。

从言语应用的角度来看,隐喻型术语是修辞性的言语交际单位,具有表意、表情和表美三个层面的功能。在表意层面上,隐喻的认知属性与术语命名的一些基本原则相符,使其在表意方面具有较大优势:隐喻型术语往往较为简洁,隐喻的映射具有系统性使得隐喻命名常常具有系统性特征,一般情况下隐喻型术语的理据性较好。在表情层面上,隐喻的联想功能使术语受众对喻体对象的感性认知代入本体对象中去,间接地表达术语使用者的情感和态度,增强科学话语的"软性"影响力,帮助术语使用者更有效地达成交际目的,这使得隐喻型术语具有表情优势。在表美层面上,隐喻型术语客观上能够让科学语言更加生动、具有吸引力,有助于科学的传播和发展。

从广义修辞学的视角来看,术语翻译是一种广义的修辞活动,涉及两个修辞过程,术语译者承担原语修辞接受者和译语修辞表达者的双重身份,是原语修辞表达端和译语修辞接受端的居中调适者,译者对可资利用的修辞表达资源做出有效的选择是实现修辞效果的关键。作为广义修辞活动的术语翻译涉及修辞技巧、修辞诗学和修辞哲学三个层面。修辞技巧是指术语表达从语言层面对术语概念的建构,即通过同义语言表达手段的选择更有效地传递术语的概念内涵;修辞诗学是指隐喻型术语表达能够提供一种文本的组织和建构方式;修辞哲学则指不同的隐喻型术语能够体现术语命名者和使用者对其研究对象的认识视角,而这些不同的认识视角体现了他们对于世界的不同建构方式。

(2) 隐喻型术语具有认知和交际的双重修辞功能

隐喻型术语具有类型差异性。其修辞功能主要分为认知和交际两类,其中认知修辞功能可以进一步分为浅层认知和深层认知功能,浅层认知功能作用于概念,以命名和表征科学概念、促进受众对术语概念内涵的认知为主,深层认知功能是科学隐喻独有的功能,主要作用于思维,以构建科学理论、通过隐喻思维促进本学科和其他学科的发展为主;交际修辞功能分为一般交际修辞功能和特殊交际修辞功能,一般交际修辞功能涵盖隐喻型术语作为科学隐喻的知识传播功能和作为言语交际单位的表美功能,特殊修辞功能则主要指言语修辞的表情功能。不同的隐喻型术语功能各有侧重,根据其所具有的主要功能特征,本书将隐喻型术语分为概念表征类、理论建构类以及交际劝说类三类。

概念表征类隐喻型术语最为常见,它一方面可以指称新概念、新事物,填补术语空缺,另一方面有助于术语受众理解、接受和记忆新概念。作为隐喻型术语的核心,理论建构类隐喻型术语是科学发展的直接推动力之一,能够构建和发展相关理论,同时还能向其所属学科乃至其他学科的发展不断输送灵感。交际劝说类隐喻型术语直接体现了隐喻型术语作为言语交际单位的交际修辞功能。就经济学而言,隐喻修辞赋予了术语概念表情功能,使其能够更隐晦也更有效地进行劝说,帮助经济学理论获得学术共同体的接受,在政府的经济政策层面得以实践,在个人决策层面得以施展。

(3) 隐喻型术语具有认知和交际的复合修辞特征

隐喻型术语的修辞特征也具有复杂性。首先,概念表征类隐喻型术语具有① 喻源特征,② 组合能产性特征,③ 应用功能的形式特征。前两点属于认知修辞特征,第三点则属于交际修辞特征。从隐喻的认知修辞机制来看,不同的隐喻喻源对隐喻型术语认知功能的实现具有不同的影响;从术语能产性的角度来看,概念表征类隐喻型术语的能产以线性的、组合式为主;从术语表征形式来看,部分隐喻式和整体隐喻式术语表达提供给术语受众的认知提示不同,其应用到文本语境中的方式也不同。

其次,理论建构类隐喻型术语具有① 隐喻性特征,② 系统能产性特征。这两个特征均属于认知修辞特征。从隐喻性特征来看,此类术语因为使用频繁,多表现为死隐喻表达,但其隐喻性并未消逝,遇到合适的语境触发依然可以激活;从术语能产性的角度来看,除了具备概念表征类隐喻型术语的线性能产特征以外,此类术语还表现为发散的、系统的能产,即通过某个概念隐喻可以系统地派生出一系列的亲缘术语,并且这种派生具有无限的可能性。

最后,交际劝说类隐喻型术语具有① 表情色彩特征,② 文本建构特征。这两者均属于交际修辞特征。从表情色彩特征来看,交际劝说类隐喻型术语主要体现为感情色彩和形象色彩,感情色彩特征能够隐晦地表达术语使用者的态度、价值取向、交际意图等,形象色彩特征可以传递术语命名者设定的形象,引导术语受众的判断。从文本建构的角度来看,交际劝说类隐喻型术语中的隐喻可以给术语使用者提供组织文本的工具,通过同义反复和搭配关联强化某个隐喻意象,从而帮助术语使用者更好地实现交际目标。

(4) 隐喻型术语翻译应确立跨学科修辞评价标准与相关策略

对隐喻型术语的双重修辞功能和复合修辞特征的分析表明,隐喻型术语具有显著区别于一般术语的修辞内涵。因此,除了追求概念(系统)对等以外,隐喻型术语翻译还具有跨学科修辞取向,遵循跨学科修辞效果评价标准。基于这一认知,本书构建了隐喻型术语修辞效果的跨语实现评价体系。从科学修辞认知功能的跨语实现来看,修辞效果评价主要基于术语信息的质、术语信息的量以及术语信息的系统再生性三方面进行,其中术语信息的质指术语信息传达的准确性,术语信息的量指术语概念内涵传递的充分性,术语信息的系统再生性主要指基于核心隐喻型术语概念不断孳生新术语的特性。从言语修辞交际功能的跨语实现来看,修辞效果评价主要基于术语信息的获取速度、术语信息的冲击力度以及术语信息的文本延展性三方面进行,其中术语信息的获取速度指术语受众理解术语的语言表达,从中获取术语专业内涵信息的速度;术语信息的冲击力度指术语受众通过术语的语言表达所感知到的冲击程度;术语信息的文本延展性指术语使用者在具体文本中利用隐喻型术语喻体的各种联想、搭配来组织架构文本的特性。这一评价体系基本覆盖了隐喻型术语的双重修辞功能和复合修辞特征,能够较为系统地判定此类术语翻译的跨学科修辞效果实现情况。在此评价体系的基础上,译者还应遵循两个原则:其一,主要功能优先原则,即对某一类隐喻型术语,优先实现其主要功能。其二,若某一主要功能特征内部的细化功能之间冲突,也需遵循一定的优先原则,即概念功能＞命名功能,理论功能＞思维功能,劝说功能＞意识形态功能＞文本建构功能。

  在上述跨学科修辞效果实现评价体系及原则的基础上,本书基于广义修辞学的理论框架,将术语翻译视为一种修辞过程,针对不同类型的隐喻型术语提出了不同的翻译策略,并根据现有隐喻型术语翻译实践案例描述了具体的翻译方法。具体来说,首先,概念表征类隐喻型术语集中体现了修辞技巧的建构,相应地,其翻译应当着眼于修辞技巧层面的再现,在翻译实践中具体有直接移植、范畴显化、喻体调整以及舍弃喻体这四种实现方法。其中,范畴显化的翻译方法适用于形式上为整体隐喻式的隐喻型术语,其他几种方法则适用于所有类型的隐喻型术语。根据这几种翻译方法对原语术语修辞效果跨语传递的情况,在翻译时建议采用的优先性依次递减,即优先考虑直接移植的方法,其次考虑范畴显化,再次为喻体调整,在前述方法不能获得较好的翻译修辞效果的情况下再选择舍弃喻体。理论建构类隐喻型术语体现了术语命名者对自身所认识世界的不同方式的建构,因此,这类术语的翻译应当主要着眼于修辞哲学层面的重建。鉴于此类术语中的隐喻思维对于某些理论乃至学科发展具有不可替代的重要性,一般在实践中仅采用直接移植和喻体调整这两种翻译方法,又以直接移植的方法为优。考虑到此类术语隐喻意义解读的开放性特征以及在语言层面所具有的系统能产性特征,一旦应用喻体调整的翻译方法,肯定会牵涉到该理论所在的术语系统,因此应当慎重。交际劝说类隐喻型术语体现了术语命名者/使用者的交际目的、理论姿态和价值取向等,这类术语的翻译应主要着眼于修辞诗学层面的构拟。与理论建构类隐喻型术语类似,在实践中具体也可以通过直接移植和喻体调整两种方法实现。考虑到这类术语在实现劝说方面的作用以及与术语应用文本语境联系的紧密性,在翻译时也以直接移植的方法为优。

7.2 本书的主要启示

(1) 本书的理论启示

本书的理论启示主要体现在以下几个方面:首先,本书对隐喻型术语的双重修辞功能和复合修辞特征的分类考察突出了隐喻型术语作为科学隐喻和言语交际单位的双重特性,使术语研究者对隐喻型术语这一重要术语类型的特殊性有了更加清晰的认识,有助于澄清传统术语研究对隐喻这一术语命名方式的偏见,扭转在纯粹认知框架下研究者对隐喻型术语"命名+概念认知"的刻板印象。其次,本书采用跨学科的研究思路,引入了科学修辞学(尤其是科学隐喻学)、言语修辞学以及当代的广义修辞学研究成果,并将这三者结合应用于隐喻型术语的探讨,将术语命名和术语翻译均视为基于同义手段选择的修辞活动,在一定程度上拓宽了术语翻译的研究视野。同时,本书在考察隐喻型术语的双重修辞功能和复合修辞特征的基础上构建了隐喻型术语修辞效果的跨语实现评价体系,为此类术语的翻译提供了切实可行的理据和原则,并据此提出了三种隐喻型术语跨语修辞的策略和具体实现方法,从而丰富了术语翻译的类型学维度。最后,本书中的隐喻型术语其实质是科学隐喻,对科学隐喻的跨学科修辞考察,尤其是对科学隐喻作为言语交际单位的功能及特征的考察能够拓宽科学修辞学界对科学隐喻的认识,进一步完善包括日常隐喻、文学隐喻以及科学隐喻在内的隐喻家族研究族谱。

(2) 本书的实践启示

本书的实践启示主要体现在以下几个方面:首先,本书以隐喻型术语翻译为考察对象,具有鲜明的实践指向性。如前所述,术语的生存价值在于广泛传播,跨语传播是其中的重要一环,而术语翻译的质量直接决定了术语跨语传播的质量和效率。其次,本书所构建的以科学修辞学、言语修辞学和广义修辞学为核心的隐喻型术语翻译跨学科修辞分析框架并非泛泛而谈,而是结合经济学学科中的术语实例考察了其适用性和应用方法,对于其他学科中的隐喻型术语翻译研究具有实际的借鉴价值。再次,本书构建了隐喻型术语翻译修辞效果的跨语实现评价体系及原则,具有一定的普适意义,能够对一般隐喻型术语的翻译有效性进行评估。再次,本书基于修辞功能对隐喻型术语进行了分类探讨,并针对不同类型的隐喻型术语提出了相应的翻译策略并描述了实践中具体应用的翻译方法,操作性较强,能够方便地代入隐喻型术语翻译实践中。总之,本书可以深化术语研究者对隐喻型术语这一特殊类型术语的认识,对隐喻型术语的翻译实践具有切实的指导意义,对于术语学本体研究也有一定的推动作用。

7.3 本书的主要不足

本书以隐喻型术语为研究对象,考察了隐喻的命名方式赋予这类术语的特殊功能——认知修辞功能和交际修辞功能,构建了这类术语的跨语修辞效果实现的评价体系并在此基础上探讨了如何跨语实现这两类功能的翻译策略和具体翻译方法。然而,本书还存在着一些不足,归纳如下:

首先,从知识的内在特征来看,自然科学、社会科学和人文科学之间具有较为明显的差别,一般认为自然科学知识是价值中性或中立的,社会科学和人文科学一般会承载价值判断,自然科学知识是由系统而精密的理论及实验、计算和数据等构成的,而人文科学的知识只能说是一种意见(李醒民 2012:17),这种差别在分属这三大知识部类的不同学科领域的隐喻使用上也有所体现,然而,本书所选取的例证主要来自经济学这门社会科学,术语的分类和功能探讨也主要基于经济学隐喻型术语的应用情况进行,因此难免受到限制,所获得的结论不能完全直接地应用到其他学科的隐喻型术语中去。

其次,受到隐喻识别的难度和争议性的影响以及研究者语言学研究背景的限制,本书未能对经济学领域的隐喻型术语进行系统整理,形成列表,所选取的隐喻型术语实例均是较为明显的隐喻,显得较为零散,系统性不够充分。同时,因为经济学专家文本数学化倾向明显,很多时候阅读理解超出本书作者的能力范围,因此对理论建构类隐喻型术语实例的发展脉络梳理难免有疏漏之处,在讨论文本交际依据时,本书所选取的专家文本相对较少,多集中于大众文本,这在一定程度上影响了探讨的深度和说服力。

再次,本书缺少修辞翻译效果的实证环节。本书构建了隐喻型术语跨语修辞效果实现的评价体系,针对不同类型的隐喻型术语提出了不同的翻译策略,并归纳了具体的翻译方法,但所有探讨均是在跨学科修辞框架的理论分析指导下进行的,对于具体修辞翻译的效果也只是理论化的阐释,缺少对不同类型术语受众的调查和验证。为了测试相关的翻译策略和翻译方法的有效性,有必要选择性地将部分隐喻型术语的翻译呈现给不同类型的术语受众,使用问卷、访谈等实证方式了解隐喻型术语修辞效果的实际传递情况。

7.4 对后续研究的建议和展望

在基于科学修辞学、言语修辞学和广义修辞学构建的跨学科修辞框架的关照下,本书以经济学术语为例,深入探讨了隐喻型术语的本质、分类、功能及特征,在其基础上构建了相应的修辞效果评价体系并尝试针对不同类型的隐喻型术语提出翻译策略和具体的翻译方法,然而,受到本书作者时间、精力和能力等方面的限制,本书还存在较大的拓展空间,后续研究还可从以下几个方面进一步开展:

首先,本书的主要例证均来自经济学,国内经济学研究以借鉴西方经

第七章 结 论

济学研究为主,大部分经济学术语为输入性术语,即汉译西方经济学术语,因此本书所谈论的翻译主要是英语术语的汉译,后续研究可以囊括汉语术语输出的情况,探究汉语自主术语的隐喻性命名及其翻译,并与英语术语的隐喻命名情况进行对比考察。另外,后续研究可以对经济学中的隐喻型术语进行系统的整理,梳理经济学理论发展的脉络以及隐喻性思维在其中所起的作用等,以便更好地理解隐喻型术语对于经济学这门学科的作用。总之,经济学隐喻型术语还可以进一步挖掘研究。

其次,后续工作还可以结合其他学科进一步拓展和完善隐喻型术语的跨学科修辞研究。从学科性质来看,自然科学、社会科学和人文科学各学科的隐喻型术语无论是从类型还是从应用的广度和深度来看均存在一定的差异性,例如,自然科学中的隐喻很多以类比思维和模型隐喻的形态呈现,可能会涉及更多的理论建构型隐喻,较少涉及交际劝说类隐喻,整体数量可能也较社会科学和人文科学为少。从术语的命名语言来看,有些学科以输入性术语为主,命名语言主要是英语,有些学科以输出性术语为主,命名语言主要是汉语,命名语言的隐喻性思维差异会给隐喻型术语的翻译带来影响。因此,非常有必要在后续研究中进一步拓宽隐喻型术语研究的学科范围,充实术语学界对该类术语的认识。

参考文献

[1] ALEXIEV B. Towards an experientialist model of terminological metaphorisation[J]. Terminology, 2004, 10(2): 189-213.

[2] ARNTZ R. Terminological equivalence and translation [C]// SONNEVELD H B. & LOENING K L. (eds.), Terminology: applications in interdisciplinary communication. Amsterdam: John Benjamins Publishing Company, 1993: 5-19.

[3] AVSAR R B. Mainstream economic rhetoric, ideology and institutions[J]. Journal of economic issues, 2011, 45(1): 137-158.

[4] AVSAR R B. Ideographic use of economic terms[J]. On the horizon, 2015, 23(3): 169-173.

[5] BIES W. Thinking with the help of images: on the metaphors of knowledge organization[J]. Knowledge organization, 1996, 23(1), 3-8.

[6] BLACK M. Metaphor[J]. Proceedings of the aristotelian society, New series, 1954, Vol. 55(1954—1955): 273-294.

[7] BLACK M. Models and metaphors: studies in language and philosophy[M]. New York: Cornell University Press,1962.

[8] BLACK M. More about metaphor[J]. Dialectica, 1977, 31(3-4): 431-457.

[9] BOERS F. Enhancing metaphoric awareness in specialised reading [J]. English for specific purposes, 2000, 19(2): 137-147.

[10] BOYD R. Metaphor and theory change: What is "metaphor" a metaphor for? [C]//ORTONY A. (ed.), Metaphor and thought (2nd edition). New York: The Press Syndicate of the University of Cambridge, 1993: 481-532.

[11] BREWER A. Pre-classical economics in Britain[C]//SAMUELS W J, et al. (eds.), A Companion to the history of economic thought. Malden: Blackwell Publishing Ltd., 2003: 78-93.

[12] BROWNE M N. & QUINN J K. Dominant economic metaphors and the postmodern subversion of the subject [C]// WOODMANSEE M. & OSTEEN M. (eds.), New economic criticism: studies at the intersection of literature and economics. London: Routledge, 2005: 131-149.

[13] BURKE K. A rhetoric of motives [M]. Berkeley and Los Angeles: University of California Press, 1969.

[14] CABRÉ M T. On diversity and terminology[J]. Terminology, 1995, 2(1): 1-16.

[15] CABRÉ M T. Terminology: theory, methods and applications [M]. Amsterdam: John Benjamins Publishing Company,1999.

[16] CABRÉ M T. Theories of terminology: their description, prescription and explanation [J]. Terminology, 2003, 9 (2): 163-199.

[17] CALLEJAS D G. Biology and economics: metaphors that economists usually take from biology[J]. Ecos de Economía: a Latin American journal of applied economics, 2007, 11(24): 153-164.

[18] CAMPBELL J A. Charles Darwin: rhetorician of science[C]// HARRIS R A. (ed.), Landmark essays on rhetoric of science:

case studies. New Jersey: Lawrence Erlbaum Associates, Inc. , 1996: 3 – 17.

[19] CARLOS C. Translation as rhetoric: Edward Jerningham's "impenitence" (1800)[J]. Rhetoric review, 2009, 28(4): 335 – 351.

[20] CHARTERIS-BLACK J. Metaphor and vocabulary teaching in ESP economics[J]. English for specific purposes, 2000, 19(2): 149 – 165.

[21] CHARTERIS-BLACK J & ENNIS T. A comparative study of metaphor in Spanish and English financial reporting[J]. English for specific purposes, 2001, 20(3): 249 – 266.

[22] CHARTERIS-BLACK J & MUSOLFF A. 'Battered hero' or 'innocent victim'? A comparative study of metaphors for euro trading in British and German financial reporting[J]. English for specific purposes, 2003, 22(2): 153 – 176.

[23] CHUNG S F. Mandarin translation of English economic metaphors: A cross-linguistic study of conceptually related economic terms [C]//HERRERA-SOLER H & WHITE M. (eds.), Metaphor and mills: figurative language in business and economics. Berlin/Boston: Walter de Gruyter, 2012: 129 – 153.

[24] COŞGEL M M. Metaphors, stories, and the entrepreneur in economics[J]. History of political economy, 1996, 28 (1): 57 – 76.

[25] COURTEMANCHE E. Invisible hands and visionary narrators: why the free market is like a novel[C]//BRACKER N & HERBRECHTER S. (eds.), Metaphors of economy. Amsterdam: Rodopi B. V. , 2005: 69 – 78.

[26] CRYER M. Who said that first: the curious origins of common words and phrases[M]. Wollombi: Exisle Publishing,2010.

[27] CUADRADO G & DURÁN P. Proposal for a semantic hierarchy of terminological metaphors in science and technology [J]. International journal of English linguistics, 2013, 3(4): 1-14.

[28] DOBB M. Theories of value and distribution since Adam Smith—ideology and economic theory [M]. Cambridge: Cambridge University Press, 1973.

[29] EDELMANN G. Lexicography for specific purposes. Equivalence in bilingual and multilingual specialised dictionaries with reference to conceptual systems [J]. WU online papers in international business communication, 2012: 1-16.

[30] ESCRIBANO P D & ÁLVAREZ I A. Cross-disciplinary metaphorical meaning extension in the creation of new scientific terms[J]. Beyond the universe of languages for specific purposes: The 21st century perspective, 2016: 107-110.

[31] FABER P. The cognitive shift in terminology and specialized translation[J]. Monografías de traducción e interpretación, 2009, (1): 107-134.

[32] FABER P. Terminology and specialized language[C]//FABER P. (ed.), A cognitive linguistic view of terminology and specialized language. Berlin/Boston: Walter de Gruyter, 2012: 13-33.

[33] FABER P & MÁRQUEZ C. The role of imagery in specialized communication [C].//LEWANDOWSKA-TOMASZCZYK B & KWIAKOWSKA A. (eds.), Imagery in Language, Frankfurt: Peter Lang, 2004: 585-602.

[34] FABER P & MÁRQUEZ C. A three-level model of metaphor for specialized communication [C]//ZYBATOV L. (ed.), Translationswissenschaft im interdisziplinären Dialog, Frankfurt: Peter Lang, 2005: 71-94.

[35] FABER P & UREÑA J M. Specialized language translation[C]//

FABER P. (ed.), A cognitive linguistics view of terminology and specialized language. Berlin/Boston: Walter de Gruyter, 2012: 103-131.

[36] FELBER H. Terminology manual [M]. Paris: UNESCO & INFOTERM, 1984.

[37] FINATTO M J B. Metaphors in scientific and technical languages: challenges and perspective[J]. DELTA: Documentação de Estudos em Lingüística Teórica e Aplicada, 2010, 26(SPE): 645-656.

[38] FISCHER M. Language (policy), translation and terminology in the European Union[C]//THELEN M & STEURS F. (eds.), Terminology in everyday life. Amsterdam: John Benjamins Publishing Company, 2010: 21-33.

[39] FRANCE P. The rhetoric of translation[J]. The modern language review, 2005, 100(1): 255-268.

[40] FUERTES-OLIVERA P A. Metaphor and translation: a case study in the field of economics[C]//FERNÁDEZ P N & BRAVO J M. (eds.), La traducción: orientaciones lingüísticas y culturales. Valladolid: Universidad de Valladolid, 1998: 79-95.

[41] FUERTES-OLIVERA P A & ARRIBAS-BAÑO A. Pedagogical specialized lexicography [M]. Amsterdam/Philadelphia: John Benjamins Publishing Company, 2008.

[42] FUERTES-OLIVERA P A & NIELSEN S. The dynamics of terms in accounting: what the construction of the accounting dictionaries reveals about metaphorical terms in culture-bound subject fields[J]. Terminology, 2011, 17(1): 157-180.

[43] FUERTES-OLIVERA P A & VELASCO-SACRISTÁN M. Translating metaphor in business/economics dictionary articles: what the theory says and what lexicographers should do[C]//

HERRERA-SOLER H & WHITE M. (eds.), Metaphor and mills: figurative language in business and economics. Berlin/Boston: Walter de Gruyter, 2012: 155-173.

[44] GARFIELD E. Current comments: the metaphor-science connection[J]. Essays of an information scientist, 1986, 9: 316-323.

[45] GENTNER D. Are scientific analogies metaphors? [R]. Cambridge MA: Bolt Beranek and Newman Inc., 1981.

[46] GENTNER D. Structure-mapping: a theoretical framework for analogy[J]. Cognitive science, 1983, 7(2): 155-170.

[47] GENTNER D. Metaphor as structure mapping: the relational shift[J]. Child development, 1988, 59: 47-59.

[48] GENTNER D & JEZIORSKI M. From metaphor to analogy in science[C]//ORTONY A. (ed.), Metaphor and thought (2nd ed.). New York: The Press Syndicate of the University of Cambridge, 1993: 481-532.

[49] GERDASOVA N. Metaphorical representation as a tool to learn economics[C]. Proceedings of the international conference on advanced information and communication technology for education, 2013, 33(4): 219-223.

[50] GERZYMISCH-ARBOGAST H. Fundamentals of LSP translation[C]//GERZYMISCH-ARBOGAST H, BUDIN G & HOFER G. (eds.), LSP translation scenarios. Saarbrücken: ATRC Group, 2008:7-64.

[51] GIBBS R W. Taking metaphor out of our heads and putting it into the cultural world[C]//GIBBS R W & STEEN G J. (eds.), Metaphor in cognitive linguistics. Amsterdam: John Benjamins Publishing Company, 1999: 145-166.

[52] GOATLY A. The Language of metaphors[M]. London/New

York: Routledge, 1997.

[53] GROSS A G. On the shoulders giants: seventeenth-century optics as an argument field[C]//HARRIS R A. (ed.), Landmark essays on rhetoric of science: case studies. New Jersey: Lawrence Erlbaum Associates, Inc., 1996: 19-38.

[54] HARDT L. Metaphors as research tools in economics[J]. On the horizon, 2014, 22(4): 256-264.

[55] HARRIS R A. Introduction[C], Landmark essays on rhetoric of science: case studies. New Jersey: Lawrence Erlbaum Associates, Inc., 1996:xi-xlv.

[56] HEILBRONER R L. Economics as ideology[C]//SAMUELS W J. (ed.), Economics as discourse: an analysis of the language of economists. New York: Springer Science+Business Media, 1990: 101-116.

[57] HENDERSON W. Metaphor in economics [J]. Journal of socio-economics, 1982, 21(4): 363-377.

[58] HENDERSON W. Metaphor, economics and ESP: some comments[J]. English for specific purposes, 2000, 19(2): 167-173.

[59] HENDERSON W. Metaphor and economics[C]//BACKHOUSE R E. (ed.), New directions in economic methodology. New York: Routledge, 2004: 343-367.

[60] HESSE M B. Models and analogies in science [M]. London: Williams Clomes and Sons, Limited,1966.

[61] HOFFMAN R R. Metaphor in science[C]//HONECK R P & HOFFMAN R R. (eds.), Cognition and figurative language. Hillsdale Lawrence: Erlbaum, 1980: 393-423.

[62] JIANG N & WEI X Q. Multidimensionality, dynamicity, and complexity: a reconsideration of the functions of metaphorical

terms[J]. Terminology, 2020, 26(2): 237-264.

[63] KLAMER A & LEONARD T C. So what's an economic metaphor? [C]//MIROWSKI P. (ed.), Natural images in economic thought: "markets read in tooth and claw." Cambridge: Cambridge University Press, 1994: 20-51.

[64] KLAMER A & MCCLOSKEY D N. Economics in the human conversation[C]//KLAMER A, MCCLOSKEY D N & SOLOW R M. (eds.), The consequences of economic rhetoric. Cambridge: Cambridge University Press, 1988: 3-20.

[65] KLAMER A & MCCLOSKEY D N. The rhetoric of disagreement [J]. Rethinking Marxism: a journal of economics, culture & society, 1989, 2(3): 141-161.

[66] KNUDSEN S. Scientific metaphors going public[J]. Journal of pragmatics, 2003, 35(8):1247-1263.

[67] KOVAC J. Review on making truth: metaphor in science [J]. Chemical education today, 2003, (8):880-880.

[68] KÖVECSES Z. Metaphor in culture: universality and variation [M]. Cambridge: Cambridge University Press, 2005.

[69] KUHN T S. Metaphor in science[C]//ORTONY A. (ed.), Metaphor and thought (2nd edition). New York: The Press Syndicate of the University of Cambridge, 1993: 533-542.

[70] KUHN T S. The structure of scientific revolutions[M]. 3rd ed. Chicago: The University of Chicago Press, 1996.

[71] LAGUEUX M. Do metaphors affect economic theory? [J]. Economics and philosophy, 1999, 15(1):1-22.

[72] LAKOFF G & JOHNSON M. Metaphors we live by [M]. Chicago: The University of Chicago Press, 2003.

[73] MANKIW G. Principles of economics [M]. 6th ed. Mason: South-Western Cengage Learning, 2011.

[74] MARTÍNEZ S M & FABER P. Terminological competence in translation[J]. Terminology, 2009, 15(1): 88 - 104.

[75] MAYER R E. The instructive metaphor: metaphoric aids to students' understanding of science[C]//ORTONY A. (ed.), Metaphor and thought (2nd ed.). New York: The Press Syndicate of the University of Cambridge, 1993: 561 - 576.

[76] MCCLOSKEY D N. The rhetoric of economics [J]. Journal of Economic Literature, 1983, 21(2): 481 - 517.

[77] MCCLOSKEY D N. The rhetoric of economics[M]. Wisconsin: University of Wisconsin Press, 1985.

[78] MCCLOSKEY D N. The consequences of rhetoric [C]// KLAMER A, MCCLOSKEY D N & SOLOW R M. (eds.), The consequences of economic rhetoric. Cambridge: Cambridge University Press, 1988: 280 - 294.

[79] MCCLOSKEY D N. Storytelling in economics[C]//LAVOIE D. (ed.), Economics and Hermeneutics. London/New York: Routledge, 1990: 59 - 73.

[80] MCCLOSKEY D N. Knowledge and persuasion in economics[M]. Cambridge: Cambridge University Press, 1994.

[81] MEYER I, ZALUSKI V & MACKINTOSH K. Metaphorical internet terms: a conceptual and structural analysis [J]. Terminology, 1997, 4(1):1 - 33.

[82] MIHAELA V & LIVIU D. The use of metaphors in teaching students of economics [J]. Annals of the university of Oradea, economic science, 2008, 17 (1): 658 - 663.

[83] MIROWSKI P. More heat than light: economics as social physics, physics as nature's economics [M]. New York: Cambridge University Press, 1989.

[84] MIRZOYEVA L. Metaphorical economic terms: problems of their

translation from English into Russian [J]. Procedia—social and behavioral sciences, 2014, 136: 169 – 174.

[85] MONTANYE J A. Rhetoric and economic policy [J]. The independent review, 2005, v. IX (n. 3): 325 – 338.

[86] NACISCIONE A. Translation of terminology: Why kill the metaphor[C]//VEISBERGS A. (ed.), Proceedings of the third riga symposium on pragmatic aspects of translation. Riga: University of Latvia, 2003: 102 – 115.

[87] ORTONY A. Metaphor, language, and thought [C]//ORTONY A. (ed.), Metaphor and thought (2nd ed.). New York: The Press Syndicate of the University of Cambridge, 1993: 1 – 18.

[88] PAVEL S. Neology and phraseology as terminology-in-the-making [C]//SONNEVELD H. & LOENING K. (eds.), Terminology-Applications in interdisciplinary communication. Amsterdam: John Benjamins Publishing Company, 1993: 21 – 34.

[89] PEARSON J. Terms in context[M]. Amsterdam/Philadelphia: John Benjamins Publishing Company, 1998.

[90] PIMENTEL J. Methodological bases for assigning terminological equivalents: a contribution[J]. Terminology, 2013, 19(2): 237 – 257.

[91] PRAGGLEJAZ GROUP. MIP: A method for identifying metaphorically used words in discourse[J]. Metaphor & symbol, 2007, 22(1): 1 – 39.

[92] REDNER H. Book reviews: John S. Nelson, Allon Megill, and Donald N. McCloskey (eds.), The rhetoric of the human sciences: language and argument in scholarship and public affairs [J]. Philosophy of the social sciences, 1990, (20): 408 – 412.

[93] RESCHE C. Towards a better understanding of metaphorical networks in the language of economics: the importance of theory-

constitutive metaphors[C]//HERRERA-SOLER H & WHITE M. (eds.), Metaphor and mills: figurative language in business and economics. Berlin/Boston: Walter de Gruyter, 2012: 77 - 102.

[94] RICHARDS I A. The philosophy of rhetoric[M]. New York: Oxford University Press, 1965.

[95] ROGERS M. 2007. Terminological equivalence: probability and consistency in technical translation [C]//MuTra 2007-LSP Translation scenarios: conference proceedings, 2007: 1 - 6.

[96] ROSSI M. Terminological metaphors and the nomadism of specialized terms: some observations on intralinguistic and interlinguistic variation[C]//DROUIN P, et al (eds.), Multiple perspectives on terminological variation. Amsterdam/Philadelphia: John Benjamins Publishing Company, 2017: 181 - 211.

[97] SAGER J C. A practical course in terminology processing[M]. Amsterdam: John Benjamins Publishing Company, 1990.

[98] SÁNCHEZ M T, MÁRQUEZ C, FABER P. Metaphor and metonymy in specialized language [C]//FABER P. (ed.), A cognitive linguistics view of terminology and specialized language. Berlin/Boston: Walter de Gruyter, 2012: 64 - 102.

[99] SILAŠKI N. Metaphors and ideology—gendered metaphors in economic discourse[J]. Gender studies, 2012, (11/sup): 207 - 219.

[100] SIQUEIRA M, et al. Metaphor identification in a terminological dictionary[J]. Ibérica: Revista de la Asociación Europea de Lenguas para Fines Específicos, 2009, (17): 157 - 174.

[101] SOLOW R M. Comments from inside economics[C]//KLAMER A, MCCLOSKEY D N & SOLOW R M. (eds.), The consequences of economic rhetoric. Cambridge: Cambridge

University Press, 1988: 31 - 37.

[102] ŠTAMBNK A. Metaphor in scientific communication [J]. Meta, 1998, 43(3): 373 - 379.

[103] STEEN G J, DORST A G, HERRMANN J B, et al. A method for linguistic metaphor identification: from MIP to MIPVU[M]. Amsterdam: John Benjamins Publishing Company, 2010.

[104] STIGLITZ J E. Making globalization work[M]. New York: WW Norton & Company, 2007.

[105] TEMMERMAN R. Towards new ways of terminology description: the sociocognitive approach [M]. Amsterdam/Philadelphia: John Benjamins Publishing Company, 2000.

[106] TEMMERMAN R. Metaphorical models and the translator's approach to scientific texts[J]. Linguistica Antverpiensia, new Series-themes in translation studies, 2002, (1): 211 - 226.

[107] TEMMERMAN R. Sociocultural situatedness of terminology in the life sciences: the history of splicing[C]//FRANK M., et al. (eds.), Body, language and mind(volume 2). Berlin/New York: Mouton de Gruyter, 2008: 327 - 360.

[108] TEMMERMAN R & CAMPENHOUDT M. The dynamics of terms in specialized communication: an interdisciplinary perspective [J]. Terminology, 2011, 17(1): 1 - 8.

[109] UREÑA J M. Metaphor in specialised language: an English-Spanish comparative study[D]. Doctoral Thesis of University of Granada, 2011.

[110] UREÑA J M. Conceptual types of terminological metaphors in marine biology: an English-Spanish contrastive analysis from an experientialist perspective[C]//MACARTHUR F et al. (eds.), Metaphor in use: context, culture and communication. Amsterdam/Philadelphia: John Benjamins Publishing Company,

2012: 239-260.

[111] UREÑA J M & FABER P. Strategies for the semi-automatic retrieval of metaphorical terms[J]. Metaphor and symbol, 2011, 26(1): 23-52.

[112] UREÑA J M & FABER P. The world meets the body: Sociocultural aspects of terminological metaphor [C]// Proceedings of the annual meeting of the Berkeley linguistics society, 2013, 37(1): 359-374.

[113] WEISMAN D L. Notes on predatory pricing [J/OL]. 2006. http://www.k-state.edu/economics/staff/websites/weisman/courses/640/homework/Notes%20On%20Predation.pdf.

[114] WHITE M. Metaphor and economics: the case of growth[J]. English for specific purposes, 2003, 22(2): 131-151.

[115] WYATT S. Danger! Metaphors at work in economics, geophysiology, and the Internet[J]. Science, technology & human values, 2004, 29(2): 242-261.

[116] YU N. Metaphor, body, and culture: the Chinese understanding of gallbladder and courage[J]. Metaphor and symbol, 2003, 18(1): 13-31.

[117] YU N. The relationship between metaphor, body and culture [C]//FRANK R M, et al. (eds.), Body, language and mind (volume 2), Berlin/New York: Mouton de Gruyter, 2008: 387-408.

[118] 安军.科学隐喻与科学哲学——访英国哲学家玛丽·海西教授[J].哲学动态,2006,(9):9-14.

[119] 安军.家族相似:科学类比与科学模型的隐喻思维特征[J].科学技术哲学研究,2009,(4):21-25.

[120] 安军.隐喻与科学[J].科学技术哲学研究,2010,(4):20-24.

[121] 安军,郭贵春.科学隐喻的本质[J].科学技术与辩证法,2005,(3):

42-47.

[122] 安军,郭贵春.科学隐喻的基本特征[J].科学技术与辩证法,2007,(2):33-37.

[123] 安军,郭贵春.科学隐喻的认知结构与运作机制[J].科学技术与辩证法,2008,(5):43-48.

[124] 卜玉坤.认知视阈下科技英语喻义汉译研究[D].东北师范大学博士论文,2011.

[125] 曹志刚.博弈论漫谈[J].科学世界,2015,(1):78-87.

[126] 柴改英,张翠梅.从修辞学定义管窥西方新修辞学的特点和发展动态[J].修辞学习,2007,(6):21-24.

[127] 陈望道.修辞学发凡[M].上海:复旦大学出版社,2008.

[128] 陈小慰.翻译研究的"新修辞"视角[D].福建师范大学博士论文,2011.

[129] 陈小慰.翻译教学中修辞意识的培养[J].外语教学理论与实践,2012,(3):86-90.

[130] 陈雪.认知术语学核心术语研究[D].黑龙江大学博士论文,2014a.

[131] 陈雪.科学隐喻的构成模式及功能[J].学术交流,2014b,(5):159-163.

[132] 陈智淦,王育烽.中国术语翻译研究的现状与文学术语翻译研究的缺失[J].当代外语研究,2013,(3):59-67.

[133] 陈忠华.翻译过程中的修辞意识与方法[J].上海翻译,1989,(2):5-9.

[134] 董宏乐.论科技语言的隐喻性[J].外语学刊,1999,(3):11-16.

[135] 董宏乐,程寅.英语科技语篇的隐喻性与隐喻功能探析[J].上海理工大学学报(社会科学版),2013,(4):285-290.

[136] 董宏乐,程寅.英语科技语篇中的隐喻功能与认知诠释[M].上海:复旦大学出版社,2015.

[137] 杜塔.策略与博弈——理论及实践[M].施锡铨,译.上海:上海财经大学出版社,2005.

[138] 樊才云,钟含春.科技术语翻译例析[J].中国翻译,2003,(1):57-59.

[139] 范振强,徐慈华.隐喻认知与科学传播[J].自然辩证法研究,2011,(5):36-40.

[140] 方仪力.西塞罗的翻译思想与修辞学的内在联系探讨[J].外语研究,2013,(3):77-81.

[141] 冯全功.翻译修辞学论纲[J].外语教学,2012a,(5):100-103.

[142] 冯全功.广义修辞学视域下的《红楼梦》英译研究[D].南开大学博士论文,2012b.

[143] 冯志伟.术语命名中的隐喻[J].科技术语研究,2006,(3):19-20.

[144] 冯志伟.现代术语学引论(增订本)[M].北京:商务印书馆,2011.

[145] 高万云.广义修辞学研究范式:本体论、认识论、方法论[J].当代修辞学,2014,(2):58-66.

[146] 格里尼奥夫.术语学[M].郑述谱,等译.北京:商务印书馆,2011.

[147] 龚光明.翻译认知修辞学[M].上海:上海交通大学出版社,2012.

[148] 龚益.社科术语工作的原则与方法[M].北京:商务印书馆,2009.

[149] 辜正坤.外来术语翻译与中国学术问题[J].北京大学学报(哲学社会科学版),1998,(4):45-52.

[150] 郭贵春.科学隐喻的转向[J].山西大学学报(哲学社会科学版),2007a,(3):1-7.

[151] 郭贵春.隐喻、修辞与科学解释[M].北京:科学出版社,2007b.

[152] 郭贵春,杨维恒.基因理论发展过程中的隐喻思维[J].科学技术哲学研究,2011,(5):1-5.

[153] 韩静.翻译博弈论概述[J].语文学刊,2009,(4):65-66.

[154] 郝荣斋.广义修辞学与狭义修辞学[J].修辞学习,2000,(1):3-4.

[155] 何自然.语用学对修辞研究的启示[J].暨南学报(哲学社会科学版),2000,(6):38-44.

[156] 侯国金.语言学术语翻译的系统—可辨性原则——兼评姜望琪(2005)[J].上海翻译,2009,(2):69-73.

[157] 侯国金.语言学术语翻译的原则和"三从四得"——应姜望琪之"答"[J].外国语文,2011,(3):94-99.

[158] 胡芳毅.术语翻译中的单义性探析[J].中国科技翻译,2012(1):33-38.

[159] 胡叶,魏向清.语言学术语翻译标准新探——兼谈术语翻译的系统经济律[J].中国翻译,2014,(4):16-20.

[160] 胡壮麟.认知隐喻学[M].北京:北京大学出版社,2004.

[161] 黄明明.从隐喻现象看术语的形象性问题[J].术语标准化与信息技术,2006,(3):7-10.

[162] 姜胜.言语修辞学的研究对象刍议[J].中国俄语教学,2000,(1):27-31.

[163] 姜望琪.论术语翻译的标准[J].上海翻译,2005,(S1):80-84.

[164] 姜望琪.再论术语翻译的标准——答侯国金(2009)[J].上海翻译,2010,(2):65-69.

[165] 卡西尔.人论[M].甘阳,译.上海:上海译文出版社,2013.

[166] 黎运汉.序//许钟宁.二元修辞学[M].上海:复旦大学出版社,2012:001-006.

[167] 李福印.研究隐喻的主要学科[J].外国语文,2000,(4):44-49.

[168] 李健民.术语翻译与术语标准化的相互助益之策[J].中国科技术语,2011,(2):27-31.

[169] 李先一.略论我国对策论著作的出版——兼评两本对策论教材[J].数学研究与评论,1989,(4):629-632.

[170] 李小博.科学修辞学研究[M].北京:科学出版社,2010.

[171] 李醒民.隐喻:科学概念变革的助产士[J].自然辩证法通讯,2004,(1):22-28.

[172] 李醒民.知识的三大部类:自然科学、社会科学和人文科学[J].学术界,2012,(8):5-33.

[173] 李宇明.序//张宗正.理论修辞学——宏观视野下的大修辞[M].北京:中国社会科学出版社,2004.

[174] 利科.活的隐喻[M].汪堂家,译.上海:上海译文出版社,2004.
[175] 林宝珠.隐喻的意识形态力[M].厦门:厦门大学出版社,2012.
[176] 林界军."广义"的意义——《广义修辞学》的价值与局限[J].修辞学习,2003,(1):47-47.
[177] 林旻晖,罗渊.新常态下修辞学的学术生态和发展前瞻[J].江淮论坛,2015,(2):175-180.
[178] 刘纯阳.西方人力资本理论的发展脉络[J].山东农业大学学报(社会科学版),2004,(4):1-4.
[179] 刘焕辉.从修辞学到言语交际学[J].江西大学学报(社会科学版),1989,(3):28-36.
[180] 刘金龙.我国的应用翻译研究:回顾与展望——基于《上海翻译》(2003—2010)的语料分析[J].上海翻译,2011,(2):25-29.
[181] 刘群艺."理财学"、"生计学"与"经济学"——梁启超的翻译及其经济思想解读[J].贵州社会科学,2015,(4):144-154.
[182] 刘亚猛.修辞是翻译思想的观念母体[J].当代修辞学,2014,(3):1-7.
[183] 陆丙甫.从某些语言学术语的翻译谈起[J].外国语,2009,(2):2-7.
[184] 罗蒂.哲学和自然之镜[M].李幼蒸,译.北京:生活·读书·新知三联书店,1987.
[185] 罗珉.基于哲学视角的组织隐喻研究前沿探析[J].外国经济与管理,2009,(4):1-9.
[186] 罗渊.中国修辞学研究转型论纲[M].北京:中国社会科学出版社,2008.
[187] 罗渊,毛丽.从"狭义"到"广义":中国修辞学研究转型及其学术意义[J].福建师范大学学报(哲学社会科学版),2007,(1):74-80.
[188] 马清海.试论科技翻译的标准和科技术语的翻译原则[J].中国翻译,1997,(1):27-28.
[189] 曼昆.经济学原理:微观经济学分册[M].第五版.梁小民,译.北

京:北京大学出版社,2009.

[190] 毛荣贵,范武邱.形象思维与科技术语翻译[J].中国科技翻译,2003,(4):43-46.

[191] 孟令霞.术语称名中的隐喻现象[J].术语标准化与信息技术,2007,(4):16-19.

[192] 孟令霞.科学隐喻的原型与主体关系探微(J).外语学刊,2008(4):65-68.

[193] 米尔斯.一种批判的经济学史[M].高湘泽,译.北京:商务印书馆,2005.

[194] 聂焱.广义同义修辞学[M].北京:中国社会科学出版社,2009.

[195] 潘剑英,王重鸣.生态系统隐喻在组织研究中的应用与展望[J].自然辩证法研究,2014,(3):65-69.

[196] 全晓云.经济术语中的色彩隐喻[J].术语标准化与信息技术,2011,(3):23-27.

[197] 萨缪尔森,诺德豪斯.经济学[M].第18版.萧琛,蒋景媛,等译.北京:人民邮电出版社,2007.

[198] 尚宇红.博弈论在中国的传播及目前存在的问题[J].生产力研究,2006,(7):9-10.

[199] 石春让,赵巍.科技术语翻译:归化是正途[J].山东外语教学,2010,(1):81-87.

[200] 束定芳.隐喻学研究[M].上海:上海外语教育出版社,2000.

[201] 孙汉军.俄语修辞学[M].西安:陕西人民出版社,1999.

[202] 孙宏毅.语言修辞学与言语修辞学浅探[J].东岳论丛,1991,(4):97-99.

[203] 孙淑芳,孙敏庆.俄语计算机术语的隐喻认知模式[J].外语学刊,2014,(6):49-53.

[204] 谭晓平.隐喻:生成语言学术语的孵化器[J].修辞学习,2007,(1):18-20.

[205] 谭学纯,李洛枫.修辞学批评:走出技巧论[J].辽东学院学报(社会

科学版),2008,(5):68-73.

[206] 谭学纯,唐跃,朱玲.接受修辞学(增订本)[M].合肥:安徽大学出版社,2000.

[207] 谭学纯,朱玲.广义修辞学[M].合肥:安徽教育出版社,2001.

[208] 谭学纯.国外修辞学研究散点透视——狭义修辞学和广义修辞学[J].三峡大学学报(人文社会科学版),2002,(4):8-11.

[209] 谭学纯.修辞学研究:走向大视野[J].福建师范大学学报(哲学社会科学版),2005,(3):35-37.

[210] 王斌.翻译与博弈[J].上海理工大学学报(社会科学版),2004,(2):25-29.

[211] 王德春,陈晨.现代修辞学[M].上海:上海外语教育出版社,2001.

[212] 王红.医学俄语隐喻术语的命名解析[J].中国科技术语,2014,(1):18-22.

[213] 王铭玉.现代语言符号学[M].北京:商务印书馆,2013.

[214] 王伟.隐喻思维与金融术语学习——一项基于证券投资术语的研究[J].中国科技术语,2014,(1):30-35.

[215] 王希杰.汉语修辞学[M].北京:北京出版社,1983.

[216] 王希杰.修辞学通论[M].南京:南京大学出版社,1996.

[217] 王希杰.汉语修辞学(修订本)[M].北京:商务印书馆,2004.

[218] 王亚平,孙淑芬.经济术语翻译中的操控现象[J].企业经济,2004,(10):115-116.

[219] 韦森.经济学的性质与哲学视角审视下的经济学——一个基于经济思想史的理论回顾与展望[J].经济学,2007,(3):945-968.

[220] 魏向清.国际化与民族化:人文社科术语建设中的翻译策略[J].南京社会科学,2010,(5):116-121.

[221] 魏向清.术语翻译过程的传播学阐释与思考[J].翻译论坛,2014,(3):20-25.

[222] 魏向清,张柏然.学术摹因的跨语际复制——试论术语翻译的文化特征及研究意义[J].中国外语,2008,(6):84-88.

[223] 魏向清,赵连振.术语翻译研究导引[M].南京:南京大学出版社,2012.

[224] 温科学.20世纪西方修辞学理论研究[M].北京:中国社会科学出版社,2006.

[225] 吴恩锋.股票及期货术语中的"仓"隐喻[J].术语标准化与信息技术,2011,(4):40-43.

[226] 吴恩锋,魏汝尧.隐喻性术语的认知特征及翻译[J].术语标准化与信息技术,2006,(2):26-29.

[227] 吴国良等.英语术语翻译与译名规范研究[M].杭州:浙江大学出版社,2009.

[228] 吴礼权、邓明以.中国修辞学通史(当代卷)[M].长春:吉林教育出版社,1998.

[229] 吴易风.关于西方经济学的几个问题(下)[J].经济学动态,1999,(3):58-62.

[230] 吴哲.认知语言学视角下术语的隐喻性解析[J].中国俄语教学,2009,(1):50-54.

[231] 吴志杰,柯平.术语翻译的五步曲——从"黑客"、"骇客"、"怪客"与"红客"说起[J].外语研究,2011,(3):85-92.

[232] 武亚军,冯晓岚,许德音.战略理论的隐喻、范式及整合意义[J].浙江大学学报(人文社会科学版),2010,(2):98-109.

[233] 谢之君.隐喻认知功能探索[M].上海:复旦大学出版社,2007.

[234] 信娜.术语翻译标准体系刍议[J].中国科技翻译,2011a,(2):24-27.

[235] 信娜.试析术语符号性及翻译策略[J].上海翻译,2011b,(4):69-72.

[236] 许钟宁.二元修辞学[M].上海:复旦大学出版社,2012.

[237] 杨虎涛.演化经济学中的生物学隐喻——合理性、相似性与差异性[J].学术月刊,2006,(6):89-94.

[238] 杨莉藜.翻译修辞学的基本问题[J].外语研究,2001,(1):71-73.

[239] 姚微微,陈海庆.《庄子》会话语用修辞方式探微[J].呼伦贝尔学院学报,2013,(2):61-66.

[240] 尹小芳.交际修辞的语用分析探究[J].外语与外语教学,2005,(3):21-23.

[241] 于光远.漫谈竞赛论[J].南方经济,1995,(1):5-14.

[242] 袁卓喜.修辞劝说视角下的外宣翻译研究[D].上海外国语大学博士论文,2014.

[243] 曾剑平.人文社会科学术语译名的规范化问题[J].外语与外语教学,2007,(8):51-53.

[244] 曾剑平,司显柱.专业文献的翻译[J].中国科技翻译,2008,(3):1-5.

[245] 占英春.对策论文献综述[J].知识经济,2010,(9):133-133.

[246] 张沉香.影响术语翻译的因素及其分析[J].上海翻译,2006,(3):63-66.

[247] 张沉香,王小宁.科技术语的定名原则与译名的国际化[J].上海翻译,2007,(4):31-34.

[248] 张弓.现代汉语修辞学[M].天津:天津人民出版社,1963.

[249] 张国清,张翼飞.亚当·斯密和文明社会的四个隐喻[J].浙江大学学报(人文社会科学版),2012,(5):5-17.

[250] 张会森.修辞学通论[M].上海:上海外语教育出版社,2002.

[251] 张维迎.博弈论与信息经济学[M].上海:上海人民出版社,2004.

[252] 张五常.《价格理论及其应用》讲义[EB/OL].http://max.book118.com/html/2016/0302/36643551.shtm.

[253] 张旭.关于翻译研究术语汉译的讨论[J].中国翻译,2004,(4):81-84.

[254] 张彦.科学术语翻译概论[M].杭州:浙江大学出版社,2008.

[255] 张谊浩,方先明.西方经济学的意识形态反思[J].马克思主义研究,2012,(2):77-85.

[256] 张瑜.广义修辞学与后解构主义时代的翻译研究[J].解放军外国

语学院学报,2010,(6):71-75.

[257] 张瑜.翻译的修辞学研究[D].南京师范大学博士论文,2013.

[258] 赵国月,高晓仙.翻译辨析:"Hallucinatory Realism"与"魔幻现实主义"[J].中国翻译,2013,(3):84-87.

[259] 郑述谱.从术语学角度说"进化"及其泛化[J].求是学刊,2006,(4):23-26.

[260] 郑述谱.术语翻译及其对策[J].外语学刊,2012,(5):102-105.

[261] 朱富强.西方主流经济学潜含的意识形态之表现及危害[J].马克思主义研究,2008(4):52-58.

主要参考词典及工具书:

BAKER M. ed. Routledge encyclopedia of translation studies[M]. New York: Routledge, 2003.

GUHA M. International Encyclopedia of the social sciences[M]. 2nd ed. Princeton: The Macmillan Company, 2008.

BLACK J. 牛津经济学词典[M].上海:上海外语教育出版社,2000.

HOAD T F. The concise Oxford dictionary of English etymology[M]. New York: Oxford University Press, 1993.

WILLIAM A. Darity Jr. International encyclopedia of the social sciences[M]. 2nd ed. Macmillan Reference USA, 2007.

《辞海》编辑委员会.辞海[M].缩印版.上海:上海辞书出版社,1989.

当代社会科学大词典编委会.当代社会科学大词典[M].南京:南京大学出版社,1995.

胡代光,高鸿业.现代西方经济学辞典[M].北京:中国社会科学出版社,1996.

剑桥大学出版社.剑桥高阶英汉双解词典[M].北京:外语教学与研究出版社,2008.

纽曼,米尔盖特,伊特维尔,等.新帕尔格雷夫货币金融大辞典[M].胡坚,等译.北京:经济科学出版社,2000.

伊特维尔. 新帕尔格雷夫经济学大辞典[M]. 陈岱孙, 等译. 北京: 经济出版社, 1992.

在线数据库资源或工具:

Ft. com/lexicon: http://lexicon.ft.com/Term? term=golden,-tin-and-silver-parachutes

Investopedia: http://www.investopedia.com/

The New Palgrave, Dictionary of Economics: http://www.dictionaryofeconomics.com/dictionary

Vocabulary.com: http://www.vocabulary.com/

Wikipedia: https://en.wikipedia.org/

索　引

B

表美功能 75-76,87-88,99-101,201
　　参见 言语修辞
表情功能 75,80,82,84,86-88,99-101,160,170,172,201　参见 言语修辞
表情色彩 147,152,155-156,202
　　感情色彩 29,128,147-150,155-156,158,172,191,202
　　形象色彩 128,147,150-151,153,155-156,172,193,202
表意功能 75-76,79,87-88,99-100
　　参见 言语修辞
博伊德 58-59,63,65
博弈论 83,109,114-119,141,144-146,169,188-191,197
部分隐喻式术语 137-139,164,181

C

财政悬崖 160-161
阐释性隐喻 59 参见 博伊德

常规隐喻 140-141
传统术语学派 5

D

单义性 42,44,54

F

翻译标准 41,43,46,48
翻译策略 10,15,20,36,38,41,43-44,46,50-52,97-98,102,126-128,156-157,161,179,185,187,197,199,203,205-206
翻译方法 18,20,34,38,44,52,97,179-185,188,192,194,198-199,203,205-206
翻译修辞学 46-50,52
翻译原则 41-42,51
反修辞 13,15
范畴错置 138,182
范畴显化 181-182,184-185,203
菲伯尔 4,6,23,27,30,33,36,40
费尔伯 30

命名能力 30

复合修辞特征 97,101,126 – 128,156 – 157,160 – 162,178 – 179,197,201 – 204

G

伽布莱 4,5,23

 门的理论 4

概念表征类隐喻型术语 101 – 102,108,119,126,128 – 129,132 – 137,140,142,146 – 147,156,177 – 181,183,185,197,201 – 203

概念关系网 106 – 107

概念内涵 4 – 6,43,45,75 – 80,84,93 – 94,99,102 – 104,106 – 107,126,131,138,147,149,151 – 152,162 – 164,168 – 170,181 – 182,201 – 202

概念思维 60 – 61,200

 横向思维 60,62,100,112,114

 纵向思维 60,62,100,114,118

概念相似性 106,108,168

概念隐喻 12,17,21,31 – 33,61,68,108,110 – 111,113 – 115,119,128,143 – 144,146,169,171 – 172,202

故事隐喻术语 82

广义修辞学 18 – 19,25 – 26,49 – 50,52 – 54,88 – 91,93 – 97,179,197,199,200,203 – 204 参见 谭学纯

规定性 3 – 4,30

H

核心术语 109,145,198

侯国金 42

活隐喻 63,128,140

J

基本隐喻型术语 136

价值中性 13,85,101,147,205

简明性 42,54,76 – 77,157 – 158,179,185

交际单位 4,23,28,74 – 75,89,93 – 95,97 – 101,119,127,137,157 – 158,160,177,200 – 201,204

交际功能 19,35,44,88 – 89,94,101 – 102,126,128,170,177 – 178,197,202

 一般交际功能 101

 特殊交际功能 88,101 – 102

交际过程 40,74,158 – 159,163

交际目的 13,59,75,93,148,153,155,157 – 159,191,200,204

交际内涵 99,152,155,159,172,192,195 – 196

交际情境 147,155,157,159

交际劝说类隐喻型术语 102,119 – 120,125 – 126,128,146 – 147,150,152,155 – 156,169,177 – 178,191 – 192,195 – 196,198,201 – 202

交际维度 5 – 6,23,128 参见 萨捷尔

交际修辞特征 129,137 – 138,147,156,201 – 202

交际语境 5 – 6,8,23,51,54,89,93,96,151,155,179

交际语境观 3,5-6,9,16

交际主体 91-92

教学性隐喻 59 参见 博伊德

金融海啸 153,155

经济-理念 125

《经济学的修辞》11 参见 麦克洛斯基

经济学修辞运动 7 参见 麦克洛斯基

经济学隐喻 7-8,12-16,19,70,85,124,129

K

开放性 63,73,112,141-142,144,156,159,168-169,200,203

 归纳式的开放性 63

 概念开放性 63

看不见的手 122,124-125,129

科学交流 32,71

科学类比 22,57,59-60,67

科学模型 22,57,59-60,63-64

科学性 7,58,63,80-81,157-158

科学修辞 15,18-19,50,52-53,55,57,71,74,94,96-97,99-100,109,114,140,158,162,169-170,177,197,202

科学修辞学 3,8-10,22,52-53,55-57,60,72,80,88,94-97,199-200,204-206

科学隐喻 6,9-10,12,15-16,18-19,22,29,35,51,56-74,87-88,94-95,97-102,109,112-114,116-117,119,126-127,129,141-142,156,158,160,162,200-201,204

科学语境 55,58,60,62,98,168

跨学科修辞 94-98,102,126,157,160,162,179,197,199-200,202-207

跨语实现 90,162,169-170,177,179,202,204-205

跨语修辞 10,15,18,20,38,46,52-53,89,91,95-102,135,152,156-157,160-162,177,179-180,185,192,195,204-206

跨域映射 9,17,31,108,130

框架术语学 4 参见 菲伯尔

L

类比思维 31,59,192,195-196,207

理据性 1,42,44,54,76-77,131-135,138-139,157-158,164,179-181,183,200

理论功能 99,100,203

理论建构类隐喻型术语 101-102,108-109,114,119,126,136,140,142-144,146,156,169,177-178,185,187,191,198,201-202

理论建构性隐喻 59,112,115 参见 博伊德

理论-决策 16

理论-政策 16

量化推理 22

M

麦克洛斯基 7,11-12,81-82,110

门的理论 4 **参见** 伽布莱

命名理据 33,55,78-79,131,133-134,165-167,171

命名能力 30 **参见** 费尔伯

N

能产性 13,17,34,135-136,138,140,142-144,156-157,162,191,201-203

《牛津经济学词典》11,16,108

P

皮尔逊 5

普通术语学理论（GTT）3-4,40 **参见** 维斯特

Q

亲缘术语 187,191,198,202

劝说功能 7,24,119-120,122,124-126,151,156,177-178,191-192,203

 理论劝说功能 120

 应用劝说功能 120,122,124

R

人力资本 109,114,141

认知促进 144,170,178

认知负担 66,107

认知功能 2,5,15,22,32,35,64,97,100-101,105,128,132,140,146,162,169-170,177-178,181,197,200-202

 浅层认知功能 100-101,177,201

 深层认知功能 100-101,162,177,187,201

认知客体 131

认知修辞特征 140

认知主体 65,130-134

认知转向 3,4,9,18,23,29-30,34,51-52,199 **参见** 菲伯尔

S

萨捷尔 5,23,39

舍弃喻体 184-185,196,198,203

社会认知术语学 4 **参见** 伽布莱

术语变体 4-6,23,33

术语单位 4,11,31,60

术语的初级构成方式 39 **参见** 萨捷尔

术语的二级构成方式 39 **参见** 萨捷尔

术语翻译的"三从" 42 **参见** 侯国金

 从众 42

 从他 42

 从己 42

术语规范 98

术语规范化 3,9

术语化 1,139

术语空缺 102,128,201

术语类型 10,46,97,199,204

术语命名的隐喻法 1

术语命名者 15,54-55,74-76,79-80,87-88,92-93,99,101,104,126,132,134,147-148,158-159,167-

168,170,172,185,191-192,195,201-204

术语使用者 2,5,106,147-148,151-153,155-156,160,174,185,192-194,200,202-203

术语文化生态 43

术语信息的冲击力度 172,177,194,197,202-203

术语信息的获取速度 170-171,177,192,197,202-203

术语信息的量 162,164-165,169,197,202

术语信息的文本延展性 170,174,177,192,197,203

术语信息的系统再生性 162,168-170,177,187,197,202

术语信息的质 162,164,168-169,177-178,197,202

术语学的描写性研究 4

术语学交际理论 4

术语转移 1

双重修辞功能 2-3,10,18-20,55,74,97-99,126,157-158,160-162,178-179,197,201-204

科学修辞功能 74,100,109,114

言语修辞功能 19,53,74-75,96,100,119

思维功能 99-100,140,162,170,178,203

死隐喻 13,22,63,128,140-142,156,174-175,202

T

谭学纯 25-26,89,92-93

同义手段选择说 26

同义术语 23,42,104,106,148-151,164,196

W

维斯特 3

文本建构 61,93,128,147,152-153,191,202

文本建构功能 177,203

文本交际语境 5,8,51,96

物理相似性 130

X

系统-可辨性原则 42 参见 侯国金

系统能产性 140,142-144,156,162,191,202-203

系统性 9,20,31,42,44,54,76,79-80,98,106-107,128-129,142,146,156-158,164,170,172,179,183-185,191,198,200,206

狭义修辞学 25-26,48-49,93

现代术语学 3-6,9,18,23,39,89,98 参见 维斯特

《现代西方经济学辞典》103,108,121,135,145,149

心理相似性 108,130-131

修辞表达 50,90-92,95,200

修辞策略 18,20,53,94,101,157

修辞动机 26-27,49,90,125

修辞功能 1-3,10,18-20,53,55,74-75,88,93-100,109,114,119,126-128,156-158,160-162,172,177-179,197,200-205

修辞过程 46,90,92,94,179,185,200,203

修辞活动 26-28,46-49,89-92,94,97,179,200,204

修辞活动两主体 89,91,94 **参见** 谭学纯

修辞表达者 49,89,91-92,200

修辞接受者 26,89,91,200

修辞活动三层面 89,93-95 **参见** 谭学纯

修辞技巧 25,47,50,81,89-90,93-94,152,179,185,197,200,203

修辞诗学 50,89-90,93-94,152,191,198,200,201,204

修辞哲学 50,89-90,93-94,185,187,198,200-201,203

修辞经济学派 11 **参见** 麦克洛斯基

修辞情境 27,47,49,90,126

修辞特征 10,18-20,55,57,97,101,126-129,137-138,140,146-147,156-157,160,162,178-179,197,201-204

修辞效果 10,15,18,20,25-27,54-55,75,90-92,95,97,119,127-128,146,148,156-157,160-162,172-174,177,179-181,187,192,197,199-200,202-206

修辞效果评价 98,156,162,202,206

修辞学转向 8

修辞中性 80,125,172

Y

言语修辞 19,21,52,54,74-76,97,99-101,119,160,170,197,201-202

表意 75-76,79-80,87-88,94,96,99-100,157,189

表情 75,80,82-84,86-88,94,96,99-101,147,152,155-156,160,170,172,200-202

表美 75-76,87-88,94,96,99-101,119,200-201

言语修辞学 18-19,52,55,74-75,88,94-97,199,204-206

译语术语 6,37-38,43-44,88,90,129,135,139,157,164-166,171,173,177-180,182-185,195

意识形态功能 33,177-178,203

意识形态内涵 86,195-196

意识形态隐喻术语 84

意象隐喻 31-32

隐喻概念 17,21,62,79,106,110-111,118,121,135-138,143,161,171,174,176,179,185-186,193-194,200

隐喻工作机制 130

比较论 130

替代论 130

映射论 130

互动论 58-59,130
隐喻狂热 6
隐喻链条 70,118
隐喻认知机制 18
隐喻识别 16,17,206
隐喻识别步骤(MIP)16,17
隐喻思维 1,6,8-10,12,14-15,32,34,
　　57,60,70-71,79,99-100,111,
　　114,116-119,143-144,146,159,
　　168-170,191-192,201,203
隐喻性 1,2,7,11,13-16,22,29,31-
　　32,35-36,38,56,59-60,63,71,
　　83,104,112,117,128,140-142,
　　156,162,165,168,174-176,181,
　　191,202,207
硬科学 9,11,81,86
语义冲突 137-139
喻体调整 183,185,187,192,194,196-
　　198,203-204
喻源 129,133-135,156,162,166,171,
　　180,201
语言单位 4,23,28,74,76,95,97,119,
　　147,157-158
原语术语 27,43-44,129,135,163,165-
　　168,170,173,177-185,187,191-
　　192,194-197,203

Z

哲学理智运动 8,56
整体隐喻式术语 138-139,181,202
知识单位 4,23,27-28,30,40,74,94-
　　95,97,108,119,127,157,159,177
知识功能 99-101,119
知识内涵 95,100-101,157-159,180
直接移植 171,180,182,203-204
质化推理 22
主要功能优先原则 177,203
准确性 34,42,54,162-163,202
组合能产性 135-136,138,156,201